Mar Zimmer

Unsere Reise durch Indien, Java und Ceylon im Jahre 1910

weitsuechtig

Mar Zimmer

Unsere Reise durch Indien, Java und Ceylon im Jahre 1910

ISBN/EAN: 9783956561191

Auflage: 1

Erscheinungsjahr: 2013

Erscheinungsort: Bremen, Deutschland

@ weitsuechtig in Access Verlag GmbH. Alle Rechte beim Verlag und bei den jeweiligen Lizenzgebern.

weitsuechtig

Unsere Reise

durch

Indien, Java und Ceylon

im Jahre 1910

erzählt von

Max Zimmer.

Baden-Baden.
Selbstverlag von Ludwig Pfeil.
1911.

Herrn Ludwig Pfeil

in dankbar frohem Gedenken

zugeeignet.

Zum Geleit.

> Wie der Gedanke des Mannes eilt, der mancherlei Lande
> Hat durchwandelt und deß in seiner Brust sich entsinnet:
> Hier bin ich gewesen und dort — er denket an Vieles. —
> Homer.

Die vorliegenden Reiseskizzen machen nicht Anspruch auf gelehrte Darstellung indischer und malayischer Zustände. Sie sind eine in ruhigen Mußestunden angefertigte Ausführung meiner Niederschriften, die ich zum Teil unter unmittelbarem Eindruck, teils abends oder während der Fahrt kurz nach den einzelnen Erlebnissen dem Tagebuch anvertraute. Diese Aufzeichnungen im Verein mit einer Anzahl selbstaufgenommener Bilder versetzten mich derart lebhaft und deutlich in die jeweilige Lage und Stimmung zurück, daß ein wahrheitsgetreues Spiegelbild unserer Reise entstehen konnte.

Die Reiseskizzen enthalten somit rein persönliche Betrachtungen, die, von anderen Augen mit andern Gedanken aufgenommen, wahrscheinlich auch anders ausgefallen sein würden, je nach dem Grade des Wissens, der persönlichen Empfänglichkeit und Gefühlsrichtung. So ist es aber mit jeder Reisebeschreibung: sie wird stets persönlichen Charakter tragen.

Und so widme ich Euch, meine lieben Erinnerungen, dem Manne, dem ich diese Reise danke, Herrn Ludwig Pfeil. Und wenn ihr es vermögt, ihm hie und da ein Lächeln abzugewinnen, ihm die Gefühle und Stimmungen noch einmal wach zu rufen, die uns bestürmten auf hoher Seefahrt, beim Anblick der tropischen Wunderwelt, ihren Bauten, ihren Palmen und Bergen und dem malerischen Gewimmel der Menschen, wenn die Züge lieber Reisegenossen und gastfreier Landsleute wieder vors geistige Auge treten und freundlich grüßen, dann habe ich meinen Zweck erreicht, einen kleinen Teil meiner Dankesschuld abzutragen, eines Dankes, der tief mein Herz bewegt, bis es stille stehen wird.

Max Immer.

Inhalt.

		Seite
I.	Ausfahrt	1
II.	Seefahrt Genua-Neapel	4
III.	Pompeji	7
IV.	Im Mittelländischen Meer	10
V.	Port Said	13
VI.	Suez-Kanal und das Rote Meer	17
VII.	Spiele an Bord; Kaisers Geburtstag	23
VIII.	Colombo	28
IX.	Nach dem Festlande Vorder-Indiens	42
X.	Madura	49
XI.	In Trichinopoli und Tanjore	58
XII.	Madras	68
XIII.	Von Madras nach Bombay	75
XIV.	Ahmedabad, Fahrt nach Jaipur	87
XV.	Jaipur und Amber	95
XVI.	Agra	110
XVII.	Delhi	121
XVIII.	Benares	135
XIX.	Kalkutta, Darjeeling, der Dalai Lama von Lasha auf der Flucht	142
XX.	Seefahrt von Kalkutta nach Rangoon	166
XXI.	Von Rangoon über Penang nach Singapore	175
XXII.	In Singapore und Johore	181
XXIII.	Auf dem Rumphius nach Java	187
XXIV.	Weltevreden	192
XXV.	Garoet. Besteigung des Papandajan	200
XXVI.	Wagenfahrt Tjiandoer-Sindanglaja, Buitenzorg	210
XXVII.	Seefahrt von Batavia über Singapore nach Colombo	217
XXVIII.	Nuwara Eliya, Besteigung des Pedrotallagalla	223
XXIX.	Kandy	226
XXX.	Anuradhapura	241
XXXI.	Die letzten Tage in Colombo	249
XXXII.	Heimfahrt	252

I.

Ausfahrt.

> Wohlauf die Luft geht frisch und rein,
> Wer lange sitzt muß rosten.
> Den allerschönsten Sonnenschein
> Läßt uns der Himmel kosten! —
>
> Scheffel.

München, am 11. Januar 1910.

Ein frischer, sonniger Wintertag. Unsere Fahrkarte lautete auf Genua. Die Türme der Frauenkirche schwanden in duftiger Ferne und aus dem Süden schimmerten die silbernen Gipfel der Alpen. Herrliche Fahrt durch das Inntal bis zum Brenner. Riesige Felswände rechts und links, tief unten die alte Heerstraße neben dem rauschenden Fluß, oben die ragenden Gipfel im ewigen Schnee. So haben sie einst auch herabgeblickt auf vieler Völker Wanderung, Kriegszüge und Kampf, auf deutscher Kaiser Romfahrt, Pilgerzüge und sangfroher Scholaren Italienreise.

Bald nach Überschreiten des Passes senkte sich trüb und neblich der Abend in die Täler; über Verona schon brütete ein Landregen kalt und unwirsch.

Leider mied uns auf der Weiterfahrt norditalischer Regen nicht. Unfreundlich ragten die Apeninnen in die winterlich graue Luft und je mehr wir stiegen von Tunnel zu Tunnel, desto schneller rannen die Regentropfen an unseren Fenstern. Jetzt der letzte Tunnel und dann — in sonniger lieblicher Schönheit die weinbekränzten, festunggekrönten Berge Genuas und unten das weite Meer.

Die nebelbeschlagenen, regentriefenden Fenster ließ ich flugs herab und

> Da sitze ich nun, die beste Luft schnüffelnd,
> Paradieses Luft wahrlich,
> Lichte, leichte Luft, goldgestreifte,
> So gute Luft nur je
> Vom Monde herabfiel.

Bald blickten wir in die Gassen und Gäßchen Genuas, in denen hoch oben Wäsche in allen Farben flatterte und unten schwarzäugige Kinder spielten; rechts tauchten die Masten und Schornsteine der Schiffe im Hafen auf, weit draußen lagen weißschimmernde Segel schräg vor dem Wind, und schäumende Wellen rollten dem Ufer zu.

Im Savoie-Hotel stiegen wir ab. Unser erstes Streben war, den noch unbekannten Reisegefährten Herrn Konsul Redemann aus Colombo zu ermitteln; auf unsere Frage an den Hotelleiter, ob Herr Redemann hier abgestiegen sei, erhob sich ein großer Germane an einem nahen Tische und stellte sich als der Gesuchte vor. Für die nächsten Wochen waren wir dann unzertrennlich, und viele liebe Erinnerungen sind mit Freund Redemann, seinen Hausbewohnern und seinem Heim, der Villa Cäcilie in Colombo, verknüpft.

Unser Doppelschrauben-Reichspostdampfer „Lützow" hatte im Kanal Nebel und dadurch 24 Stunden eingebüßt. Wir gewannen also einen ganzen Tag für Genua.

Welch fesselndes Bild von der Höhe meiner Stube über den Hafen und die See! Lang sah ich hinaus auf das große Bild. Unruhig wogte das sonnübergossene Meer; die breiten, weißen Wellenkämme glänzten silbern auf den blaugrünen Wogen; große Segler, bald mit Bug, bald mit Heck in den Wellen, näherten sich dem Hafen. Redemann zerstreute meine sorgenvollen Bedenken über unsanfte Ausfahrt mit der tröstlichen Versicherung: „Mein lieber Freund, unsere Lützow liegt auf dem Wasser wie eine bleierne Ente." Ach du mein Saitenspiel! auch bleierne Enten können wackeln! — — —

In der Nacht kam unsere Lützow an; am 13. Januar vormittags begaben wir uns an Bord und fanden unsere Kabine 54 oben auf dem Sonnendeck geräumig und angenehm.

Noch im Hafen trafen wir den jungen Herrn Schwabenland aus Mannheim mit zwei Freunden, alle in Genua beschäftigt. Sie begleiteten uns auf unseren Einkaufsgängen und unterstützten uns dabei in freundlicher und wertvoller Weise.

In der Via Venti Settembre nahmen wir unser italienisches Mittagsmahl — hoch die Makaroni und die gebratenen Arme des Tintenfisches! Der rote Chianti war gut; er stand in dickbauchiger Flasche vor uns, welche zum Schluß vom sachkundigen Kellner gewissermaßen abgewogen wurde, wonach das Vertilgte berechnet ward.

Nachmittags Ausflug nach Nervi. Am Rande der Piazza d'Armi erwarteten wir die elektrische Bahn. Infanterie, feldmarschmäßig, übte in geschlossenen Zügen Frontmärsche, Aufmärsche, Abbrechen, und konnte das Herz eines alten Drillbären wahrhaft erfreuen. Eine Kompagnie Bersaglieri übte Schützendienst und machte einen vorzüglichen Eindruck. Der leitende Offizier ließ oben von einer Straße, die am Rande des Platzes schräg hinauf führt, „sammeln" blasen. Flink waren die Mannschaften in Reih und Glied und kletterten dann die 4—5 m hohe Straßenmauer hinunter. Gern hätte ich länger unseren Verbündeten zugesehen, die so interessant sind, weil sie durch ihre Lust an Extratänzchen mit dem Franzosen ein Gefühl süßsaurer Eifersucht wach zu halten wissen. Indes war unsere Bahn angelangt und brachte uns längs des Meeres bergauf und ab durch die malerischen Vororte Genuas nach Nervi. Mit Herrn Professor Binz aus Karlsruhe, den wir zufällig dort trafen, gingen wir am Meere entlang. Die mächtigen Wellen brausten und zerschellten an dem hohen Felsen, blühende Agaven standen am Wege, ein alter Sarazenenturm stand trotzig Wacht am Meer und auf den zahlreichen Bänken sonnten sich Erholungsbedürftige, aus deren Mitte uns viele heimatliche, deutsche Laute ans Ohr klangen.

Als unsere Tischgenossen fanden wir abends auf der Lützow Herrn und Frau Major Thiemann. Als das Gespräch auf Baden-Baden kam, erzählten sie, daß sie den vorigen Sommer dort verbracht und Pferde mit Burschen in unserer eigenen Stallung untergebracht hätten. Da sagt man dann gewöhnlich: „Nein, wie klein ist doch die Welt!"

Bei Erproben vieler drinks verbrachten Redemann, Konsul Schüssel, Pfeil und ich den Abend auf dem Promenadendeck, selbst später Mitternacht Trotz bietend.

Noch um $1/_28$ Uhr am nächsten Morgen, als Schwager Schüssel kam, wurde verladen. Die Dampfkranen und Ketten brummten und rasselten und die großen Kisten polterten in die Laderäume. Um 8 Uhr kam Herr Schwabenland mit seinen Freunden gerade noch recht, um Lebewohl zu sagen.

Ein herrlicher Tag! Genua übergossen vom goldstrahlenden

Licht der Morgensonne. Scharf zeichnete sich jede Linie der Berge, Villen und Paläste, der Palmen, Pinien und Zypressen, des Hafens, der Dampfer und geschwinden Boote.

Die Schiffskapelle spielte einen preußischen Marsch und unsere Freunde aus Genua mußten uns verlassen. Die Brücke wurde ins Schiff gezogen, die Dampfpfeife gab das Zeichen der Abfahrt und unter den frischen Klängen unserer Musik glitten wir unmerklich vom Lande ab. Unsere Abschiedsgrüße wehten hinüber, bis die Landungsstelle immer kleiner wurde und endlich andere Schiffe die Freunde verbargen. „Prinz Ludwig" salutierte durch Wippen der deutschen Flagge am Heck. Nun ging's hinaus aufs offene Meer, das uns ruhig atmend, blau und sonnenbestrahlt entgegen leuchtete.

Die Lützow nahm Kurs auf die Sonne und wir fuhren auf goldener Straße.

II.

Seefahrt Genua=Neapel.

> Thalatta! Thalatta!
> Sei mir gegrüßt, du ewiges Meer!
> Sei mir gegrüßt zehntausendmal
> Aus jauchzendem Herzen!
>
> Heine.

Schneller wurde die Fahrt, hohe schäumende Wellen rollten längsschiffs und eine frische Brise kam auf. Große weiße Möven begleiteten das Schiff hinaus, Flugkünstler, die sich plötzlich herabstürzten und Futter aus den Wellen haschten, sich im Fluge überschlugen und wieder emporschossen. Ihr elegantes Spiel und dann der Blick hinüber nach den Ufern der Riviera und den schneebedeckten Kämmen der Apeninnen fesselten mich solange an Bord, daß ich des Essens ganz und gar vergaß. Zwei große Dampfer fuhren vorüber und schräg liegende Segler rauschten quer vorbei. Fern am Horizont zeichnete der Rauch eines Dampfers eine flüchtige Baumallee an den Himmel.

Bald kam rechts das wilde Felseneiland Gorgona in Sicht, dahinter in duftiger Ferne Capraja und Korsika und südlich tauchte die breite Nordküste Elbas aus dem Meere.

Freund Pfeil und Redemann unterhalten sich mit einer älteren Amerikanerin, die, tief in Tücher und Mäntel gehüllt, nur ein paar kluge Augen sehen läßt; daneben flirtet der stets gern gesehene, junge Schiffsarzt mit zwei Misses, drüben liegt ein deutscher Kaufmann aus Tientsin im langen, bequemen Schiffsstuhl und spielt mit seinem Jüngsten Fangball; der Kleine fängt an zu brüllen und wird fort getan: sichtliche Betrübnis der chinesischen Kinderfrau, der treuen alten Ama. Der Deckstuart bringt Kaffee und Tee, frisches Gebäck und Kuchen. Die Mitfahrenden, rings um das Promenadendeck zerstreut, finden sich am Kaffeetisch zusammen, greifen tüchtig zu und bald ist wieder alles wie zuvor.

Mein Ohr ist für englische Laute noch gänzlich empfindungslos.

„Was man nicht weiß, das eben braucht man,
Und was man weiß, kann man nicht brauchen!"

Drüben rauchen die Schornsteine von Porto Feraijo. Einsam oben am Berg steht das große, weiße Denkmal Napoleons I. und dort drüben am Ufer ist die Stelle, wo der Kaiser mit seinen Getreuen sich einschiffte, zur Fahrt nach Cannes, sein Kaiserreich noch einmal aufzurichten.

„Es ist ein groß Ergötzen,
Dich in den Geist der Zeiten zu versetzen." —

Links die italienische Küste; an Livorno vorüber, nun kommt Biombino in Sicht; vor uns tauchen die Inseln Giglo und Mont-Alto wie Bienenkörbe aus dem Meere.

Allmählich färben sich die steilen Felsen in rötliches Gelb, bläuliche und violette Schatten werden länger und tiefer;

„Schon kommt der Abend: über das Meer reitet er,
Der gute Reiter! Wie er sich wiegt, der Selige,
Heimkehrende, in seinen purpurnen Sätteln! —"

Am 15. Januar war ich schon früh auf den Beinen. Wir befanden uns in Höhe des Kaps Misenum. Bald traten wir in den Golf von Gaeta mit seinen hügeligen Ufern. Rechts erschienen die felsigen Pontinischen Inseln, auf der größten das Städtchen Ponza, in der Morgensonne weiß leuchtend. Jetzt tauchte vor uns wie eine Wolke zwischen dem tiefen Blau des Meeres und dem Azur des Himmels die Insel Ischia auf. Der Berg Epomeo, bis zum Gipfel in verschwenderisches Wachstum gekleidet, steht gleich einem riesigen Wächter vor der Bai von Neapel. Lachende Dörfchen, umrankt von frischem Grün, bekleideten die Ufer.

Nun öffnete sich vor uns die Bucht von Neapel in ihrer ganzen Größe, vom Kap Misenum bis zum Vorgebirge von Sorrent. Drüben liegt Bajä, die alte römische Bäderstadt und Pozzuoli mit der kleinen Insel, völlig bedeckt von einem alten Kastell. Im Hintergrunde in breiter Ausdehnung die Villen und Straßen Neapels, rechts überragt von den beiden Gipfeln des Vesuv, an dessen Fuß sich im Halbkreis Castelamare und Sorrent hinziehen. Mächtig und massig thront die Burg St. Elmo über Neapel, das alte Kastell Del Uovo schiebt sich dräuend vor ins Meer. Der Eindruck dieses Bildes ist überwältigend.

Gegen 10 Uhr vormittags liefen wir in den Hafen ein. Einige graue Torpedobootszerstörer und mehrere große Dampfer lagen vor Anker. Kleine Boote umschwärmten die Lützow und legten sich, als wir fest gemacht hatten, längsseits. Neapolitanische Eingweisen klangen rings ums Schiff aus den Booten herauf. Zu Geigen- und Guittarenbegleitung sangen Männer mit überraschend hübschem Tenor und junge, glutäugige Mädchen tanzten dazu.

Die Abfahrt wurde auf 5 Uhr nachmittags festgesetzt, sodaß sich uns genügend Zeit bot, Pompeji zu besuchen. Ein staatlich genehmigter Führer, deren mehrere sich uns schon aufdringlich angeboten, fand schließlich unser Ohr offen und nahm die Besorgung sämtlicher Ausgaben in die Hand. Durch enge, schmutzige Straßen erreichten wir den Bahnhof mit dem langatmigen Namen: „Strade Ferrate Secondarie Meridionali, Napoli Ottaiano circumvesuviana". Dann führte uns die elektrische Bahn durch Orangenhaine, wo reife Früchte unter den Bäumen gesät lagen, ähnlich wie bei uns die Pflaumen im August, durch hübsche Dörfer mit hochgebautem Wein, Olivenbäumen, Kakteen und einzelnen Palmen. Links oben der Vesuv, über dem zeitweilig eine kleine weiße Wolke schwebte, als rauche er paffend eine Zigarette. Rechts immer wechselnde Durchblicke aufs Meer und die Küste von Sorrent, weißschimmernde, schmale Segelboote auf der blauen Fläche des Meeres — alles so wunderschön — wenn nicht so heruntergekommene Menschen das Land bevölkerten. Die malerisch gelegenen Dörfer sind unsauber, die Männer faul, Ziegenherden sperren die Gassen, Kinder spielen in erbarmungswürdiger Dürftigkeit. Aber große, reiche Kirchen stehen mitten darinnen.

III.

Pompeji.

> Saget, Steine mir an, o sprecht, ihr hohen Paläste!
> Straßen, redet ein Wort! Genius, regst du dich nicht?
> Ja, es ist alles beseelt in deinen heiligen Mauern.
> Goethe.

Der Name jeder Ortschaft, die wir berühren, ist Musik: Sant-Giovani, Barra, Bellavista, Pugliano, Torre del Greco, Torre Annunziata, Boscotrecase, Boscoreale—Pompeji, drüben ragen seine alten Mauern und Säulen.

Durch das Stabiä-Tor betraten wir die tote Stadt. Die stillen, quadergepflasterten Straßen, in denen die Wagenspuren wie von gestern noch frisch und wahrnehmbar eingegraben sich zeigen, verkünden dem geistigen Ohre des Wanderers das zweitausendjährige Echo der Schritte der Dahineilenden, das Rasseln der Wagen und Karren wie im Traume und er erwartet, versunken in seine Gedanken an jene Menschen und klassische Zeit, über jede Schwelle die Hausbewohner treten und sich in Ciceros Sprache anreden zu hören, an jedem Brunnen den Sklaven Wasser für seine durstende Herrschaft schöpfen zu sehen.

Was könnte es eindrucksvolleres geben, als das in der ganzen Welt einzig dastehende Beispiel der Auferstehung einer vor 2000 Jahren begrabenen Stadt des römischen Weltreiches, mit allen ihren Gebräuchen, Sitten, ihrem Handel und Wandel, so frisch, als ob sie erst gestern verlassen worden wäre?

Links hinter dem Stabiä-Tor lag die Arena der Gladiatoren. Hier lebten die Ringkämpfer wie in einer Kaserne. Im Augenblick der Verschüttung waren vier von ihnen mit Ketten an die Wand geschmiedet; sie konnten nicht fliehen, ihre Skelette fand man in den Unterräumen des Gebäudes.

Nun folgte das lyrische und daneben das tragische Theater, das dreieckige Forum mit großer Säulenhalle von 100 Säulen und dem Tempel des Herkules in seiner Mitte; wieviel Pracht läßt das große Gerichtsforum noch ahnen mit dem Blick über den Tempel des Jupiter, den Bogen des Nero und Caligula und nach dem Vesuv im Hintergrunde. Auf guterhaltener Marmortreppe stieg ich in den Tempel des Apoll, wo Bildwerke des Bacchus, der Maja und das eherne Brustbild der Diana mit Emailleaugen gefunden worden waren.

Länger verweilten wir im Hause der Vettier, in jenem berühmten Gebäude, das noch heute am meisten einen Einblick in das altrömische Leben und die Familie erlaubt. Zweifellos war es eines der reichsten und schönsten Häuser Pompejis. Das Peristilum mit seiner Gartenanlage ist lieblich und gut erhalten. Wieder plätschert der Springbrunnen wie einst in seinem Steinbecken und an den Stellen des Gartens, wo man Spuren von Pflanzen fand, bescheint heute wieder die goldene Sonne Blumen und Sträucher. Der Eßsaal hat eine Grundfläche von 54 qm. Die Wände in pompejanischem Rot zeigen farbige Abteilungen mit Kandelabern und Tierstücken in der Mitte. Rings um die Wände läuft ein Fries humoristischen Inhalts, triumphierende Amoretten als Goldschmiede, Ölhändler und Färber darstellend; in einem Ziegenwagen wird ein weinseliges Amorchen dahingefahren. In der Küche lagen noch die Kochtöpfe, wie sie von den fliehenden Sklaven zurückgelassen worden waren.

Noch andere Dinge wurden uns im Hause der Vettier gezeigt, die mit unsern Begriffen des einfachen Anstandes nicht in Einklang zu bringen sind. Verriegelte Türen und schützende Wandkästchen bergen sie vor den Augen des deutschen Gretchens, das dort unbekümmert sein Füßchen über des Hauses Schwelle setzen mag. —

Nun zeigte uns der Führer das Haus mit dem Erker, Bäckereien mit Backöfen und Getreidemühlen, den Brunnen des Überflusses und die großzügige Anlage der Stabiä-Thermen, die in ihrer Vollkommenheit manche heutige Provinzstadt in den Schatten stellen dürften.

In den Straßen reihte sich eine Bar an die andere. Der Kredenztisch stand unmittelbar an der Straße, in den Tischplatten befanden sich große Öffnungen zur Aufnahme der Bottiche, die köstliche Mischungen und den feurigen Wein des Vesuv in sich bargen. Nicht uninteressant wäre die Feststellung, ob mehr Bars oder Tempel dem Bedürfnis der Alten entsprachen!

Zum Schluß besuchten wir das Museum. Einst war es ein Magazin, jetzt enthält es bronzene und irdene Geschirre, Eßwaren, Farben, Gläser, Schlösser, Türen- und Fensterbeschläge, Schränke, Wagenräder u. A. m.

Den schauerlichsten Eindruck aber machte die Ausstellung der Gipsabdrücke der in Pompeji gefundenen menschlichen Gestalten. Dem Professor Fiorelli gelang es seiner Zeit, diese Formen der Nachwelt dadurch zu bewahren, daß er in die von der verhärteten Asche gebildeten Räume, welche einst die zu Moder zerfallenen Leichname enthielten, flüssigen Gips eingoß. Man findet unter diesen Abgüssen Männer, Frauen und Kinder in allen Lagen, auf dem Rücken und auf der Brust liegend, die bezeugen, wie gräßlich der Todeskampf gewesen sein muß, der heute noch uns den Schrecken der armen Opfer nachempfinden läßt.

Bewegt von all' dem Gesehenen strebten wir dem Bahnhof zu. Aber unser Führer barg gewinnsüchtige Triebe in seiner Brust und steuerte uns nach einem Gasthaus, wo ihm ohne Zweifel ein Anteil am Gewinn unserer Ausgaben winkte. Wir büßten dadurch soviel Zeit ein, daß uns nur ein Wagen noch rechtzeitig zur Station bringen konnte. Der Rosselenker jagte auch mit uns los, aber in falscher Richtung und als wir endlich die Umkehr bewerkstelligt hatten, fuhr der Zug uns vor der Nase vorüber, drüben in lachenden Wiesen.

Im Wartesaal schlich der Bahnsteigschaffner mit Kleider- und Stiefelbürste bewaffnet herum und bürstete gänzlich ungebeten das bischen Staub von den Schuhen, jedem, dessen er habhaft werden konnte und hielt dann unverschämt die Hand hin. Ich ärgerte mich über den aufdringlichen Gesellen und wies seine geldgierige Absicht energisch zurück. Auf einmal hatte er mich doch unter der Bürste; indes „vergeblich" warf er einen trinkgeldhoffnungsvollen Blick mir zu. Ich hielt ihn aus und schaute starr — und gab ihm nichts!" — Die Dampfpfeife der Lützow ließ gerade ihr erstes Zeichen zur Abfahrt ertönen, als wir in wilder, verwegener Fahrt im Hafen anlangten. Unser Herr Führer nutzte die Not des Augenblicks und machte uns eine Rechnung, daß uns vor Schreck die Ohren abstanden. Zum langen Palaver reichte die Zeit nicht mehr und nolens volens mußten wir uns über die Ohren hauen lassen.

Wir waren nicht die Letzten. Die Lützow erwartete noch die Spätlinge.

Wieder, oder noch immer, sangen und tanzten die Musikanten in ihren Booten mit geldgierigen Blicken. Ein behender Bengel tauchte nach Geld unter, zerlumpte, aber äußerst fidele Gassenjungen prügelten sich um die Centesimi, die wir ihnen an Land zuwarfen. Sie fochten recht gentlemanlike, keiner trat den andern. Hatte einer unter Purzeln und Überschlagen das Geldstückchen erobert, so begann eine neue Vorstellung mit der Ouvertüre eines Liedes ohne Worte.

Endlich kamen die Verspäteten. Unter den Klängen eines Marsches, dem Gesang der Neapolitaner und dem Geschrei der Gassenjungen, setzte gegen 5 Uhr abends die Lützow ihre Fahrt fort.

Schnell brach die Nacht herein und Neapel zeigte sich noch einmal in berückender Illumination. Im Umkreis der großen Bucht blinkte Licht an Licht, die Straßenreihen, vielfach sich kreuzend, hoben sich an den Abhängen der Berge ab, und große Gebäude und Vergnügungsgärten, Anlagen und Hotels erstrahlten in elektrischem Lichtmeer.

IV.

Im Mittelländischen Meer.

Seekrank sitz' ich am Mastbaum
Und mache Betrachtungen über mich selber,
Uralte, aschgraue Betrachtungen — —
Heine.

Am 16. Januar 5 Uhr früh erwachte ich und erblickte durch das offene Kabinenfenster ein flimmerndes Meer unzähliger Lichter, wie auf einem Kirchhof an Allerseelen — wir fuhren in die Straße von Messina ein. Bald stand ich allein vorn neben der Kommandobrücke.

„Es schläft alles noch, auch das Meer schläft. Schlaftrunken und fremd blickt sein Auge nach mir.

Aber es atmet warm, das fühle ich; und ich fühle auch, daß es träumt. Es windet sich träumend auf harten Kissen.

Horch, horch! Wie es stöhnt von bösen Erinnerungen! Oder bösen Erwartungen?"

Dort lag Messina und hier links Reggio di Calabria, die beiden elendbeladenen Städte. Den Ätna verbarg die Nacht. Die geraden Straßen der Baracken leuchteten wie Perlenschnüre, der wandernde Lichtkegel des Leuchtturms und ein rotes Blinkfeuer am Eingang des Hafens von Messina war das einzig Lebendige über der stillen Stadt. Gerade vor einem Jahr tobte hier der Meeresgrund und warf mit seinen Wogen Jammer und Tod über die friedlichen Küsten. —

Bei Tagesanbruch brachte uns ein scharfer Südost und langer hoher Wellengang zum Bewußtsein, daß wir uns nun im offenen Mittelmeere befanden. Bald verschwand die Südküste Italiens und nach kurzer Zeit ging unsere Lützow, ganz entgegen den Gewohnheiten einer „bleiernen Ente", so unruhig auf und ab, wie ein Schiff nur je in bewegter See geschwankt hat.

Auf dem Promenadendeck lagen Unglückliche kreidebleich und gleichgültig in ihren Langstühlen. Auch ich kämpfte stundenlang mit Aufbietung aller Willenskraft gegen ein ungemütliches Gefühl, das mich immer stärker beschlich. Schließlich gab ich den Kampf auf und legte mich in der Kabine aufs Sopha — sehr, sehr elend. Eine dicke Sturzwelle flog durch das offene Fenster über mich hinweg, und über das hohe Dach der Kommandobrücke, aber ich blieb gleichgültig; meinetwegen konnte der ganze Kahn untergehen.

Da erschien mein rettender Engel in Gestalt meines Freundes Pfeil, ergriff mich unter dem Arm und brachte mich unter Aufbietung all seines und meines Willens an die Luft, später sogar in den Eßsaal. Aber keine Leckerei half, ich bestand darauf, noch bleicher zu werden als das Tischtuch. Nun gab mir Freund Redemann einige Pillen; sie heißen Zotospillen und ich bedauere es nie mehr, ein Schiller zu sein, als jetzt, wo ich ein begeistertes Loblied auf diese Pillen anstimmen möchte.

Nach zehn Minuten fühlte ich mich wohler als sämtliche Fische im Mittelmeer und frischer denn je trat ich den Spaziergang über Deck an, ging stolz und mitleidig an den leidenden Opfern der Seekrankheit vorüber und freute mich der Schönheit des sturmgepeitschten Meeres.

Auf einer Bank an der Rückseite des Promenadendecks,

wo der Reichspostbriefkasten sein friedliches Dasein führt, gedachten wir den Blick auf das Meer und die Sturzseen zu genießen, die fortgesetzt über das niedere Hauptdeck fegten und deren salzigen Gischt der Wind zu uns herauftrug. Mit einem Male saßen wir mitten im Wasser, mein Buch schwamm davon, eine lustwandelnde Dame saß auf der Diele und sah ihrem Hut nach, einem schönen großen Hut, der mit meinem Buch vereint dem Geländer zustrebte mit nickenden Federn. Nun wurde das Hinterdeck mit Tauen abgesperrt und längs der Reeling, ein Meter vom Geländer entfernt, eine Leine als Gängelband gezogen, gleichzeitig als Schutz, daß man nicht gegen die Brüstung geworfen werden konnte. Alle Luken wurden geschlossen und der untere Teil der Türen mit einem dicken Brett gegen eindringendes Seewasser abgesperrt. Wie verwünschte ich diese wahren Hindernisse, an denen ich mir beim Übersteigen so oft die Schienbeine wund stieß.

Beim Abendessen blieb der Eßsaal ziemlich leer. Auf den wie immer tadellos gedeckten Tischen waren Behälter für alles Bewegliche angeschraubt, ein Bild des großen Belagerungszustandes.

Wir hatten heute Windstärke sieben bis neun. Als wir zur Ruhe gingen, heulte draußen der Sturm, der Schein greller Blitze glitt über die weißbrausende See und der Donner rollte über die Wogen. Die Zahnbürste im Wasserglas vollführte ein spaßiges Manöver; da das Glas die Schwankungen des Schiffes begleitete, wiegte sie sich gemächlich von einer Seite des Glases zur anderen und während ich erwartete, daß sie auch einmal den ganzen Rundgang antrete, schlief ich, selbst heftig gewiegt, ein.

Der Morgen des 17. Januar war prachtvoll. Zwar jagte jetzt der Sturm von Norden her und wühlte in den Wogen. Aber die breite, lange Bugwelle schimmerte silbern in der Sonne, überstürzte sich brausend und ihre unzähligen Luftbläschen wirbelten unter der Oberfläche weiß wie Milch; dann zog sie sich in die Länge breit und stumpf, wie gleichmäßig hellgrünes Glas. Rings um uns das Meer wie Berg und Tal mit schneebedeckten Kämmen und über uns der strahlende blaue Himmel!

Gegen Mittag kam Kreta in Sicht und nahm uns in den Windschutz seiner hohen Berge. Mächtig erhob sich der schneebedeckte Berg Ida und weiter nach Osten weißschimmernde, alpenartige Höhenzüge. Die Insel Claudos ragte, Kreta vorgelagert, steil und kahl aus den Fluten; auf ihrem höchsten Punkt glaubten wir eine weiße Kirche zu erkennen. Im Hinblick auf die Kretawirren, die das alte Europa schon chronisch zu beunruhigen drohen, äußerte mein freigeistiger Herr Nachbar: „Je größer die Kirchen, desto größer die Spitzbuben!" Ich betone, daß dieser Ausspruch sich lediglich auf Kreta bezogen hat! —

Mit Annäherung an die afrikanische Küste beruhigte sich das Meer, unsere Lützow fuhr wieder in angenehmer Stetigkeit, wenn auch das Wasser noch schäumte und rauschte und zarte Spritzer heraufsandte. Zwar bleich aber entschlossen tauchten die schmerzlich Vermißten wieder an Deck auf, nachdem sie unter Leitung des zuvorkommenden Schiffsarztes dem Meergott geopfert hatten, und Lachen und Scherz gewann wieder die Oberhand. Von Süden her kamen die ersten warmen Lüfte über das Mittelländische Meer.

V.

Port Said.

„Was Spelunke nun sei, verlangt Ihr zu wissen?"
Goethe.

Am 18. Januar abends nahmen wir in beschleunigtem Tempo einige Augen voll Schlaf, da wir gegen Mitternacht in Port Said ankommen mußten, von dem uns schon so viel berichtet worden war. Zum erstenmal sollten wir den Fuß auf Afrikas Boden setzen, das alte Kulturvolk der Ägypter in seiner Heimat sehen und nicht zuletzt standen uns die Kunststücke arabischer Gaukler und der Tanz feuriger Bajaderen in naher Aussicht. Nebenher sollte die Ausrüstung für die Tropen vervollständigt werden.

Um Mitternacht erschien im Süden das Leuchtfeuer von Damiette. Dort hauste einst die böse, schöne Cleopatra mit ihrem Marc Anton, dort wandte sich in der Seeschlacht ihr Purpursegel zur Flucht und vollzog sich ihr und Marc Antons tragisches Schicksal.

Bald blinzelte auch der Leuchtturm von Port Said verheißungsvoll herüber und das Lotsenschiff näherte sich mit drei roten Laternen am Maste. In schwankendem Boot kam dann der Lotse zu uns herüber, ein ungemütliches Manöver in der Finsternis; jetzt ging der mächtige Lichtkegel des Leuchtturms über unser Schiff hinweg und etwa 100 m vom Ufer warf die Lützow Anker. Die spärlich beleuchtete Strandstraße schien unbelebt; nur einige große Dampfer lagen unweit des Ufers und zwei Kohlenbunker näherten sich unserm Schiffe. In der Mitte eines jeden brannte ein Feuer, um das sich frierende Söhne Afrika's drängten und lärmten und schwatzten. Große elektrische Lampen strahlten in den Masten der Lützow auf und beschienen die Umgebung taghell, aus welcher mehrere Boote auftauchten, denen neue Mitreisende entstiegen. Zwei hübsche Italienerinnen nahmen Abschied, um in Kairo ihr weiteres Glück zu suchen; der junge Marchese, der damals betrübt an der Reeling stand und hinabwinkte, wird sich wohl noch oft in den Wäldern Indiens, wo er jetzt sich des Holzhandels befleißigt, jener weichen Stimme erinnern, die ihm ein letztes: „Au revoir, bébé!" herauf rief. —

Die Weiterfahrt wurde auf 6 Uhr früh festgesetzt. Nun strömte alles in die Boote und an Land. Redemann, der Erfahrene, traf sofort seinen Geschäftsfreund und ließ uns sozusagen verwaist zurück. — Im großen Warenhaus von Simon Arzt kauften wir Tropenanzüge und Tropenhelme und versahen uns reichlich mit Rauchproviant. Die Geschäfte waren alle offen und warfen ihren hellen Lichtschein auf die Hauptgeschäftsstraße, die „Rue de Commerce". Überall die bekannten Namen ägyptischer Zigarettenfirmen, an den Straßenecken große Kaffees französischen Musters mit Plüschbänken an den Spiegelwänden und Tischen und Stühlen im Freien. Große, stramme Afrikaner standen als Policmen an den Straßenkreuzungen in Kakhi, schwarzen Wickelgamaschen und Stiefeln, den roten Fez auf dem wolligen Haar, mit dem Holzknüppel im Hüftgurt und machten einen ganz vertrauenerweckenden Eindruck.

Als wir nach Erledigung des Geschäftlichen die Straße betraten, stürzten sich plötzlich alte und junge Araber auf uns und schrien durcheinander: „Master! hier, nimm! sehr billig." Sie boten Briefmarken an und Schmuck, Zigaretten und Postkarten; aber wir hatten anderes vor.

Ein Führer — auf seiner Visitenkarte stand Said-Abou Ismail, Dragoman Nr. 58, Port Said, Paléstine, — versprach uns hoch und heilig, wir sollten unter seinen Fittigen die schönsten

Bajaderen tanzen sehen. — Unschuldigen aber gespannten Gemütes wanderten wir hinter ihm her, Freund Pfeil, Herr Mustières, der, jetzt in Hünanfu Elektrizitätswerke baut, und dein ergebenes ich. Vor einem Haus, das einer Spelunke gleicht, wie ein Ei dem andern, stoppte er und klopfte an. Hundegebell ertönte und eine ältere verdrießliche Frau erschien auf der Schwelle. Ein paar Araber mit ganz konfiszierten Gesichtern sahen ihr über die Schulter. Die Alte sprach deutsch, vermutlich war sie eine Österreicherin. Durch ein Labyrint von Gängen und Treppen lotste sie uns in ein geräumiges Zimmer, wo wir die Ankunft der Bajaderen erwarten sollten, die sich erst für uns herrichten wollten. Während der kostbaren Zeit, die davoneilte, ohne daß sich auch nur ein Bein gerührt hätte, fanden wir Muse, den Raum zu besichtigen. An den Wänden prangten die großen Bilder fast sämtlicher Staatsoberhäupter der Erde. Deutschland, das fromme Deutschland hingegen war durch zwei Sprüche vertreten, mit Perlen auf Karton gestickt, dessen einer lautete: „Wer auf Gott vertraut, hat nicht auf Sand gebaut". Das mutete uns an, als seien wir in einer Kapelle.

Die längste Geduld hat ein Ende und da die Grazien uns zu lange ausblieben, traten wir unter Protest den Rückweg an, den ich mit dem Instinkt eines alten Patrouillenführers auch glücklich ausfindig machte. Am Ausgang vernahmen wir das Stimmengewirr vergnügter deutscher Herren. Den Klängen folgend entdeckten wir in einer Stube des Erdgeschosses etwa 20 Herren der Lützow, gleich uns auf dem Pfade der Abenteuer.

„Das sieht schon besser aus, man sieht doch wo und wie!" Aber, o kränkendes Mißgeschick! Statt brauner Tänzerinnen gewahrte unser Auge nur sechs nach Alter und Schönheit höchst fragwürdige Bleichgesichtmädchen, die auch alle deutsch sprachen. Keine war erbötig, einen arabischen Tanz aufzuführen, es sei denn, daß sie 20 Mark erhielte und das stieß auf kräftigen Widerspruch. Zum grenzenlosen Ärger der afrikanischen Europäerinnen tanzte nunmehr Herr Kulmann aus Berlin einen Tanz nach seiner Art und unter größter Fröhlichkeit unsererseits und den Giftblicken des zarten Geschlechts trollten wir fürbaß. Für die Enttäuschung jagten wir Herrn Said-Abou Ismail zu Ariman und strandeten allmählich in einem der arabischen Kaffees, mit Hallo von den Bekannten empfangen.

Unsere heilige Versicherung, wir hätten weder Bajaderen noch Tanz gesehen, wurde als geheimnisvolle Andeutung orientalisch märchenhafter Erlebnisse aufgenommen. O jammervollster Irrtum! — —

Hinter einer Schale Mokka träumten wir von dem was wir nicht gesehen. Verkäufer drängelten sich durch die Stuhlreihen und boten allerhand Schund an. Ein junger Araber war nicht fortzukriegen. Er trug eine Kiste mit Schmucksachen, Shwals und gestickte Jäckchen um Hals und Schulter und Ketten in allen Größen auf den Armen. Ein weißer Shwal mit geklopftem Silbermuster und ein hübsches Bolerojäckchen gefielen mir. Ich fragte also:

„How much the two?"

„One pound each!"

„Too deer!" sagte ich, denn das m u ß man sagen.

„How much give you, master?" Das ist die berühmte Frage im Orient. Nach dem Grundsatze, höchstens ein Drittel des Verlangten zu bieten, sagte ich:

„Half a pound for the two!"

Mit den Ausdrücken tiefen, ja schmerzlichen Bedauerns, schlängelte sich mein wandernder Kaufladen davon. Aber er behielt mich im Auge und als wir uns zum gehen anschickten, stand er wieder vor mir und bot den ziemlich schweren Shwal und das reizend gestickte Bolerojäckchen für elf Schillinge an; ich hob den Kauf für die Rückreise auf. Es unterliegt keinem Zweifel, daß ich die Stücke noch billiger bekommen hätte. — Ich habe mir die Frage vorgelegt, ob sich die Orientalen auch unter einander derart überfordern oder ob sie dadurch, daß der weiße Mann nur ein Drittel bezahlen will, sich veranlaßt sehen, gleich den dreifachen Preis zu verlangen?

Wir verlegten nun unsern Schwerpunkt in ein anderes Kaffee. Dort saßen Gaukler auf dem Boden und machten unter fortgesetztem Geschnatter Hokuspokus. Der Eine holte unter einem Holzbecher statt einer Wollkugel, die er vor unseren Augen darunter gelegt, ein junges Hühnchen hervor, gelb und klein wie ein Kanarienvogel. Er ließ es ein wenig spazieren gehen, nahm es dann mit fürchterlich entschlossener Miene in eine Hand und riß ihm mit der anderen den Kopf ab. Aber an Stelle der beiden Teile des Hühnchens marschierten jetzt zwei junge Hühnchen herum. Ein anderer Gaukler konnte Silbergeld noch schneller verschwinden lassen als ich, der ich so oft gesungen:

„Meine güldenen Dukaten,
„Sagt, wo seid ihr hingeraten?"

All die braunen Kerle sprechen englisch und einige Brocken deutsch. Was sie aber auf deutsch zu sagen wissen, ist nicht gerade ergötzlich, wenn man auch darüber lachen muß.

Froh atmeten wir auf, als wir wieder auf dem sauberen deutschen Boden unseres Schiffes standen. Im Rauchzimmer erwarteten wir den Morgen und handelten mit einem Araber zum Zeitvertreib, wobei der geriebene Bengel noch ein gutes Geschäft gemacht haben mag.

VI.

Durch den Suez-Kanal und das rote Meer.

„Wunderbar wahrlich, da sitze ich nun
Der Wüste nahe, und bereits
So fern wieder der Wüste, —
Umsphinxt, daß ich in ein Wort
Viel Gefühle stopfe."
(Vergebe mir Gott diese Sprachsünde!)
Nietzsche.

Gegen 6 Uhr früh setzten wir die Fahrt fort. Port Said zeigte jetzt seine luftigen Tropenhäuser, deren Front nach dem Hafen mit allerhand Reklameschildern und Aufschriften bunt bemalt ist. Das Wasserwerk am Eingang des Suez-Kanals lag schon im Wüstensand; in der Nähe eines Hauses, das wie ein viereckiger Lehmklotz zwischen zwei Dünen lag, ruhten mehrere Kamele und kaum 1000 m entfernt zog eine Kamelkarawane landeinwärts. Der Suez-Kanal ist etwa 80—100 m breit, seine Sohle kaum 10 m tief. Als Durchfahrtsgebühren hatte die Lützow an 60 000 Mark zu zahlen. Unser Kapitän Dewers blieb während der 20 stündigen Durchfahrt ständig auf der Kommandobrücke; wir fuhren 8 km in der Stunde und nur in den breiten und tiefen Bitterseen in voller Fahrt.

Nun dehnte sich rechts und links die Wüste in welligen Sanddünen; blaurötlich schimmernde Höhenzüge begrenzten den Horizont. Eine kleine Oase in Palmen, Laubbäumen und

Wiesen unterbrach die Einöde: „Mosesquelle" ist der Ort benannt. In bestimmten Abständen folgten sich die Stationen, die zugleich Ausweichestellen sind. Sauber gebaute Steinhäuser dienen den Beamten zur Wohnung, kümmerliche Bäume und Sträucher spenden spärlichen Schatten. An hohen weißen Signalmasten flattern einige Wimpel; sie melden, ob die Bahn frei. Am Ufer stehen torähnliche Holzgerüste, die den Namen der Station in französischer Sprache tragen.

Die Farben der Wüste sind weit lebhafter, als ich mir vorgestellt hatte. Auf vorherrschendem Gelb ruhen zarte, duftige, blauviolette Schatten in allen Abtönungen und über manchen Felspartien hat die Sonne ihren gesamten Farbenreichtum ausgegossen.

Weicher, feiner Sand säumte die Ufer, die in schräger Böschung oft mehrere Meter hoch ragten und uns dann die Wüste verbargen.

Gegen Mittag liefen acht Araber, Männer und Kinder, neben dem Schiff her, in elende Lumpen gekleidet, die sie sich auch noch bis zum Halse hochhielten, um besser laufen zu können — schlanke, elastische Gestalten. Wir warfen Äpfel und Orangen hinüber aus Land, die beim Aufprall oft zerplatzten. Das störte aber die edlen Hamiten nicht, sie aßen alles auf mit Stumpf und Stiel. Keine Hütte weit und breit. Wo wohnen diese Menschen? Zwei Stunden rannten sie mit dem Schiff um die Wette. Ist der Himmel ihr Zelt und das Betteln bei den durchfahrenden Schiffen ihr Lebensunterhalt?

Im Schein der Abendsonne wandelten zwei arabische Frauen langsam am Ufer entlang in lange schwarze Tücher gehüllt mit verschleiertem Antlitz. Eine andere trieb einen Esel landeinwärts, an dessen Seiten gefüllte Wasserschläuche aus Ziegenfell hingen; eine vierte schritt kerzengerade über eine nahe Düne; sie trug in malerischer Haltung eine Amphora auf dem Haupt; eine Sagengestalt des alten Testaments! —

In der Nacht leuchtete am Bug der Lützow ein mächtiger Scheinwerfer, den Kanal und Strand mit weißem Licht übergießend, daß der helle Wüstensand erglänzte wie Schnee. Kaum 200 m hinter uns folgte ein englischer Dampfer, dessen Scheinwerfer unser Deck blendend hell bestrahlte und unsere Schatten scharf und tiefschwarz an die Wände malte.

Vor Suez warf die Lützow Anker, blieb aber einige hundert Meter vom Strand entfernt. Wir zogen es vor, die nur kurze Zeit des Aufenthaltes zu verschlafen.

Der Morgen des 20. Januar fand uns schon im breiten Golf von Suez, dessen hohe, steilzackige Randgebirge uns stundenlang begleiteten. Der 2600 m hohe Berg Sinai überragte die Gebirge in massiger Größe. Dort entstanden vor 6000 Jahren jene zehn Gebote, nach denen noch heute die Kulturwelt zu leben vorgibt. Und diese Wellen hier fluten vielleicht über viel tausend ägyptische Krieger, die Jehova in seinem unerforschlichen Ratschluß mit Mann und Roß und Wagen geschlagen, als sie den abziehenden Kindern Israels, die das Pyramidenbauen satt bekommen hatten, den Garaus zu machen gedachten. —

Mittags breitete sich das rote Meer vor uns aus mit riffreicher, gefährlicher Küste. Das westliche Ufer blieb noch kurze Zeit in Sehweite, dann schwand auch dieses und zwei Tage lang begrenzte nur der Himmel das Meer.

Nach Sonnenuntergang erstrahlte schwach ein Komet am westlichen Himmel. Um zehn Uhr ging der Vollmond auf, ein fesselndes, schönes Bild. Wir überholten einige Frachtdampfer, die magisch beleuchtet auf den silberglitzernden Wellen dahinzogen.

Allmählich ging der Übergang zum Tropenmenschen vor sich. Zuerst tauchten weiße Schuhe auf, die weiße Kleidung vervollkommnete sich stückweise aufwärtsgehend, bis schließlich ein Tag vor Aden alles, einschließlich der Offiziere und Stuarts, schön schneeweiß und duftig und luftig daherkamen.

Am 21. Januar überschritten wir den Wendekreis des Krebses und befanden uns nun in den Tropen. Am 22. Januar zeigte der Thermometer um sechs Uhr früh 23° R. Die elektrisch getriebenen Windfächer surrten ständig in den Kabinen und Sälen. Die Türen der Kajüten blieben geöffnet, ein Vorhang nur verbarg das keusche Innere den Blicken. Windfänge außerhalb der Fenster leiteten den am Schiff entlanggleitenden Windstrom herein, man kämpfte mit allen Mitteln gegen die Wärme. Auch das Wasch- und Badewasser unterschied sich kaum noch von dem Wärmegrad der Luft und versagte die ersehnte Erfrischung. Sollten wir Euch daheim nicht beneiden um Euren scharfen Nordost und die herrliche Kälte des Winters?

Ein Ball der Passagiere der II. Klasse brachte unsern tanzlustigen Damen freudige Abwechselung. Das breite Hauptdeck war mit bunten Lämpchen geschmückt.

„Horch! es tönet Horngebläse
Und man schreitet zur Française."

Der Herr Zahlmeister, ein ebenso tüchtiger Beamter wie Schachspieler und Tänzer, schritt gravitätisch an der Spitze des Zuges.

„Keiner weiß sich so zu wiegen
Und den Tönen anzuschmiegen;
Doch die höchste Eleganz
Zeiget er beim Solotanz.

Konnten da die jungen Damen der I. Klasse fernbleiben? ich behauptete unerschrocken: nein!!

Am 23. Januar erschien links die Küste Arabiens und die Häuser und Minaretts von Mokka. Abends durchfuhren wir die schmale Straße von Perim und erreichten in der Nacht bei Mondschein und frühlingsfrischer Luft Aden, dessen Leuchttürme uns schon von weitem von kahler Vulkanhöhe entgegengeblitzt hatten.

Im Hafen lag hell erleuchtet ein englischer Kreuzer zur Abfahrt bereit, der mit Morsezeichen Lichtsignale an Land gab in rasender Schnelligkeit. Wir hatten noch nicht Anker geworfen, als auch schon zehn bis zwölf Boote unser Schiff umwimmelten. In elegantem Motorboot sauste der englische Hafenbeamte heran und erstieg als erster das Fallrepp, ein großer hagerer Herr in weißer Tropenuniform mit rundem Käppchen auf dem linken Ohr, begleitet von einem braunen, hübsch und intelligent aussehenden Policeman. Ihnen folgten eine Schaar arabischer Juden mit Straußenfedern und Somali und Araber mit allerhand Kleinkram.

Längsseits legten inzwischen die Kohlenbunker an, auf denen dichtgedrängt schwarze und braune Träger schnatterten. Ich ging an die hintere Reeling des Hauptdecks, um mir diese Gesellen näher zu besehen. Ein dickes Tau wurde von dort hinabgelassen, an dem 25 bis 30 Männer heraufklommen. Den Schluß bildete ein kaum zehnjähriges arabisches Bürschchen; erschöpft blieb es außerhalb der Brüstung stehen, über die es mit seinen traurigen Augen gerade hinwegsehen konnte; ich glaubte, der Kleine wäre am Ende seiner Kräfte und Mitleid regte sich in meiner Brust. Nun krabbelte er über das Geländer; aber statt sich zu einer Arbeit zu verfügen, schlich er an mich heran und sagte auf deutsch: „Herr, Postkarten?" dabei zog er einen verschlossenen Briefumschlag aus seinen Falten. „Wieviel kostet's?" fragte ich. „Zwei Mark, Herr!" „Scher dich zum Kuckuck!" sagte ich und ging weiter. Aber der kleine Gauner folgte: „Herr, an Licht geh'n, komm!" Der Bengel machte mir Spaß und aus Neugier ging ich also unter eine elektrische Lampe. Zunächst öffnete ich den Umschlag, um die Schätze zu betrachten, die er verschlossen barg. Aber als hätte ich ihm selbst den größten Schmerz angetan, verzog der Schlingel die Schnute — ein geborener Schauspieler — und machte mich sozusagen moralisch verantwortlich, nun sein beschädigtes Eigentum käuflich zu erwerben. Er fragte also: „Wieviel Herr?" ich gedachte ihn abzuschrecken und bot eine Mark! Da huschte ein sonniges Lächeln über die eben noch so betrübten Augen. „Da, Herr, gib die Mark!" und damit hatte ich fünfzehn Postkarten am Halse. Nun besah er mein Geldstück genau unter der Lampe, kam wieder, hielt mir die Münze hin und sagte: „Nicht gut!" Richtig, ich hatte ihm versehentlich ein italienisches Lire-Stück gegeben. Mit einer von ihm als „gut" befundenen deutschen Reichsmark machte er sich dann wie ein Wiesel unter die anderen Passagiere und war im Handumdrehen der Liebling der Damen.

Da nahte sich aber der erste Offizier mit einem Haselnußstöckchen. Der Kleine ahnte Schlimmes und rannte mit erstaunlicher Ortskenntnis in die unbewachten offenen Räume der II. Klasse, um dort je nach Lage der Dinge schnell noch etwas zu stehlen, geriet einem Matrosen in den Weg und schwebte alsbald, von sehniger Friesenfaust an der Rückwand des Badehöschens getragen, die Treppe hinab ins Boot, nicht ohne daß der erste Offizier die günstige Gelegenheit ergriffen hätte, einen wohlgezielten Jagdhieb auf die sachlich gegebene Rundung zu versetzen. Da erscholl aus der Kehle des Jünglings Heulen und Wehklagen. —

Der Handel der Juden mit Straußenfedern, Antilopengehörnen, Straußeneiern, Körbchen und Shwals nahm alsbald unsere ganze Aufmerksamkeit in Anspruch. Nach kurzer Zeit lenkte neuer Lärm das Ohr auf sich. Und was war los? Der kleine Erzgauner war an dem dicken Tau wieder heraufgeklettert, hatte mit einem Engländer Handelsbeziehungen angeknüpft, war wieder vom ersten Offizier gefaßt worden und wurde zum zweiten Male zur Treppe befördert. Dort klammerte er sich fest, drehte sich um und rief unter vielen Tränen: „Oh nicht bezahlt! Du bist ein englishman, ein englishman!" Den Bitten der Damen, denen gegenüber der erste Offizier schwach wurde, verdankte der Kleine, daß er wenigstens noch zu seinem Gelde kam. Dann verschwand er in einem großen Boot im Finstern. Aber nur für kurze Zeit. Während das Feilschen der Juden eindringlicher wurde, je näher die Zeit der Abfahrt herankam, wand sich der Kleine unbemerkt wieder herauf, sprang übers Geländer und versuchte noch einmal sein Heil in den Räumen der II. Klasse. Aber das Auge des ersten Offiziers wachte. Nun gab es gehörige Senge auf Finger und Höschen und das Stöckchen wies den Weg zur Treppe. Dort empfing der wachthabende Matrose den Sohn der Wüste und faustbefördert wurde der schwarze Unglücksrabe das Fallrepp hinuntergepurzelt. Nun ließ er alle Hoffnung hinter sich, setzte sich an sein Ruder und fuhr in einem Kahn davon. Unter den Arabern gibt es viele solcher kleiner großer Spitzbübchen.

Das Geschrei und Geschnatter auf den Kohlenbunkern nahm kein Ende. Ein jeder redete, gleichgültig, ob ein anderer auf ihn hörte. Die verantwortlichen Araber kletterten an dem Tau die 7 m herauf aufs Deck, um von hier wie von einer Kanzel hinabzubrüllen, es half aber nichts. Als bei den Kanzelrednern Heiserkeit oder Stimmbandbruch Platz griff, kletterten sie wieder hinunter, versuchten da und dort ihren Befehlen Gehör zu schaffen, fanden die Stimme wieder, klommen mit neuen Hoffnungen im Busen am Tau herauf, schrien sich wieder die Kehle wund und tauchten wieder hinunter, immer hin und her. Auf den Bunkern flatterten offene Feuer, deren grellrote Flammen huschende Lichter auf die dunkelhäutigen Menschen warfen. Endlich hatten einige das Nutzlose ihrer Rede eingesehen, irgend einer begann eine eintönige Weise zu singen, andere fielen ein und maschinenmäßig setzte sich der lebendige Elevator in Bewegung. So ist es jedesmal. Auch während der Arbeit hörte das Geschrei nicht auf, es hinderte aber nicht mehr.

Gegen fünf Uhr verließ die Lützow Aden, und als wir am 24. Januar erwachten, schwammen wir draußen im indischen Ozean.

VII.

Spiele an Bord, Kaisersgeburtstag.

>Ich halt es hübsch mit allen Beiden,
>Bald mit dem Ernst, bald mit den Freuden;
>Die ernste Weisheit ist mein Weib,
>Die Torheit ist mein Zeitvertreib. —

Von Aden bis Colombo sollten noch fünf Tage vergehen; nur die Insel Sokotra mit ihren wilden Bewohnern war geeignet, die Phantasie in Bewegung zu setzen. Die unterhaltsamen Sports seien der Erinnerung erhalten. Wir haben viel dabei gelacht und das ist ja ein edler Erfolg, nicht zu reden von dem Wert der Bewegung und seinem gesundheitlichen Einfluß.

Am 24. Januar vormittags ging es los. Der Deckmatrose hatte auf dem Promenadendeck einen Kreidestrich und 8 m entfernt einen Kreis gezogen; auf dem Kreis ein hoher Holzkübel. Zwei Parteien mühten sich nun ab, dicke Tauringe vom Strich aus in den Kübel zu werfen. Die Unterhaltung bewegte sich mit Rücksicht auf die Engländer und Amerikaner, welche des deutschen nicht kundig waren, in englischer Sprache und viele Deutsche verfielen bis zur Unkenntlichkeit in dieses liebliche Idiom. Wenn ich auch fleißig im englischen Lehrbuch studiert hatte, so wagte ich es doch nicht, das Ergebnis meiner Studien zu Gehör zu bringen. Da trat ein Engländer in der Hitze des Gefechts massiv auf meine dünnen Tennisschuhe und goß einen Schwall Entschuldigungen über mich, deren Beantwortung ich mich nicht entziehen konnte; mit schmerzzerfurchter Miene schrie ich also: „Never mind!" und der Bann war gebrochen. So muß der Mensch eben oft zu seinem Glück gezwungen werden.

Am Nachmittag folgte das Nadel-Rennen. Vier Damen standen leicht erregt und hoffnungsfroh am einen Ende des Decks, eine jede hielt eine Nähnadel senkrecht vor sich in beiden Händen. Am andern Ende des Decks warteten vier Herren sprungbereit auf die Frage: „Are you ready!" Wir riefen: „Yes!" worauf der Spielleiter mit Donnerstimme schrie: „Go!" Mit einem Zwirnsfaden bewaffnet rasten wir vier auf unsere

Huldinnen los, rannten sie fast um und suchten unsern Faden in das Öhr einzuführen, ohne die Hand der Damen zu berühren. „Eile mit Weile!" Wer dachte daran? Die Aufgabe war entsetzlich schwer, obgleich von zarter Seite eifrigstes Entgegenkommen gezeigt wurde. Wer endlich seinen Faden glücklich im Öhr hatte, rannte unter Hallo und Bravoklatschen der Zuschauer freudestrahlend zurück in die offenen Arme des Spielleiters,

„Und war froh aus Herzensgrund,
Daß er dies so gut gekunnt!" —

Recht erquicklich war das Apfelsinen-Rennen der Damen. Zu je dreien hatten sie von einem Ende des Decks zum andern um die Wette zu eilen, einen Teelöffel in der Hand, auf dem eine goldwangige Orange schwankte. Die Meisten verloren ihre Apfelsine schon vor dem Ziel. Nur eine ältere junge Dame aus Amerika konnte mir imponieren. Mit stoischem Gleichmut und einer Brille ging sie gemächlich im Schritt dahin und wußte gewandt die Orange mit dem Daumen auf den Löffel zu drücken. Daß sie nicht Siegerin wurde, ist nicht meine Schuld! —

Am folgenden Tage stieg das Dreibein-Rennen. Ein Spielleiter band mein linkes Bein so fest an das rechte eines mir bis dato gänzlich fremden Herrn, daß schier das Blut stockte. Gleich Busenfreunden umschlangen wir uns fest um Hals und Hüfte. Der Spielleiter: „Are You. — Ready!?" Yes! und auf sein: „Go!!!" hüpften wir mit einem andern Paar um die Wette. Unsere feindlichen Brüder gerieten aus dem Takt und strandeten elendiglich an der Reeling.

„Are you there, Sambo," auf deutsch: „Haut ihm, Lukas!" betitelte sich ein anderes Spiel. Zwei junge Farmersöhne begannen. Jeder legte sich dem andern gegenüber auf die Planke mit dem Gesicht nach unten. Die Augen wurden verbunden und die Kämpfer reichten sich die linke Hand. In die rechte erhielt jeder einen langen, kräftigen Knüppel aus gerolltem und zusammengeschnürtem Zeitungspapier gedrückt und nun rief der eine: „Are you there, Sambo!" der andere: „ Yes!" und rutschte schnell zur Seite, denn sein Gegenüber haute mit dem Knüppel unsanft nach der Stelle, woher das Yes erklungen. Der Witz des Spieles bestand darin, den Gegner ausgemacht auf den Kopf zu schlagen. Die armen Opfer dieses Niggerspiels krochen auf dem Boden herum, schlugen aus Leibeskräften um sich und lösten Lachsalven — auch aus dem perlschimmernden Gehege der Zähne unserer Schönen — wenn der Knüppel auf jene Stelle herniedersauste, die man auf deutsch so zart „die vier Buchstaben" benennt. —

Auch der Hahnenkampf ist der Wildnis abgelauscht, während das Sackhüpfen von kindlichem Gemüte zeugte.

Als unfreundlicher muß ich den Ritt auf dem Mastbaum bezeichnen; zwei Reiter verprügelten sich nämlich so lange mit großen Kissen, bis der eine das Gleichgewicht verlor und auf die Matratzen purzelte. So verging wenigstens die Zeit. —

Zu unserer großen Beruhigung kamen wir glücklich an Sokotra vorüber. Der indische Ozean lag wie ein Spiegel um uns, ein Apfel ins Meer geworfen, hätte Ringe gezogen. Kein Wölkchen trübte den glutstrahlenden Himmel.

Man erzählt sich schauerliche Dinge von Sokotras Bewohnern. Weiber haben nämlich dort keine Daseinsberechtigung. Zur Erzielung von Nachwuchs fahren die Wilden nach dem nahen Arabien oder Afrika über's Meer und rauben sich Mädchen. Schenken diese ihrem Herrn eine Tochter, so verfällt das Kind sofort dem Tode, nur Söhne werden aufgezogen. Sobald sie flügge sind, schlägt auch der Mutter letztes Stündlein, sei es, daß sie im Meere ertrinkt oder von einem Felsen stürzt. — Europäer bewohnen diese große Insel nicht und strandet dort ein Dampfer, so können die Weißen froh sein, wenn sie ihr wahrhaft nacktes Leben retten.

Wenn die Geschichte nicht wahr ist, bitte ich Dich, lieber Leser, um Vergebung, aber Du mußt zugeben, daß sie schauerlich ist.

Nachts leuchtete silberhell der Vollmond.

„Der Mond, das Wort, so inhaltsreich,
So treffend, weil es rund und weich,
Wer wäre wohl so kaltbedächtig,
So herzlos kalt und niederträchtig,
Daß es ihm nicht, wenn er es liest,
Sanftschaudernd durch die Seele fließt?!"

Die tiefschwarzen, scharfen Schatten der Masten, der Windschächte und Raaen ruhten unbeweglich auf den fahlschimmernden

Flächen der Sonnensegel. Tief am Horizont stand das südliche Kreuz; ich hatte von den hellstrahlenden Sternen unseres nordischen Sternhimmels schließend ein großes, gleich mit funkelnden Diamanten besetztes Kreuz erwartet, das man in edlen Steinen nachgeahmt seiner Braut als Busennadel aus Ceylon mitbringen könnte. Dem ist aber nicht so. Sterne, höchstens von dritter bis fünfter Größe, bilden das südliche Kreuz, das in seiner schrägen Lage und Leere mich enttäuschte.

Unaufhaltsam durchfurchte der Kiel unserer Lützow das Meer, rastlos dahineilend ohne sichtbares Ziel. Wie einen leisen Pulsschlag fühlten wir die Bewegung der Maschine im Körper des Schiffes und nur das Brausen der Bugwelle klang in die Stille der Nacht.

„Und der Geist Gottes schwebte über den Wassern" — ein Poet war es, der es empfunden. — —

Der 27. Januar, unseres Kaisers Geburtstag, wurde festlich begangen.

Die militärischen Klänge des Präsentiermarsches begleiteten morgens das Hissen der deutschen Flagge; zum Wecker erscholl das „Heil Dir im Siegerkranz" durch die Gänge. Vormittags spielte die Kapelle deutsche Vaterlandslieder und alte Märsche und die deutschen Herren taten den ersten Trunk zu Ehren unseres Kaisers. Wir sangen unsere lieben deutschen Lieder mit, die wir uns bald zerstreuten auf den ganzen Erdball. Du singst es mit andern Empfindungen da draußen, das Wort: „Lieb Vaterland" und mehr denn je verstand ich unseres Schillers Mahnung:

„Ans Vaterland, ans teure, schließ' Dich an,
Das halte fest mit deinem ganzen Herzen;
Hier sind die festen Wurzeln deiner Kraft."

„Recht oder Unrecht, mein Vaterland!" so denkt der Engländer; er ist in vielem ein Vorbild! — —

Das Diner ward heute zum Festmahl. Die Tische schmückten Aufbauten aus Zuckerwerk mit deutschen und Lloydflaggen geziert. Das Bild des Kaisers, von schwarzweißroter Fahne umrahmt, blickte ernst herab auf uns und die Ausländer, die mit uns auf deutschem Boden den hohen Geburtstag festlich begingen. Nur ein Tisch stand leer — drei Franzosen zierten ihn sonst. —

Unser Kapitän brachte einen kurzen, kernigen Trinkspruch aus, dessen Hurra hinauf geklungen haben mag zu den Ohren jener, die es noch heute nicht lieben, jenes „terrible Hourra".

Im Namen der Fremden, besonders der Engländer, sprach dann Herr Acworth, ein liebenswürdiger Engländer und indischer Teefarmer. Seine vornehme, von Achtung für den Enkel der Queen getragene Rede, endete mit dreifachem Hipp, Hipp, hurra auf den Kaiser, seine Familie und die große deutsche Nation!

Gegen Schluß des Essens erloschen plötzlich alle Lichter. Aber nur kurze Zeit saßen wir in ägyptischer Finsternis. Denn alsbald erschienen die Stuarts und paradierten zwischen den Tischen dahin mit illuminiertem Eis als Nachtisch, eine reizende Überraschung. — Dem Essen folgte ein Ball an Deck.

Der 28. Januar lehrte uns indische Hitze kennen. Am 29. kamen wir an dem Insel-Atoll Minicoi vorüber, befanden uns also schon unmittelbar südlich Vorder-Indiens — noch einen Tag vor Colombo.

Das Packen unserer Siebensachen war schon die reine Kuli-Arbeit bei der Hitze. Nachmittags schmetterten wir den Abschiedstrauersskat. Der größte Teil der Mitfahrenden verließ in Colombo das Schiff; das Abendessen, heute „Kapitänsessen" genannt, erhielt hierdurch besondere Bedeutung.

Wieder war der Speisesaal reizend geschmückt. Kleine Flaggen aller Nationen und chinesische Schirmchen zierten die Tische. Exzellenz v. Graß sprach dem Kapitän, dem Herrn dieses vornehmen Hauses, in dem wir uns so wohl gefühlt hatten wie liebe Gäste, unsern Dank aus.

Aus den Dankesworten des Herrn Acworth klang Hochachtung vor dem Deutschtum und versöhnlicher Sinn, so daß nur zu wünschen bleibt, es möge jeder Engländer ebenso denken.

Unser Kapitän drückte die Hoffnung aus, daß diese Fahrt dazu beigetragen haben möge, Vorurteile zu beseitigen und das Einvernehmen der Völker zu stärken. Und wahrlich, er hat Recht. Freundschaftliche Beziehungen zwischen Deutschen und Engländern waren geknüpft worden und bilden ein Gewicht in der Wage gegenseitiger Beurteilung.

Auch Freund Pfeil trat heute glänzend in die Erscheinung: er sprach auf die Damen. In einem geist- und witzvollen Gedicht in Form eines Zwiegesprächs, in dem ich ihm mit Hilfe klassischer, weiberfeindlicher Zitate opponierte, blieb er Sieger und aus vollem Herzen konnte er schließlich dem von ihm so hochgeschätzten, schönen Geschlecht sein Hoch darbringen.

Ein Maskenball und humoristische Aufführungen beschlossen den letzten Abend auf der Lützow, der sich allerdings bis 4 Uhr früh ausdehnte. —

VIII.

Colombo.

"Heil sei dem Tag, an dem Du uns erschienen."
Zar und Zimmermann.

Die warme Tropensonne strahlte am 30. Januar aus reinem blauen Himmel über die blaugrüne See. Fern am Horizont erglänzten die weißen Segel einer indischen Brigg und nun tauchten, kommagleich, hier und dort auf dem Meer die Segel kleiner Fischerboote auf. Dann stiegen aus zarten Dunstschleiern die graublauen Formen des Adams-Pik hervor, der erste Gruß aus dem Paradiese Ceylon.

Der Dreimaster fuhr dicht an uns vorüber. Indier mit roten Turbanen lagen auf Deck.

Nun erschien die Küste, erst als unbestimmtes grünes Band, dann löste es sich, soweit das Auge reichte, in hochstämmige Palmwaldungen auf. So sahen dich vor 400 Jahren mit erstaunten Augen die Portugiesen aus dem Meer emporwachsen, schaumgeborene Taprobane, wie wir dich heute sehen auf unserer Entdeckungsreise!

Jetzt kamen wir mitten unter das lebhafte Treiben der fischenden Singhalesen in ihren schmalen Auslegerbooten. Eine neue Menschenrasse trat mit ihnen vor unser Auge; olivbraun, schlank und graziös mit edler oft an Süd-Europäer erinnernder Gesichtsbildung.

Hohe Gebäude und der große weiße Leuchtturm Colombos hoben sich aus der gleichförmigen Strandlinie der Palmen. An der Mole, dem gewaltigen Breakwater des Hafens rollten die silberschäumenden Wogen des Ozeans empor, hoben sich haushoch über das felsenstarke Gemäuer und überschlugen sich, zusammenbrechend zurück ins Meer, ein ewiges Kommen und Branden von mächtigstem Eindruck! —

Kurz vor Erreichen des Hafens kam der Lotse an Bord und steuerte die Lützow in langsamer Fahrt durch die schmale Eingangspforte.

Colombos Hafen ist der lieblichste aller unserer Anlegeplätze. Umgeben von schützenden Mauern breitete er sich friedlich aus wie eine große Waschschüssel. Palmen grüßten von rechts und links und der helle Tag leuchtete über Ordnung und Sauberkeit. In doppelter Kiellinie lagen etwa fünfzehn Ozean-Dampfer vor Anker und unzählige Boote vermittelten den Verkehr zwischen Bord und Land, ein Verkehr, wie ich ihn nie mehr gesehen. —

Gegen ½12 Uhr mittags drehte unsere Lützow bei und legte in Linie anderer Ozeanriesen an einer Boje fest.

Redemanns steam-launch sauste heran mit der fröhlich flatternden belgischen Konsulatsflagge am Heck; sie brachte eine Schar deutscher Freunde und das Faktotum, den treuen Diener Silomon, auf deren Wiedersehen sich Redemann unbändig freute.

Bald wimmelte das Deck von Begrüßenden, Beamten und Hoteldienern. Bei Redemann gewahrte ich ein Wesen in weißem Lendentuch, das fast auf die nackten, braunen Füße reichte, und weißer Jacke, mit einem schönen griechischen Haarknoten und einem Schildpattkamm um das Haupt, der wie mir schien, verkehrt auf dem Kopfe saß, denn die spitzen Enden befanden sich vorn über den Schläfen. Diese Person wandte mir den Rücken. Redemann hatte uns doch kein Wort von weiblicher Bedienung gesagt? „Drum lief ich schnell, es nah zu seh'n", es war aber niemand anders als der brave Silomon. Redemann empfahl ihm unser Gepäck und er entbot uns den indischen Gruß, hob beide Hände zur Stirn und verbeugte sich leicht mit demütigem Blick. —

Man trank den Abschieds- und Begrüßungsschoppen, für lange Zeit wohl die letzte Erquickung an gutem deutschem Bier. Die Hausgenossen Redemanns, die Herren Hinz und Kubli und mehrere junge Herren vom Bureau Freudenberg empfingen ihren alten Freund, in deren freundlicher Gesellschaft wir bis in den späten Nachmittag zechten. Kummervoll gossen wir den letzten Schluck Bier hinter den aufgeweichten Kragen, und verabschieden uns vom Kapitän, den Offizieren und Bekannten, von denen uns mancher näher getreten war im Laufe der Reise. Dann klommen wir die lange Treppe hinab und fuhren in Redemanns Dampfboot zur Landungsbrücke.

Noch einmal glitten unsere Blicke über die Lützow, die stolz die andern Schiffe überragte — ein Abschiedsgruß der deutschen Flagge, leb' wohl, deutscher Boden! — Blendend in grellem Sonnenlicht gebadet breitete sich nach Verlassen der Landungshalle ein großer Platz und die breite Eingangsstraße Colombos vor uns aus. Überrascht erblickten wir die glänzend weißen und roten europäischen Häuser und Kolonnaden und das Marmordenkmal der gekrönten Queen Viktoria auf ihrem Thronsessel und die in weißes Muselin gehüllten, olivenfarbigen Menschenfiguren, die ein so sinnlich feines Aussehen haben, daß man sie durchaus für Weiber halten muß. —

In dem vierstöckigen, neuzeitlichen Grand Oriental Hotel kaum zweihundert Schritt vom Hafen entfernt stiegen wir ab; es gehört einer Gesellschaft meist deutscher Aktionäre, auch die beiden Direktoren sind Deutsche. Mit den Annehmlichkeiten eines europäischen Hotels I. Ranges verbindet es den Komfort und die Gesundheitseinrichtungen der Tropen. Wir waren dort vorzüglich aufgehoben.

Freund Redemann erwartete uns mit seinem Wagen und führte uns hinaus nach seiner deutschen Villa, in den Cinnamon-Gardens, die den Namen seiner Gemahlin trägt. — In schönem Park lag rechts das Queenshouse, links die Post, die Bank und der alte holländische Glockenturm. Dann fuhren wir am Strand entlang auf der tadellos gepflegten Gale Face-Esplanade und am Gale Face-Hotel vorüber, das in massigen Linien aus seiner reichen Palmenumgebung rot hervorleuchtete. Der Weg am Ufer des Frischwassersees bot entzückenden Blick nach den jenseitigen Häusern der Eingeborenen und schlanken Palmen.

„Ich sehe der Palme zu
Wie sie, einer Tänzerin gleich,
Sich biegt und schmiegt und in den Hüften wiegt,
— Man tut es mit, sieht man lang zu!"

Immer üppiger umringte uns der tropische Pflanzenwuchs hoher Palmen, Bananen und lilaleuchtender Vaughanville.

Das Neue und Merkwürdige des Eingeborenenviertels stürmte in buntester Mannigfaltigkeit auf uns ein und ließ das Auge nicht zur Ruhe kommen, bis wir die ehemaligen Zimmetgärten erreichten, wo in märchenhaft schönen, tropischen Gärten und Hainen europäische Villen träumen. — Dem Museum gegenüber am Viktoria-Park steht das Gebäude des deutschen Klubs und wenige hundert Schritte weiter Redemanns Villa Cäcilie.

Im Garten und auf der Veranda harrte die Schaar der Boys in freudiger Erwartung ihres Herrn. Palmwedel schmückten die Einfassung des Gartenweges und überspannten ihn in zierlichen Bögen. Nun hielt der Wagen vor der luftigen Veranda und augenblicklich prasselten rings im Gebüsch hunderte von Fröschen los, ein Werk des so sinnigen Silomon. Freundlich begrüßte Redemann jeden seiner braunen Diener und hielt dann mit uns den Einzug durch die festlich geschmückte Pforte unter Palmenblättern und farbenduftigen Blumengewinden.

Wenn auch nie zum Vaterland die Fremde werden kann, so hat Redemann doch ein zweites Heim sich dort geschaffen, deutsch durch und durch, und wir fühlten uns in seinen Räumen und im Kreise der liebenswürdigen Herren wie daheim.

Die beiden Teckel kamen nun auch daher mit flatternden Ohren und den lebhaft sprechenden Schwänzchen. Nach dem ersten Sturm der Begrüßung begleiteten sie uns in den großen Palmengarten hinter dem Hause zu den zwei Äffchen, die von ihren Kettchen befreit bald an der Dachtraufe herumturnten und uns betrachteten wie zwei Urgroßmütterchen, buckelig, faltig und schrecklich ernst. Das Komische an ihnen war der Gegensatz zwischen diesem würdigen Ernst und der affenartigen Geschwindigkeit, welch' letztere einem urgroßmütterlichen Wesen im allgemeinen nicht eigen. —

In einer gitterverschlossenen Holzkiste schliefen zusammengeringelt einige Giftschlangen, die wie auch ein junges Krokodil dem Naturfreund Hinz gehörten. Das kleine Krokodil paddelte lustig in einer großen Wanne herum und war etwa zwei Handspannen lang. Mit List und einer Holzzange fischte Hinz die Bestie heraus und setzte sie ins Gras. Dieses nichtsnutzige Geschöpf warf uns aber so gehässige Blicke aus seinen kleinen grünen

Giftaugen zu und schnappte mit seinem nadelgespickten Rachen
so abscheulich um sich, daß nicht viel fehlte, um uns den Genuß
seiner Gesellschaft zu verekeln. Herr Hinz dann,
  ohne Furcht und Bangen,
  entfernt das Scheusal mit der Zangen. —

Inzwischen hatte Herr Redemann einen eingeborenen
Diener für uns besorgt, der englisch und hindostanisch sprach und
schon des öfteren Globetrotter durch Ceylon und Indien begleitet hatte. Als wir auf den bequemen Tropenlangstühlen
ausgestreckt uns dem Abend entgegen unterhielten, meldete sich
ein mittelgroßer, schlanker Südindier: Francis, unser neuer
Boy; er war etwa 24 Jahre alt, trug einen weißen Anzug und
auf den welligen, tiefschwarzen Haaren, eine graue, flache,
schirmlose Mütze mit hellgrauem Band am oberen Rande. Seine
großen schwarzbraunen Augen blickten geweckt aber ehrfürchtig
uns an, das kleine Schnurrbärtchen über den schmalen Lippen
hob sich von der fast schwarzen Gesichtsfarbe kaum ab. Nach
Art der Indier grüßend überreichte er Freund Pfeil die Zeugnisse
seiner bisherigen Herren. Nach kurzem Durchblättern reichte
mir Pfeil eines der Zeugnisse und — o Welt, du bist ein Fischer-
dorf, und noch nicht einmal ein großes — ich gewahrte die mir
wohlbekannte Handschrift meines alten Freundes, des Haupt-
manns Horning, der 1907 gelegentlich einer Weltreise mit Mister
Francis mehrere Wochen „sehr zufrieden" gewesen war. War
das nicht ein famoser Zufall und ein gutes Omen? Die Zeugnisse
bewahrte ich dann auf, gewissermaßen als Pfand; sie bedeuten
für den Boy das größte Gut. —

Der Übergang vom Tag zur Nacht währt in den Tropen kaum
zehn Minuten; Tag für Tag geht die Sonne um sechs Uhr
abends unter und nach zwölf Stunden erscheint sie wieder ohne
lange vorherige Dämmerung. Das gemütliche Vorsichhindämmern
zwischen Licht und Dunkel im alten Großvaterstuhl ist dem Tropenmenschen versagt. Nun glaubst Du gewiß, lieber Leser, daß es
nach Sonnenuntergang kühler werde; in dieser Erwartung erlebst
Du aber schmerzliche Enttäuschung! Die Glut des Tages wohnt
zu reichlich in Luft und Erde, Erfrischung bringt die Nacht nicht! —

Als es dunkel geworden, fuhren wir in Rikschas zum
deutschen Klub. Gemischte Empfindungen überkommen uns,

wenn ein Mensch als Zugtier vor einem spinnwebzarten Gefährte trabt. Die Straßen waren glatt wie Asphalt, die Rikschas besaßen Gummiräder und weiche Federn, so daß nach Überwinden des ersten Mißgefühls europäischer Humanität die Rikschafahrt zu einem Vergnügen wurde. Die Rikscha-Kulis tragen meist nur ein Hüfttuch und weißen oder roten Turban; ihre Gliedmaßen sind zart, die Hände fast mädchenhaft zierlich. Muskulatur trat bei den Singhalesen kaum hervor. — Neben mir rollte Freund Pfeil dahin. Sein Kuli zog die zwei Zentner in langausschreitendem Sprung hinter sich her. Mehr aber als das leichte Fortbewegen der Last setzte uns der Dauerlauf der Indier und später der Chinesen in Staunen. Welche Trainierung von Herz und Lunge! Jedesmal wenn wir das Hotel verließen rannten von allen Seiten die Kulis mit ihren zierlichen Fahrzeugen herbei und vielstimmig umschwirrte uns das: „Sir, Sir! Riksha"!! Hatten wir uns in den Kopf gesetzt, zu Fuß zu gehen, so folgten sie uns mit bittenden, aufmerksamen Augen oder gingen wohl auch neben uns her und riefen von Zeit zu Zeit leise ihr: Sir!! Glaubwürdig erscheint es mir, daß die Rikscha-Kulis ihr Handwerk nicht länger als sechs Jahre auszuhalten vermögen, alsdann sollen sie meistens der Schwindsucht verfallen. Als in Singapore der englische Gouverneur mit Rücksicht auf die Volksgesundheit die Rikschas abschaffen wollte, deren es dort mehr als zehntausend gibt, brachen Unruhen unter der niederen Volksklasse aus, die sich in ihrem Hauptverdienst bedroht sah; die menschenfreundliche Absicht der Regierung mußte aufgegeben werden.

Vor dem deutschen Klub hielten unsere Kulis und Redemann führte uns ein. Das geräumige Gebäude enthält Bar, Billard-, Gesellschafts- und Leseräume. Der Bilderschmuck erinnerte an die deutsche Heimat. Das große Bild des Prinzen Adalbert von Preußen zeigt die eigene Unterschrift des Kaisersohnes zur Erinnerung an seine Fahrt auf der „Hertha" und den Aufenthalt im deutschen Klub in Colombo.

Nach und nach trafen über zwanzig deutsche Herren im Klub zusammen, teils von den Bureaus teils, in dicke Sweater gehüllt, vom Sport kommend. Wir machten hierbei die Bekanntschaft des Herrn John Hagenbeck und seiner liebenswürdigen, jungen Gemahlin. Man konnte sich fast einbilden, in Deutschland zu sein, wenn nicht die lautlos eilenden

Boys und singhalesische Worte die Wirklichkeit wachgehalten hätten.

Durch die offenen Eingänge und Fenster, die grundsätzlich der Türen und Läden zu entbehren scheinen, flogen Legionen kleiner Eintagsfliegen herein ans Licht und summten uns um die Ohren, krabbelten in Ärmel und Kragen und fielen in die Gläser. Nach vergeblicher Abwehr ergab ich mich in das Schicksal und tat wie unsere tropenerfahrenen Landsleute, ließ die Bestien summen und krabbeln und schluckte sie kaltlächelnd mit Wisky und Soda hinunter.

An den weißen Wänden in der Nähe der Armleuchter saßen Moskitos in Scharen. Da pirschten sich kleine Eidechsen hinter den Bildern hervor und schnappten gemächlich eine nach der anderen dieser dummen Moskitos weg.

Die Unterhaltung drehte sich hauptsächlich um die Aussichten auf dem Gummimarkt, auf dem bereits durch die Spekulation Vermögen in kurzer Zeit gewonnen worden waren; ich will aber nicht den Mund wässerig machen, auch könnte ich Gefahr laufen, in den Ruf der Übertreibung zu geraten. Lasse deshalb, lieber Leser, nur gesagt sein, daß alles an das Fabelhafte grenzte, Freund Pfeil die Gelegenheit bei der Stirnlocke erfaßte und den Entschluß, sein Glück den High and Lowland-Shares anvertraut zu haben, nicht bereut hat.

Redemann hatte uns zum Abendessen in seine Villa geladen. Den sorgfältig gedeckten Tisch hatten die geschickten Hände Silomons mit künstlerisch zusammengelegten Mustern aus Blattfasern geziert; Vasen mit herrlichen Blumen schmückten die Tafel und es störte den tadellosen Gesamteindruck des Bildes keineswegs, daß wir alle — mit Respekt zu vermelden — hemdsärmlich zu Tische gingen. Des Europäers Hauptbeschäftigung, Sinnen und Trachten geht eben in den Tropen darauf hinaus, die Hitze abzuwehren. Ein großer Fan wirbelte lautlos über dem Tische und setzte uns unter angenehmen Luftzug.

Das Essen war lukullisch von dem braunen Koch bereitet. Zwar schwor Redemann, der Koch sei Hindu und Vegetarianer, der niemals Fleisch esse und die Gerichte nach Inspiration schaffe, ohne je zu kosten. Ich glaube aber, — Redemanns vollster Glaubwürdigkeit unbeschadet, — die Geschichte ist bene trovato....!

Als Tischmusik ließ ein großes Grammophon seine Töne erschallen, von dem vielseitigen Silamon in technischer und musikalischer Hinsicht gemeistert. Da wechselten zweistimmige Schnadahüpferl ab mit Arien, die Casuro gesungen, mit Volksliedern und Opern; ich tat im Stillen dem Grammophon manche Abbitte; in der einsamen Ferne muß es zum guten Freunde werden.

Spät sanken wir in unsere Rikschas und fuhren in lauer, sternflimmernder Tropennacht wie im Traume dahin unter den Palmen, Banian- und Tamarindenbäumen; und die Gedanken flogen zu den tannenrauschenden Heimatbergen des Schwarzwaldes, die jetzt der Schnee mit seinem Wintertuche deckte. Kannst du dir die Größe dieser Gegensätze ausdenken?

Der Fan in der Schlafstube wirbelte einen wahren Sturm über mein erhitztes Haupt, daß jede sorgliche Mutter augenblicklich in Ohnmacht gefallen wäre mit dem Entsetzensschrei: „Junge, du mußt dir ja den Tod holen!" Ich habe aber schon immer gesagt, im Zuge zu sitzen ist das einzig Richtige! In den Tropen kamen wir nie aus dem Windzuge heraus, war er nicht natürlich, dann schafften wir ihn künstlich und hatten auch nicht über die kleinste Erkältung zu klagen.

Ein hohes Moskitonetz überspannte das Lager. Zwar hatte Francis das Innere nach den gefährlichen Blutsaugern und Malariaträgern abgesucht, aber wenn ein Netz ein Loch hat, nützt alle Vorsicht nichts, denn diese Tiere wittern das frische Europäerblut, das nach Aussage kundiger Tropenleute anfangs noch schön dick sein soll. Ich suchte jeden Abend mit einer elektrischen Taschenlampe bewaffnet das Netz ab und vernichtete mit größtem Behagen manchen Eindringling. Die Moskitos sehen den Schnaken zum Verwechseln ähnlich, sie mögen nur ein wenig größer sein als unsere Plaggeister.

31. Januar. Als ich erwachte, lachte schon die Sonne hell und warm zur offenen Tür des Balkons herein und schwarze Krähen lärmten auf den hohen Bäumen des Gartens und auf den Straßen. Diese Vögel gelten in ganz Indien als rechtlich und offiziell anerkannte Straßenreiniger; sie sind sich ihres Amtes wohlbewußt und zahmer als unsere Tauben. Zuweilen besuchen sie die Wohnräume und stehlen glänzende Dinge.

Heute überraschte uns die Nachricht, daß die „Prinz Ludwig", mit der wir am 2. Mai die Heimreise anzutreten gedachten, bereits gänzlich besetzt war. Nun wurde beschlossen 14 Tage früher mit der „Kleist" zu fahren, auf der mehrere der besten Kabinen frei geworden waren, weil deren Besitzer sich soeben entschieden hatten, mit dem Austral-Dampfer, der „Königin Luise" zu reisen, um der anregenden und lebensfrohen Gesellschaft australischer junger Damen teilhaftig zu werden.

Der Tag verging unter Neupacken der Koffer und Ausruhen von dieser schweren Arbeit. Schon das Zuknöpfen des Kragens trieb Perlen auf die Stirne, als habe man im Hochsommer einen Morgen Ackerland eigenhändig umgestochen.

Am folgenden Vormittag Fahrt durch Colombo bis zur Viktoria-Bridge. Überall Leben und Treiben in den breiten Straßen, durch welche zweigleisige elektrische Bahnen eilen. Die Verkaufsläden sind kleine, nach der Straße zu offene Räume, die vordere Abschlußmauer reicht bis Tischhöhe. Hier liegen die Siebensachen in bunter Wahl, inmitten sitzt, oft kaum bekleidet, der Verkäufer, nur stoische Ruhe umhüllt ihn. Hie und da baumelt ein glimmender Strick an der Straßenmauer eines Hauses als öffentliches Feuerzeug.

Schlanke junge Frauen, kaum dem Kindesalter entwachsen, tragen ihre Kinder rittlings auf der Hüfte im wiegenden, leichten Gang, gelbe Tempelblumen leuchten in ihren schwarzen Haaren, Rubin schmückt Ohr, Nase und Fingerring. Glitzernde Armbänder reichen in großer Zahl vom Handgelenk bis zur Hälfte des Unterarms, silberglänzende Fußringe klirren leise bei jedem Schritt. Fast allgemein tragen die Frauen rote Hüft- und Brusttücher, die sich in hübschem Faltenwurf eng dem Körper anschmiegen und kräftige Büste aber schmale Hüften verraten. Sobald sie unsern Blick auf sich gerichtet fühlen, zupfen sie das Brusttuch breiter. Der Blick ihrer schönen, braunen Augen ist demütig, gleichgültig.

Die Singhalesenkinder sind reizende, kleine Geschöpfe, hübsch gewachsen mit großen, schwarzen fragenden, Augen. Oft lachen sie uns freundlich an und sobald auch wir lächeln, sind sie auch schon um uns, strecken die kleinen Händchen uns zu und rufen: „Sahib, baksis!" Wir wurden sie gewöhnlich nimmer los, die ungerufenen Geisterchen, bis jedes sein Geldstückchen empfangen hatte. Diese kleinen, nackten Menschenkinder können erstaunlich laufen. Die Mädchen tragen schon Fußringe und zuweilen um die Hüfte ein Bändchen, an dem ein silbernes Herz hängt.

In ganz Indien bleiben Blinde und Lahme der öffentlichen Mildtätigkeit überlassen. Diese Verstoßenen des Glücks kauern an den Straßen und singen und rufen unser Mitleid an. Das geht so weit, daß ein Indienreisender, der nicht an jedem Armen und Flehenden kalt vorüber gehen mag, diesen Punkt bei Aufstellung der Reisekosten in sein Budget einstellen sollte.

Viele Eingeborene, die Rechnen, Lesen und Schreiben gelernt, finden Anstellung bei der Verwaltung und den Geschäftsbureaus. Auch Singhalesinnen stenographieren und bearbeiten die Schreibmaschine. Damit männiglich den hohen Stand der Bildung erkenne, tragen diese Indier europäische Kleidung und haben auch die Art der Weißen, wie sie sich räuspern usw. glücklich abgeguckt.

So steht da ein barfüßiger, alter Singhalese mit Schildpattkamm im Haarknoten und weißem Lendentuch, aber neben ihm sein hoffnungsvoller Sprößling im höchstmodernen Tropenanzug, elegant auf Taille gearbeitet, mit weichem Stehumlegekragen und Selbstbinder, natürlich einfarbig, und Strohhut neuster Form, und dreht sich mit der Miene eines Blasierten eine Zigarette. Man wage nicht daran zu zweifeln, daß dieser Jüngling feste Manschetten trägt. Zudem ist er Freigeist und trägt kurzgeschorene Haare.

In den Indiern schlummert hohe Intelligenz. Hat sie sich nicht schon gezeigt in den Sprüchen indischer Weisheit, der Sternkunde und Baukunst? Heute studieren die Söhne dieses Volkes auf englischen Hochschulen und werden tüchtige Mediziner und noch bessere Rechtsanwälte, die in völliger Beherrschung der englischen Sprache eine Schärfe der Logik und Dialektik entwickeln, welche sie zu gefährlichen Gegnern englischer Rechtsgelehrter werden läßt.

England gibt mit offenen Händen seine Kultur ohne sie aufzuzwingen und ohne alte Sitten und Gebräuche anzutasten, soweit sie nicht grausam und unmenschlich waren. Menschenopfer und Witwenverbrennung sind, soweit die englische Macht reicht, unterdrückt. Rudyard Kippling deutet allerdings an, daß unter den zirka 22 000 der angeblich durch Schlangenbisse und Tiger jährlich Getöteten in den nordwestlichen Grenzgebieten noch manches Opfer altreligiöser, unausrottbarer Gebräuche zu vermuten sei.

Heute sehen wir, daß viele junge Indier englische Kultur annehmen und — wenigstens äußerlich — zu England neigen. Ein anderer Teil der Intelligenten schreibt jedoch offen auf seine Fahnen: „Indien den Indiern!" Eine weitverzweigte Presse und wandernde Fakire sorgen für aufnahmefähigen Boden in der Seele des Volkes und für Ausbreitung dieser Idee. Politische Morde und Verschwörungen sind die Folge gewesen. Aber es ist alles verfrüht. Solange England in der Lage ist, den Religionshaß zwischen Brahmanismus, Buddismus und Islam gegeneinander auszunützen, bleibt Indien der Fremdherrschaft verfallen. Die kräftige Faust der Briten, mit welcher der Seapoy-Aufstand im Jahre 1857 niedergeschlagen wurde, lastet noch heute auf dem Volksgemüt und man darf nicht übersehen, daß jetzt die gefürchtete Artillerie nur mit weißen Truppen des Heimatlandes besetzt wird. Die Mohammedaner Nordindiens sind ausgezeichnete Soldaten. Aus ihren Reihen stammen größtenteils die 190 000 Mann starke Polizeitruppe, die sich über ganz Vorderindien verteilt. Von den Shiwa-Anbetern, die sich streng in vier Kasten teilen, werden nur die zwei ersten Kasten, die der Brahmanen und Kschatrija zum Militärdienst herangezogen. Die ausgehobenen Leute kommen dann Hunderte von Kilometern fern ihrer Heimat in Garnison, wo das Volk andere Sprache und Sitte hat. Jedes Regiment ist aus mohammedanischen und brahmanischen Kompagnien zusammengesetzt, die bei Militärrevolten leicht gegeneinander ausgespielt werden können. Die Engländer besitzen auch zweifellos ihre Spitzel in den Reihen der Eingeborenentruppen und sind bei rechtzeitiger Kenntnis meuterischer Absichten in der Lage, durch plötzliche Ablösung und Versetzung eines Truppenteils Revolten vorzubeugen.

Das einst von den stolzen „Arija" begründete Kultur- und Staatswesen Indiens ist teils an der Unfähigkeit zur Bildung und Erhaltung größerer Verbände, teils an dem Hange des Volks zu geistigem und leiblichem Sichgehenlassen zugrunde gegangen. Ob Indien je einer neuen Zukunft, einem einzigen selbständigen Reiche der Indier entgegen geht?

Aber ist es nicht ein Wunder, zu sehen, daß ein weißes Inselvolk von 40 Millionen Seelen mit 60 000 Mann Europäern, 150 000 eingeborene Soldaten und 190 000 Mann Polizeitruppen ein Volk von 350 Millionen Menschen beherrscht? Der stolze Herrenstandpunkt und die liberale Gesetzgebung der Engländer scheint mir die Grundlage der erstaunlichen Tatsache zu sein, unterstützt von dem konservativen und dabei unkriegerischen Geist Mittel- und Südindiens. Nur der Norden bedarf großer Machtentfaltung und dort hat England den größeren Teil seiner europäischen Regimenter in ziemlich starken Garnisonen vereint. —

Unser treuer Skatgenosse Herr Hasenbalg, trat seine Weiterfahrt nach Kalkutta an. Wir hofften, um 5 Uhr abends ihm noch Lebewohl und „auf Wiedersehen" sagen zu können, fanden ihn aber im Hotel nicht mehr und eilten zum Hafen, ohne ihn zu erreichen; er hatte sich schon an Bord der Palitana begeben, die ein um den andern Tag von Colombo nach Tuticorin fährt.

Das Treiben im Hafen unterhielt uns reichlich bis 6 Uhr, dann winkten wir unserem scheidenden Landsmann die letzten Grüße hinaus zu dem kleinen Dampfer, der bald in den Nebeln des Abends verschwand, als tauche er ins unendliche Meer. —

Im deutschen Klub lernten wir heute Herrn Hahn aus Idar-Oberstein kennen, in dessen Heimat ich vor vier Monaten im Quartier gelegen. Gemeinsame Grüße gingen nach dem freundlichen Nahe-Städtchen und bestätigten die öfters aufgestellte Behauptung über die relative Größe des Erdballs. —

2. Februar. Unter den zahlreichen Gästen im großen Speisesaal des Grand Oriental-Hotel entdeckten wir einige Herren mit ihren Familien, aus deren Haltung und Äußern wir schlossen, es müßten Offiziere sein. Blick und Gesichtsausdruck erinnerte an unsere besten deutschen Haudegen und wir stellten Betrachtungen darüber an, ob das Soldatenhandwerk auch beim englischen Offizier denselben Typ hervorzubringen vermöchte, wie bei uns.

Am Nachmittag gewahrte ich von der Höhe unserer Wohnung eine große Zahl vom Hafen kommender und dorthin zurückkehrender Mannschaften in Kakhi mit Mützen, den unsern gleich, nur waren die Schirme flacher und größer. Allmählich dämmerte mir, daß es deutsche Seesoldaten sein mußten. Ich beobachtete die Leute, wie sie am Eingang der York Street erstaunt vor den Rikschas Halt machten, sich den Fall überlegten, unschlüssig um den Kuli und sein Vehikel herumgingen und dann größtenteils die vierräderigen Wagen bevorzugten. Wenige überwanden sich, — Kinder der Großstadt, — und ließen sich von den Kulis in neuartiger Weise des Orients spazieren fahren. Voraus fuhr der Unteroffizier, seine Abteilung folgte dicht aufgeschlossen. Wenn jetzt euch eure Lieben daheim sehen könnten! — — —

Später traf ich einen Unteroffizier von S. M. S. Hai, von dem ich erfuhr, daß die Patrizia der Hapag mit 1000 Mannschaften vom Seebataillon und 200 Matrosen als Ablösung für Kiautschau im Hafen liege.

Unsere deutschen Jungens mußten wir aus der Nähe sehen; Freund Pfeil und ich gingen also zum Hafen. Dort erwarteten etwa 100 Seesoldaten und 60 Matrosen einen großen Bunker, der sie zum Abendessen an Bord der Patrizia brachte, die 400—500 Meter entfernt, fast am Ausgang des Hafenbeckens vor Anker lag. Die Mannschaften hatten Ananas und Kokosnüsse eingekauft; manchen waren große Bogen indischer Briefmarken aufgeschwatzt worden. Die Haltung der Leute, ihre Ordnung und Ruhe war tadellos und bestätigte den guten Ruf, den unsere Vaterlandsverteidiger an allen Orten der Erde, wo sie die schwarzweißrote Kokarde zeigen, genießen.

Große Freude bereitete uns dann der Besuch auf dem deutschen Truppentransportschiff selbst. Im Singhalesenboot gondelten wir zur Patrizia hinüber, an der die Wellen des Meeres vom nahen Hafeneingang fast ungeschwächt entlang rollten. Mit turnerischen Kunststückchen gewannen wir vom schaukelnden Boot aus die hohe Treppe; ein Matrose, „der Läufer", stand im Dienstanzug am Eingang oben und betrachtete uns Zivilleute mit erstaunten Blicken. Bereitwillig überbrachte er unsere Karten dem wachthabenden Offizier, Oberleutnant z. S. Wehr, der uns sofort freundlich und kameradschaftlich empfing und im ganzen Schiff herumführte. Die Patrizia war für ihren Sonderzweck umgebaut. Eine Kasernenstube mit Spinden, Tischen, Betten und Gewehrstützen reihte sich an die andere. Peinliche Ordnung und Sauberkeit herrschte überall.

Der Aufenthalt im Hafen bot neben dem Vorteil eines Besuches an Land den Nachteil, daß drückende Hitze in allen Räumen des Schiffes brütete, weil nur während der Fahrt die Windschächte und Windschläuche aus Segeltuch frische Luft in die unteren Räume hinabführten.

Hauptmann Biel vom Seebataillon begrüßte uns auf dem Promenadendeck; er hatte sich eine Knieverletzung zugezogen und mußte das Schiff hüten. Entsagungsvoll waren am Mittag seine Blicke den Kameraden gefolgt, die fröhlich an Land gegangen waren. Die mititärisch dreinblickenden Herren mit ihren Familien in unserm Hotel waren übrigens niemand anders als der Kommandeur des deutschen Seebataillons und einige Hauptleute. Unsere Betrachtungen fanden hiermit ihre Aufklärung. — Als wir uns mit herzlichem Dank für die kameradschaftliche, gastfreundliche Aufnahme und besten Wünschen für Aller Wohlergehen im fernen deutschen Osten verabschiedeten, kehrten gerade die uns vom Hotel bekannten Herren an Bord zurück. Die beiden Söhnchen des Majors zeigten mir freudestrahlend kleine Modelle singhalesischer Auslegerboote und Spielzeug und Ananas und Kokosnüsse. Wie wird sich in den Augen dieser Kinder später die Welt spiegeln, die so früh Eindrücke in sich aufnehmen, die kein Unterricht zu ersetzen vermag! Unser fernes Kiautschau gibt unserm Volk mehr Werte als Gold und Silber; viele tausende deutscher Söhne tragen ihre Erfahrungen und Eindrücke in Stadt und Land und erweitern dadurch ihren und ihrer Umgebung Gesichtskreis.

An Land zurückgekehrt trafen wir eine Abteilung Seesoldaten. Freund Pfeil fragte in verständnisvollen Worten: „Na, Kinder, habt ihr euch die lieben kleinen Mädchen angesehen?" worauf mit lachenden Augen die vielstimmige Antwort: „Wir durften nicht, der Herr Unteroffizier hat uns nicht losgelassen!" Das mag manches Herz zu Hause trösten! — — —

Freund Redemann hatte uns zum Abschiedsmahl am Abend zu sich geladen. Wasser gab's wahrlich nicht! Vielmehr sprach der Treffliche mit den Worten eines alten Römers:

„Wein soll trinken der Mensch, die andern Geschöpfe das Wasser,
Fern von dem menschlichen Schlund bleibe das Wasser als Trank."

Wo konnte man sich heimischer fühlen, als in der Gesellschaft dieses deutschen Kreises, wo besser aufgenommen sein, als im Hause Redemann?

„Heil, heil jenem Walfische,
Wenn er es also seinem Gaste
Wohl sein ließ! — ihr versteht
Meine gelehrte Anspielung?"

Gegen Mitternacht schwebten wir in Rikschas heimwärts. Im Gale-Face-Hotel erglänzte der große Saal in hellstem Kerzenstrahle; Tänzer flogen auf der Freude Schwingen und Kulis standen an den Gartengittern und besahen den rätselhaften weißen Mann, der sich herabließ, mit weiblichen Wesen zu tanzen! Aber — ist das nicht ein unschätzbarer Gewinn höherer Kultur und Gesittung? — Hoch in den Kronen der Palmen leuchteten, Glühwürmchen gleich, elektrische Lämpchen. Aus der Finsternis über dem Meer rollten die breiten, bleichen Wogenkämme zum Ufer wie Attacken gespenstiger Reitergeschwader. Sie brachen sich und zerschellten am Strande, aber die Finsternis sandte neue Linien in brausender Macht, unaufhörlich, fesselnd. Und vor mir der braune Singhalese im springenden Trab, — da flogen meine Gedanken wieder heim zu den winterlichen Waldbergen. —

IX.

Nach dem Festlande Vorder=Indiens.

„Es schillert um mich glänzend bunt Gefieder,
Im Palmwald lärmt der Affen lustig Heer,
Der Indianer stützt die schlanken Glieder
Aufs Rohr, und starrt mit mir hinaus aufs Meer."
D. v. Liliencron.

Zum Lunch sahen wir heute die Herrn Redemann und Maaßen noch einmal bei uns. Nachmittags schrieb der unermüdliche Freund Pfeil ein Schock Postkarten, während ich in einem Lehnstuhl neben ihm schwitzte.

Kleine, kaum 10 jährige Boys, sozusagen Pikkolos, lungerten um uns herum. Wie die singhalesischen Kellner gingen auch sie geräuschlos barfuß und trugen den langen, weißen Lendenrock und weiße, geschlossene Jacke mit dunkelrotem, hohen Kragen, Aufschlägen und Messingknöpfen. Der üppige Haarwuchs zeigte über dem linken Auge einen prächtigen Scheitel. Die Tätigkeit der kleinen Taugenichtse erstreckte sich darauf, Briefmarken zu bringen, den Fan über einem Gast in Gang zu setzen und in den reichlichen Mußestunden mit einander zu kichern und zu kindschen.

Wie ich so in meinem Langstuhl dahin existierte, klingelte das Telephon. Der Manager kam nicht, weil abwesend; es klingelte zum zweiten Mal, jetzt sturmartig. Nun schlenderte einer der Bengels in den Telephonkäfig und redete mit dem Anrufer hin und her, laut und dreist mit aller Gewandtheit des Erfahrenen. Diese selbstbewußte Langsamkeit in jeder Bewegung im Verein mit der jungenhaften Schlafsichkeit gaben ein köstliches, belustigendes Gemisch, das ich in gleicher Weise nur in Colombo antraf. —

Vor dem Gang zum Hafen drückten wir unserm guten Redemann nochmal in seinem Bureau die Hand zum Abschied; seine Dampfbarkasse erwartete uns an der Landungsstelle.

Im Hafen lagen 14 große Dampfer, darunter zwei der deutschen „Hansa" mit schwarzem Schornstein, dessen Mitte zwei rote und dazwischen ein weißer Ring umgeben. Auf dem breiten, weißen Ring prangt das eiserne Kreuz. Der Aufschwung dieser Gesellschaft ist bemerkenswert. Während vor noch 10—15 Jahren alle zwei Wochen eines ihrer Frachtschiffe Kalkutta anlief, kommen heute wöchentlich mindestens zwei ihrer Dampfer nach jener Stadt.

Ein japanischer Passagierdampfer fiel uns durch Größe und elegante Form auf. Über dem in großen, goldenen Buchstaben am Heck leuchtenden Namen „Kamo Maru" flatterte die weiße Flagge mit dem rot strahlenden Bild der Sonne. — Wir fanden auf der „Palitana" ziemlich beschränkte Verhältnisse. Unsere Kabine mündete nach dem kleinen Speisesaal, der drei längliche Tische aufwies, an deren mittelstem für sieben Personen gedeckt war. Das Schiff gehörte der British India Steamship Company, wurde von englischen Offizieren geführt und hatte indisches Personal. Auf dem Achterdeck erwarteten wir die Abfahrt. Punkt 6 Uhr abends rasselten die Anker hoch, das dicke Haltetau wurde von der Boje gelöst und langsam glitten wir aus dem schützenden Hafen hinaus in die See.

Wieder bot Colombo das anziehendste Bild, leider nur noch kurze Zeit, dann brach die Nacht herein und die Leuchtfeuer Colombos und Megombos im Norden grüßten von dem paradisischen Eiland herüber.

Bei Tisch präsidierte der englische Kapitän. Außer Freund Pfeil, der neben ihm Platz gefunden, und mir nahmen noch drei junge französische Herren und deren Reiseführer am Essen teil. Nach dem Diner lud der Kapitän Pfeil und mich ein, ihm Gesellschaft zu leisten. Zuerst zeigte er uns seine „Fracht", 450 Indier und einige Indierinnen, die wie Heringe im Packraum lagen und ordentlich und ruhig schliefen. Für zwölfstündige Fahrt zahlte ein jeder von ihnen 2,70 Mark nach unserem Gelde gerechnet.

In seiner hübschen Kajüte bewirtete uns der joviale Herr mit Wisky und Soda und debattierte eifrig mit Pfeil über den Stand der Rubber-shares, an denen auch er teilnahmsvollen Anteil hatte. Ich profitierte einiges von der englischen Unterhaltung und freute mich über die Selbstverständlichkeit, mit welcher der Engländer uns fremde Deutsche bei sich aufgenommen hatte.— Der Instinkt zieht den einzelnen Engländer zum Deutschen und ich halte ein Bündnis zwischen England und Frankreich, dem Germanen mit dem Romanen, für ebenso unnatürlich wie das Bündnis Deutschlands mit Italien oder Englands mit Japan. Der Romane ist dem Germanen wesensfremd. —

Gegen neun Uhr begaben wir uns zur Ruhe. Die Nacht war finster, schwül und bang; noch lag die See ruhig, aber bald sollten wir die Straße von Manaar erreichen, die gefürchtet ist wegen ihrer unausgesetzt wütenden Stürme und ihres hohen Wellenganges. Ich sah dem Kommenden mit Ruhe und Fassung entgegen. Um drei Uhr des Morgens erwachte ich.

„Ein Fluchen, Erbrechen und Beten
Schallt aus der Kajüte heraus;
Ich halte mich fest am Mastbaum
Und wünsche: Wär ich zu Haus!"

Als wenn Heine selbst unsere Fahrt mitgemacht hätte! — Ich hielt mich im Gegensatz zu dem Dichter nicht am Mastbaum sondern am Bette fest, um nicht herauszufallen. Die Wände knackten in allen Fugen und im Speisesaal polterten verschiedene Dinge wirr durcheinander. Im Vergleich zu diesem Schaukeln, Werfen und Stoßen war unsere Sturmfahrt im Mittelmeer die reine Kinderei. Aber, was half's? Wenn ich wach blieb, war es auch so — drum schlief ich bis am nächsten Morgen um 7 Uhr, als die Palatina etwa 10 km vom Land Anker warf.

Weit drüben blickte das flache indische Festland aus dem Meer mit Palmen und Dschungel. Die See hatte sich keineswegs beruhigt. Drei große Segelboote und eine winzige Dampfbarkasse strebten, von Tuticorin kommend, auf uns zu und flogen wie Nußschalen von Woge zu Woge. Endlich legten sie längsseits unseres Schiffes an und polterten mit großem Lärm an der Bordwand herauf und hinab, hin und her. Zuerst turnten die Kulis in die Segelbunker und dann wir in den kleinen Dampfer. Da nahten sich manch schwankende Gestalten, Bilder des wandelnden, nein, bald des längelangliegenden Elends. — Dann irrte durch schwanke Wasserhügel unsere kleine Barkasse im weiten, windbewegten Meer dem Ufer zu; dreiviertel Stunden währte das furchtbar wütende Schrecknis um uns, bis dicht am Landungssteg verhältnismäßige Meeresstille die armen Opfer wieder aufleben ließ.

Eine breite, hölzerne Landungsbrücke ragte uns entgegen und gab uns dem Festland wieder. Wir betraten damit die Präsidentschaft Madras, die reichste an geschichtlichen Stätten und Tempeln Süd-Indiens, einst der Sitz der größten, alten Hindu-Dynastie.

Betrachtungen und Empfindungen aus Tausend und einer Nacht umgaukelten mich, als ich mit Freund Pfeil an der Freude leichtem Gängelbande dem nahen Bahnhof zuschritt. Aber jäh zerriß das Schicksal mein Traumgewebe: ein Zöllner erhaschte uns, die Würde des Amtes zu üben. Unter Bergen von Koffern ließ er die unsern hervorzerren und neben die bereits geöffneten und durchwühlten Kasten eines Handlungsreisenden stellen, der alle seine tausend Siebensachen hatte öffnen und auswickeln müssen. Sei es, daß das Feuer zöllnerischen Diensteifers sich bereits an den Dingen des Handelsmannes verzehrt hatte oder wir selbst auf das argwöhnische Gemüt eines Zollaufsehers einen vertrauenerweckenden Eindruck zu machen vermochten; dies steht fest, daß jeder von uns nur der Form halber einen unserer zwölf Behälter zu öffnen brauchte und dann in Gnaden — doch halt, nein, ob wir denn Waffen mit uns führten? Ich gestand meine Browning. Blicke durchbohrten mich „Gefährlich ist's, ein Mordgewehr zu tragen: was willst du mit dem Dolche, sprich?" Nun wurde emsig geschrieben und ich sollte unterschreiben. —

„Auch was Geschriebenes forderst du, Pedant?" sagte ich auf deutsch, aber ernst ist der Anblick der Notwendigkeit — ich schrieb — und zahlte teuer! — —

Froh aufatmend bestiegen wir den Zug der South Indian Railway. Unser Abteil, bequem wie eine Wohnstube, überraschte uns angenehm. Die Wagen sind nach Art unserer D-Züge gebaut, ein Abteil entspricht in seiner Größe etwa zweien unserer europäischen Abteile II. Klasse; große Ledersitze standen an der Fensterseite und konnten zu langen Lagern zusammengeschoben werden. Eine lederbezogene, breite Brettafel, am oberen Rande der Fenster in Gelenken ruhend, war hochgeklappt und diente, herabgelassen, als zweites Lager, von starken Ledergurten getragen. In einer Ecke stand ein Waschtisch in einer andern ein Klappstuhl neben einem aufklappbaren Tisch. Gepäcknetze liefen rings um die Wände und elektrische Lampen zierten Wand und Decke. Auch eine elektrisch getriebener Windfächer fehlte nicht. Auf der einen Schmalseite führte eine Tür zum Lavatory, auf der anderen zum Abteil unseres Boys. Ein doppeltes Dach und schirmartige Vorbauten über den Fenstern schützten das Innere gegen die glühend heißen Sonnenstrahlen, deren blendendes Licht sich über das Land ergoß, daß wir kaum ohne Schutzbrille zu sehen vermochten. Die Fenster waren aus bläulichem Glase. Wenn die Sonne gegen Abend schräg zu uns hereinbrannte, zogen wir Holzjalousien hoch, die einem angenehmen Luftzug Zutritt ließen. —

Wir bestellten uns vor jeder Fahrt ein Abteil und fanden es dann durch ein Schild mit der Aufschrift „Reserved" und mit unseren Namen bezeichnet, die oft in der wunderlichsten Verrenkung, halb englisch, halb indisch lauteten. In der I. und II. Klasse gab es auch Damenabteile, „ladies only", worin nicht selten alleinreisende Damen Platz genommen. Das Reisen in Indien soll für den Reisenden selbst und sein unheimlich vieles Gepäck noch sicherer sein als in Deutschland.

Die Eingeborenen benutzen die Eisenbahn sehr gern. Tag und Nacht wimmelt es auf den Bahnhöfen und die Züge sind stets vollgepfropft von Menschen. Viele junge, zierliche Frauen strebten in Tuticorin unserm Zuge zu. Fast jede trug ihr unvermeidliches Kind auf der Hüfte, großmächtige, goldglänzende Ohrgehänge fielen auf die Schulter herab und dehnten die Ohrläppchen derart aus, daß Freund Pfeil glaubte, ich scherze, als ich behauptete, die fast zwirndünnen Ohrringhalter seien aus Fleisch und Blut.

Da ertönte ein Getöse gleich dem Geklirr einer marschierenden Kürassier-Schwadron; das war eine reiche Indierin, an deren Fußgelenken hohle Ringe rasselten, die selbst noch mit Schrotkugeln gefüllt waren, um das Geräusch zu verzehnfachen. Ihr kleines Mädchen, ebenso metallringbeladen, trippelte neben ihr her und verursachte immerhin den Lärm von zehn kriegsstarken Dragonern.

Gegen 10 Uhr vormittags fuhren wir von Tuticorin ab nach Madura. Riesige Agavenhecken begrenzten den Bahnkörper, reichangebautes Flachland begleitete uns rechts und links. Zwischen langen, gelbblühenden Baumwollfeldern und wogendem Getreide ragten Palmgruppen und zartdurchsichtige Dornbäume. Hie und da kleine Eingeborenendörfer mit elenden Lehm- oder Palmblatthütten. Gärten umgaben die Hütten und dichte Kaktushecken den Dorfränder.

Im Norden tauchten die hohen Gebirgszüge der Palni Hills blaurosig im Dufte des Mittags auf. Unweit weideten Viehherden, Zebus und Büffel mit dem eigenartigen Höcker auf dem Widerrist und langen, wagerecht nach vorn gekrümmten Hörnern. Die Büffel sind fast haarlos. Auf der grauen Lederhaut saßen zuweilen amselgroße Vögel und grasten ihren schwerfälligen Freund ab.

Auf Station Manijachi ein reizendes Bild. Ein Indierbengelchen saß einige Schritte von meinem Kupeefenster entfernt im Grase. Auf seinem Zeigefinger trug der Kleine einen grüngoldig schimmernden kleinen Vogel, hielt ihn vor sich in Augenhöhe und pfiff ihm etwas vor. Das Tierchen hüpfte zutraulich auf den Fingerchen hin und her und schaute mit schiefem Köpfchen in die freundlichen Augen des kleinen Indiers. Es lag so viel natürliche Grazie in diesem Anblick, daß ich meine wahre Freude daran hatte. Der Kleine bemerkte mich und kam ans Fenster heran und hob seinen gefiederten Freund lächelnd hoch, daß ich ihn besser sehen sollte. Dann rollte unser Zug weiter und der Junge setzte sich wieder zufrieden und glücklich mit seinem Tierchen ins Gras. —

Auf den Feldern gewahrten wir kleine weiße Holzkreuze, wie sie bei uns auf den Kriegergräbern um Metz und Wörth zu finden sind. In den Ortschaften erhoben sich Kirchen mit dem Kreuz. Die Gegend ist größtenteils christlich.

Im Heimatsort unseres Dieners François begrüßte uns dessen Vater, ein biederer alter Indier. —

Rechts der Station Kailpati erhob sich eine 2—300 m hohe, senkrechte Felswand. Auf halber Höhe war ein großes Tor eingehauen, das durch eine Vorhalle mit kleiner Eingangstür in einen Felsentempel führte. Das Bahnhofgebäude wurde beschattet von einer mächtigen Ficus religiosa, unserer Silberpappel ähnlich; die Wurzeln wanden sich über den Boden wie Schlangen; schläfrig hingen die sonnenmüden Blätter.

In Virudupati, einem großen Ort, stand nahe am Bahnhof eine europäische Faktorei. Weiße, feste Mauern umschlossen das Grundstück, eingelassene Schießscharten verrieten die Vorsicht und Besorgnis des weißen Mannes.

Wir näherten uns Madura. Die Ortschaft Tiruparankundram, an herrlicher Felspartie gelegen, zeigte uns die ersten großen Hindutempel mit den hohen, stumpfen Türmen, den Gopuras. —

X.

Madura.

> Aus alten Märchen winkt es
> Hervor mit weißer Hand;
> Da singt es und da klingt es
> Von einem Zauberland!

Kurz vor Madura fragte uns der Zugmeister, ob wir beabsichtigten, in Madura zu verbleiben. Als wir bejahten, umwölkte sich sein braunes Auge und mit leicht bebender Stimme erzählte er, daß gestern der Stationsvorsteher an Cholera gestorben sei und diese Seuche in der Stadt helle Verheerung anrichte. Er hätte seitens der Bahnverwaltung den Befehl, europäische Reisende auf diese Gefahr hinzuweisen.

Madura besitzt trotz seiner 100 000 Einwohner kein Hotel; Unterkunft findet der Europäer nur im Stationsgebäude.

Unter diesen wenig einladenden Umständen beschlossen wir die Weiterfahrt. Ich ging nach Ankunft in Madura zum Gepäckwagen und verhinderte das Ausladen unseres Gepäcks; die jungen Franzosen taten das Gleiche. Während nun Freund Pfeil sich auf dem Bahnsteig ein wenig die Beine vertrat, kam Herr Hagenbeck und Frau seelenvergnügt aus dem Stationsgebäude und berichteten, daß sie hier ausgezeichnet gewohnt hätten und der Stationsvorsteher zwar unpäßlich, aber keineswegs gefährlich erkrankt sei. Nun blieben wir doch in Madura. Die französischen Herren begaben sich vorsichtshalber zu einem Arzt, der ihnen anriet, den Eingeborenen-Stadtteil jenseits des Vagai-Flusses nicht zu betreten und höchstens 24 Stunden sich in der Stadt selbst aufzuhalten.

Herr Hagenbeck, der seiner jungen Gemahlin Südindien zeigen wollte und uns immer einen Tag vorausreiste, empfahl uns noch seinen Führer, den alten Cundasawmy Pillaj, der sich uns sofort mit vielen Verbeugungen anschloß.

Im ersten Stock des massiv gebauten Bahnhofs fanden wir große, luftige Räume mit breiter Veranda und eigenem Badegelaß.

Madura ist eine der schönsten, ältesten und geschichtlich interessantesten Städte Südindiens. In der Landessprache wird es Kandabawana Kshetram genannt. Einst war es die Hauptstadt der Pandiyan-Könige und Madura-Sangam ein berühmter Sitz indischer Gelehrsamkeit, dessen Bestehen bis zur Zeit Christi zurückreicht. —

Ohne Verzug traten wir die Wagenfahrt zum heiligen See „Teppa-Kulam", dem Teich von Vandipur an, der etwa 4 km östlich der Stadt liegt. In Anbetracht der Größe der Stadt sind die Fahrgelegenheiten recht mäßig. Am Bahnhof hielten diese „Droschken": auf zwei Rädern ein langes Brett, und dieses überspannt mit einem runden Dach, unter dem man kaum aufrecht sitzen kann. Vor dieser Tonne hing ein kleines Pferd in der Deichsel, in der vorderen Öffnung saß der halbnackte indische Fuhrknecht. Freund Pfeil und Pillaj waren in das eine, François und ich in ein anderes Faß gekrochen und fort humpeln uns des Fuhrmanns Speichen. Zum Glück war die Straße glatt wie eine Tenne; eine breite Allee, beschattet von alten Banjanbäumen, führte in die starkbevölkerte Stadt.

Nach halbstündiger Fahrt in unseren Fässern erreichten wir den See. Er bildet eine große, viereckige Wasserfläche, deren 400—500 m lange Seiten von weiß und rot getünchten Mauern umgeben sind. Inmitten des Teiches erhob sich auf gleichfalls viereckig ummauerter Insel ein weißschimmernder Tempel, umkränzt von tropischer Pflanzenpracht. Zehn bis zwölf nach oben sich verjüngende Stockwerke finden ihren Abschluß in einer Kuppel, der riesigen Vergrößerung der deutschen Kaiserkrone ähnlich.

Hindus badeten an den Stufen des Tanks, andere holten in schön ziselierten Messingamphoren das heilige Wasser. Würdige Erscheinungen mit männlichem Gesichtsausdruck, kurz geschorenen grauen Haaren, dick, rund und gesetzt, schritten in lange Gewänder gehüllt vorüber wie altrömische Geheimräte. Ich fragte Pillaj, wer diese würdigen Herren seien. O Schreck, es waren nichts anderes als trauernde Witwen, die sich nicht mehr lebendig verbrennen lassen dürfen und in diesem Aufzuge ihr Los der Welt kund tun. — Es bekommt ihnen aber gut. —

Ein sehr gut gewachsener, brauner Fährmann setzte uns auf einem Floß aus Fässern und Palmstämmen zur Tempelinsel über.

Im Erdgeschoß des Tempels stand ein rotbemaltes Steinbild des dicken Ganesha mit dem Elefantenkopf, des ältesten Sohnes Shiwas. Wir erstiegen vier Stockwerke, wo Freund Pfeil eine Ruhebank entdeckte und also sprach:

„Auf dieser Bank von Stein will ich mich setzen, dem Wanderer zur kurzen Rast bereitet,

Hier vollend' ich's." —

Mit Francis und dem Fährmann erstieg ich den Söller und klomm mittels einer Bambusleiter in die Krone. Ein prächtiger Blick öffnete sich in die abendliche Landschaft, über den See, in die straßenreichen Geschäftsteile Maduras, die Palmenwaldungen, unter deren Schatten der größere Teil der Stadt verborgen zu sein schien und in die weite, südindische Ebene mit ihren unvermittelt hervorgewachsenen Felsen und malerischen Randgebirgen.

Die Phantasie der Indier knüpft an die Felsformen eine Sage. Einst kamen ein Elefant, eine Kobra und eine Kuh vor Madura und begannen die Stadt aufzufressen. Der Fürst Pandiya teilte die Geschichte flugs dem Gotte Sundareswarar mit, der in Zorn ergrimmte und die Vielfraße augenblicklich in Stein verwandelte. Nun liegen sie noch vor den Toren, als wollten sie die Stadt verschlucken. Der Fährmann nannte ihre Namen: Anamalai, Elefantenfels, Nagamalai, Kobrafels und Pasumalai Kuhfelsen. — Ohne Mühe erkannte ich die angedeuteten Tierformen in der Gestalt der Steinklötze, die sich bis zu 80 m erheben mögen.

Wie eine Stadt für sich lag drüben im Westen der große Tempel Sri Minakshi Sundareswarar, dessen neun hohe, pyramidale Turmbauten die mächtige Ausdehnung dieses größten religiösen Bauwerks der Erde erraten ließen. Vom nahen Ufer erscholl Musik, die wir gar nicht schön gefunden, weil sie mit viel Geräusch verbunden. Wir ließen uns übersetzen und suchten die Stätte des Lärms auf, wo jetzt auch Böllerschüsse dröhnten.

Eine breite Straße führte um den See, Palmwaldungen umgürteten das Ganze. In deren Schatten kamen wir zunächst an kleinen Tempeln vorüber, wo Frauen um Kindersegen flehten und Blumen opferten. — Eine große Menschenmenge lagerte um den größten und letzten Tempel; auf seinem breiten Dachgesimse standen unzählige bunte Figuren wie Puppen eines

Marionettentheaters. — Heute fand wie allwöchentlich einmal Austeilung von Reis an die Armen statt. Ein ewiges Kommen und Gehen schlanker, tiefbrauner Menschen mit träumerisch sinnigen Augen, glitzerndem Schmuck und leuchtenden Gewändern.

Im Freien vor dem Tempel saß ein Priester an einem großen, vergoldeten Kessel, in dem er einen weißen Brei rührte. Ich kann nicht verschweigen, daß diese geweihte Masse aus Wasser, Kalk und Kuhmist besteht. Die Frommen kamen herbei und bemalten sich Stirn und Wangen mit dieser Mischung. Die Gestalt der Linien gibt die Kaste an, zu welcher der einzelne Hindu gehört; die höchste, die der Brahminen, trägt das Zeichen einer Stimmgabel auf der Stirn, die auf der Nasenwurzel aufsitzt. Ein senkrechter roter Strich läuft innerhalb der Gabel. Niedere Kasten und Weiber malen sich nur einen runden, ziegelroten Punkt mitten auf die Stirn. Übrigens teilt sich jede der Kasten, im besonderen die niederen, wieder in derart viele Unterabteilungen mit besonderen Merkmalen, daß es einem Globetrotter unmöglich ist, ohne eingehendes Studium auch nur annähernd Bestimmtes und Richtiges gerade hierüber anzugeben. Es ließe sich wohl ein Werk darüber schreiben. —

Langsam wandelten wir durch die Menge, die uns scheu und eilfertig Platz machte. Schließlich wandten wir uns den Wagen zu; jetzt umringten uns aber die Musikanten, Flötenspieler und Paukenschläger und lärmten und tanzten in erstaunlicher Weise. Ein halbwüchsiger Bengel tat sich vor allen hervor; er sprang in die Luft, verdrehte Arme und Beine und hüpfte herum wie ein angeschossener Zinshahn. Freund Pfeil fühlte instinktiv, daß hier nur der Geldbeutel als internationaler Talisman Erlösung bringen konnte, er zog also den Talisman hervor und entfachte zehnfache Energie der Musici. Der springende Bengel verrenkte sich beängstigend und biß sich mit geldgierigen Blicken in beide Daumen, und der Mann mit der Donnerröhre feuerte Böllerschüsse ab, daß die Erde bebte. Ringsum streckten sich uns unzählige Hände entgegen, Kupfermünzen regneten in die erregte Menge und Schritt für Schritt erkauften wir uns den Abzug. — In unserer Tonne rollten wir nun weiter zum großen Banjan-Baum, dessen riesige Krone unweit der Chaussee eine mächtige Fläche überschattete. Seine 150

Luftwurzeln reichten senkrecht wie Stützen von den langen wagerechten Zweigen zur Erde. Der Hauptstamm hatte einen Umfang von mindestens 12—14 m und das Blätterdach überspannte einen Raum von etwa 200 m Umfang. Die wenigen in Madura ansässigen Europäer sollen in seinem kühlen Schatten Pikniks abhalten und so manchen süßen Traum träumen.

Nach kurzer Rast begaben wir uns zum Palast des Königs Tirumala Najak; er wurde zu Anfang des 17. Jahrhunderts, in edlem, arabischem Stil erbaut und später von den Engländern restauriert. Heute dient er als Gerichtsgebäude und ist eines der schönsten öffentlichen Bauwerke Indiens. —

Durch ein großes Portal betraten wir den geräumigen Schloßhof; seine Mitte schmückte ein Beet mit Buschwerk, Agaven und Bambus.

Schlanke Säulenschäfte bildeten die vorderste Reihe eines grandiosen Säulenganges, zu dem acht Stufen vom Hofe hinaufführten. Drei wuchtige Pfeilerreihen stützen im Inneren die gewölbte und reich gezierte Decke. Der edelgeformte, fünfblätterige maurische Bogen verband die Säulen. Ein dreifacher Fries führte um die Stirnseite der Hofwand, geflügelte Drachen und die Gruppen der drei Hindugottheiten Shiva, Vishnu und Brahma erfüllten ihn in fortlaufender Linie.

Die altindische Kunstrichtung gab hier der islamitischen Kunst einen Zug ins Großartige und Gewaltige; im Innern wie im Äußeren zeigte der Palast prächtige Ausgestaltung und Durchbildung und edlen Geschmack. Überall, wohin du das Auge wendest, fällt es auf wohltuende, ich möchte sagen befreiend schöne Linien. —

Wo einst der kunstsinnige, prachtliebende König Tirumala Hof hielt, sprechen englische Richter an grünen Tischen nach englischen Gesetzen Recht, breite grüne Punkhas schweben träge über den Häuptern der weißen Männer, wo ehedem der Pfauenfächer mit tausend Federn dem Herrscher Kühlung zufächelte; den großen, königlichen Schlafraum füllen jetzt Webstühle fleißiger Untertanen; O jerum, o quae mutatio rerum! —

Von allem Neuen müde an Leib und Seele fuhren wir endlich nach den bahnhöflichen Penaten. Unterwegs fiel uns auf, daß die Schutzleute, wahre Enakssöhne aus Nordindien, bei unserem Anblick stramm standen und grüßend die Hand zum Spitzturban erhoben. Wir schoben die Ehrenbezeugung auf unsere kakhifarbene Bekleidung und wähnten, daß eine Verwechselung mit indischen Offizieren vorliegen müsse. Zu unserer Überraschung erfuhren wir aber, daß der eingeborene Hüter der Ordnung verpflichtet ist, jeden weißen Mann zu grüßen. Da sieht man mal wieder englische Art! Der Brite betont mit dieser Anordnung seinen ausgesprochenen Herrenstandpunkt, auf dem er ohne weiteres den Weißen über den Andersfarbigen stellt.

Am 5. Februar schlüpften wir nach geruhsamer Nacht um 8 Uhr morgens wieder in unser Faß, gleich dem alten Diogenes, nur hätten wir Alexandern nie gebeten, uns aus der Sonne zu gehn. Bald hielt unser Gefährt vor dem großen Eingang des Tempels Sri Minakshi Sundareswarar, den ich schon gestern als das größte religiöse Bauwerk vorgestellt habe.

Die Größe der Anlage und die Schönheit der wuchtigen Linien wirkte zwar eindrucksvoll, indessen blieb das Wesen der Einzelheiten unserem Empfinden fremd.

Der Tempel ist im Dravida-Stil gebaut und bildet mit den Höfen ein großes Rechteck. Die Türme bestehen aus einer Reihe sich verjüngender Stockwerke und sind oben mit einer Art Kuppel gekrönt; ihre himmelanstrebende Form mag demselben Empfinden entsprossen sein, das unsere gotischen Kirchtürme entstehen ließ. —

Die neun Hauptgopuras unseres Tempels erhoben sich bis zur Höhe von 60—70 m. Bunte Götterfiguren in größtenteils abstoßender Häßlichkeit reihten sich rund um die ganze Höhe der Türme.

Pillaj sagte darüber folgende Worte: „Die märchenhaften Linien der Gopuras scheinen das Ergebnis der Anordnung der Gottheiten, die jeden Turm in Rot, Blau und Grün bedecken und die sich vom schwarzen Hintergrund harmonisch und im strahlenden Licht des tropischen Himmels blendend hervorheben." Pillaj ist ein Dichter! — — -

64 Bilder oder Steindarstellungen zeigten den Gott Sundareswarar in den verschiedenen Gestalten und Umständen seines Wandels auf Erden. So berichtet eine Sage über seine Hochzeit mit der Königstochter Sri Minakshi: „Gelegentlich einer seiner Verwandlungen erschien der Gott in Gestalt eines Fakirs vor dem alten König Pandiyan, dem Vater der schönen Sri, und

bat um ihre Hand, die ihm auch versprochen wurde. Kurz darauf starb der König, nachdem er Sri zu seiner Nachfolgerin bestimmt hatte. Als nun Sundareswarar die Mutter der Sri, die Königin Kandjana Malay bat, das Versprechen zu erfüllen, erklärte die Brunhildgleiche Sri, daß sie gesonnen sei, ihre Hand nur dem Manne zu schenken, der sie im Kampfe zu besiegen wisse. Sundareswarar nahm den Vorschlag an und schlug sich selbst als Heiratskandidaten vor. Demgemäß wanderte Sri, den Gott suchend, um die ganze Erde und besiegte sämtliche Götter; aber als sie zurückkehrte, begegnete ihr Gott Sundareswarar in Person und Überraschung und Beschämung überkam sie, als sie bemerkte daß die mittelste ihrer drei Brüste, mit denen sie zur Welt gekommen, verschwunden war. Sie bekannte sich als besiegt und stimmte augenblicklich in die Hochzeit ein."

In der Samukam Minakshi Naiker Mantapam feiert männiglich alljährlich im Juni das Fest zum Andenken an die Hochzeit des Gottes mit der Prinzessin Sri. Der Tempelraum besteht aus einem schönen, offenen Gang, der zirka 50 m lang und 30 m breit ist. 100 Säulen stützen eine Steinterrasse, die rundherum die Einfassungsmauer krönt. Das Malakuta-Fest wird durch Tanzmädchen, ,,Nautch-girls" genannt, verschönt, die von einem Bein aufs andere wackeln, in die Hände klatschen, singen und spielen. Jede Säule ist dann mit Bildern und Lichtern, das Dach mit herabhängenden Kugeln und Lüsters geschmückt. Wenn des Abends alle Lichter leuchten, soll sich, — nach Pillaj, — ein Anblick bieten so wunderbar, wie er auf Erden nicht bekannt.

Zu beiden Seiten der Halle stehen Reihen schmaler Verkaufsstände, wo Tempelblumen und rotes Pulver zum Bemalen der Stirn, desgleichen der weiße Brei der Betelnuß in grüne Blätter gewickelt zu haben ist. Mit dem Blatt zerkaut färbt die Betelnuß Zähne und Lippen zinnoberrot. Das Volk hält das Anröten des Mundes für schön, sagt man; ich möchte auch der antiseptischen Wirkung des Betelbreis, welchem der Indier seine schönen Zähne zu danken hat, die Sitte zuschreiben. —

Nahe der Halle wohnten 12 Elefanten, die von einer frommen Spende unterhalten werden. Einer der Riesen, der erste den wir in Indien sahen, kam von seinem Reiter gestachelt auf uns zugetrottet und schwenkte den Rüssel. Pillaj bedeutete, daß dieser Elefant Kupfer nicht annehme und falls man ihm solches anzubieten wage, in gefährlichen Wutparoxismus geraten werde. Wir beeilten uns nach dieser zarten Andeutung, dem Ungetüm zwei Silber-Anas entgegenzustrecken, die das kluge Tier geschickt und zart entnahm und über die breite Stirn hinweg seinem Lenker hinaufreichte. Der Hindu da oben besah die Münzen genau, schien damit, da Silber, zufrieden, erhob grüßend die Hand zur Stirn und ritt schwerfällig wiegend davon — Gott sei Dank! —

Am Rande des venezianisch blau schimmernden Goldlotusteiches bewegten sich Gruppen geschmückter Frauen; sie schöpften in ihren glänzenden Gefäßen Wasser und beteten. Ungezählte Menschen badeten in des Teiches Fluten; unbekümmert schöpften sie mit beiden Händen das Wasser zum Munde und spieen es wieder aus.

So einte der Tank die Eigenschaften der Badewanne, Waschschüssel und des Mundwasserglases in sich. Aber was ist das gegen den heiligen Ganges, wo die Asche vom Verbrennungsplatze und nicht selten unverbrannte Leichenteile an den Badenden, Betenden, Waschenden, Gurgelnden langsam vorüber treiben? Was bewahrt das Volk vor rasend vernichtendem Pesttode? Man steht vor einem Rätsel . . . . .

Inmitten eines anderen Tempelraumes erhob sich ein goldener Mast in Form eines riesigen Leuchters. Auf seiner Spitze trug er einen vergoldeten Bullen, — das berühmte goldene Kalb, um das die Kinderchen Israels zum Verdruß der Propheten so gerne herumtanzten und um das heute fast die gesamte Menschheit herumtanzt. —

François als Christ hatte nicht Zutritt zum Tempel gefunden. Bald nach Betreten des Hinduheiligtums schlängelte sich ein herumlungernder Indier heran und nahm mir mit Grandezza meinen ziemlich schweren Photokasten ab, die Rolle eines zweiten Führers spielend. Als wir eine große Säulenhalle querten, steuerte dieser Gentleman seitwärts mit listigem Blinzeln der schwarzbraunen Augen. Nach dem schönen Spruch: „Wenn dich die bösen Buben locken, so folge ihnen nicht, sondern gehe voran," nahm ich besagte Richtung und entdeckte Skulpturen, deren Anblick der keusche und idealveranlagte Pillaj uns gewiß versagt hätte. Und wahrlich, es gehört eine glatte Umkehrung aller Begriffe über Erregen öffentlichen Ärgernisses dazu, um derartige Kapitälzierrate fein säuberlich in Granit dargestellt an öffentlichen Orten anbringen zu dürfen.

In einem anderen großen, dunklen Raum ertönte Klingeln und Musik. Weihrauchdüfte umschmeichelten uns, als wir eintraten; kurz geschorene Priester in langen, gelben Gewändern hielten vor wachslicht-erleuchtetem Altar eine Art Messe. Dicht drängte sich das Volk um die Gelben, ohne Unterlaß reichten die Betenden weiße und gelbe Blumen und wohl auch Goldmünzen hinauf zum Altar. In großen Messingschalen türmten sich die lieblichen Blüten und erfüllten den Umkreis mit welkem Duft. Als wir näher traten, stieg ein Priester die Stufen herab und legte Freund Pfeil und mir eine Kette aus gelben Tempelblumen über die Schultern. Diese weihevolle und würdige Handlung entsprang indes keinesfalls seiner Freude an unseren blauen Augen, nein Geld, wollte der schlaue Bursche, er müßte auch sonst kein — Indier sein! —

Auf dem Weitermarsch — hopsa! — stolperte ich im Finstern über einen liegenden Betenden; der schien schon daran gewöhnt zu sein und ließ sich garnicht stören. Leider ging ich hierbei meines Kränzleins verlustig, Herr Pillaj hob es unbemerkt auf und verteilte nachher großmütig die geweihten Blumen unter das Volk.

Am Wege, der uns zur Stadt hinausführte, saß ein blinder, junger Bettler. Er sang ein Lied in kläglichem Moll; nach Rithmus und Tonfolge ähnelte es italienischem Volksgesang.

Mitten im Felde stand ein kleiner Tempel unter den breiten Zweigen eines Bo-Baumes. Auf hohem Sockel erhob sich vor ihm die Steingestalt eines springenden Pferdes, des Sundareswatar Reittier. Das Innere des geöffneten Maules und der Nüstern war dunkelrot, Auge und Sattelzierrat blau bemalt, im übrigen erstrahlte das Steinbild in blendendem Weiß. Eingeborene Burschen und Mädchen arbeiteten in den nahen Feldern; Pillaj rief sie herbei, während ich den Görtz-Anschütz rüstete. Studiumhalber beschäftigte sich indessen Freund Pfeil mit dem Volke.

„Rechts und links begrüßt er die ländlichen Schönen,
Faßt sie beim Kinn, anmutig = milde,
Schenkt ihnen gar schöne Heiligenbilde, (d. h. Tempelblumen.)
Und macht auch so wohl hin und wieder
Dominus vobiscum! über das Mieder;
Wie man denn meistens auf der Reis'
Die Schönheit der Natur erst recht zu würdigen weiß." — —

Der letzte Besuch galt dem Vaigai-Flusse, über den unsere Chaussee auf schöner Steinbrücke hinüberführte. Ein lebhaftes, malerisches Bild entrollte sich von der Mitte der Brücke aus. In 200—300 m breitem Bett flossen träge die Wasser des Flusses in seichtem Lauf um unzählige Inselchen und Sandbänke, auf denen sich hunderte von Männern, Frauen und Kindern tummelten; so weit das Auge reichte, Badende, Kommende und Gehende. — Züchtig baden die Weiber. Bekleidet tauchen sie bis zum Halse in die lauen Fluten, und erst wenn ihre Tücher sie wieder umhüllen, entsteigen sie dem Bade. Zebus und Büffel strebten dem Flusse zu und wälzten sich in schlammigen Tümpeln. Hohe Kokospalmen und Bananen beschatteten hier und dort die Ufer. Sonnübergossen lachte alles in frischen Farben, über die zierlichen Fächerkronen der Palmen ragten graurosig schimmernd die steilen Gopuras. Dort, jenseits der Brücke, ist der Cholera Quartier. Da wendet sich der Gast mit Grausen!

XII.

In Trichinopoli und Tanjore.

*Ich steh auf des Berges Spitze,
Und werde sentimental.
„Wenn ich ein Vöglein wäre!"
Seufz' ich viel' tausendmal.*

Um 3 Uhr nachmittags verließen wir Madura. Der gute, alte Pillaj hatte es sich nicht nehmen lassen, uns bis zum Zuge das Geleit zu geben. Zum Abschied erhob er immer wieder beide Hände zur Stirn und gelobte, jeden Abend vor Schlafengehen für uns zu Gott zu beten.

Sonnenschein lag über den Wiesen. Papageien in prächtigen Farben wiegten sich auf den nahen Telegraphendrähten und an den vielen Teichen schritten Störche, stelzbeinige Flamingos und weise dreinblickende Marabus. Hoch in den Lüften kreisten Raubvögel über dem Elefantenfelsen und zogen hinüber zu dem Palm-Hills. Hohe Kakteen-Hecken säumten den Bahndamm und, man denke sich, auch die Feldwege. Beim Anblick dieser menschenfreundlichen Straßenbegrenzung tauchte das Bild des stud. med. Biermörder vor meinem Auge auf. Zerschunden und zerrissen würde er auf nächtlichem Heimweg von der Kneipe an jener großen Kaktusstaude stranden und sein benebeltes Haupt auf eines ihrer stachlichen Blätter betten! —

Wie eine Riesenkugel, die sich zur Hälfte ins Erdreich gegraben, stand ein Fels inmitten der Ebene. Ein englisches Fort beherrscht von seiner Höhe aus ringsum das Land. Kleine, weiße Holzkreuzchen unweit des Bahnhofs erzählten, daß hier europäische Garnison lag. Dindigal heißt die Station.

Baumwollballen und Farbholz türmten sich auf den Bahnsteigen. Bettler und Lahme lauerten hinter den Absperrgittern auf ein Scherflein. Ein Krüppel kroch an einem Stab herbei; der Lahme konnte meine Münze nicht erhaschen, sie rollte fort zwischen die Bettler. Selbstlos hob ein zerlumpter Mann das Geldstück auf und brachte es dem Lahmen, was uns nicht wenig überraschte.

Im Schein der Abendsonne ritt ein Indier in weißem Burnus und Turban querfeldein. Als unser Zug heranbrauste, hielt er an und blickte mit handbeschattetem Auge herüber. Sein edles Roß spitzte die Ohren.

Lang sah das Pferd
Dem Zuge nach, es zittert,
An allen Gliedern und seufzt und spricht:
„Der Anblick hat mich erschüttert!"

Eisenbahnen im Märchenlande!! Ist der Reiter dort nicht Alaëddin? Hält seine Hand nicht die Wunderlampe? Und hier.

Auf eisernen Schienen, so schnell wie der Wind
Dampfwagen und Dampfkutschen
Mit schwarzbewimmelten Rauchfangmast
Prasselnd vorüberrutschen! . . . . . .

Weinend verhüllt die Poesie das Haupt. —

½8 Uhr abends Ankunft in Trichi, wie die Engländer kurz und bündig das Trichinapalli der Eingeborenen nennen.

Die Gemeinde setzte sich aus 17 Dörfern zusammen und zählte über 100 000 Einwohner.

Im eleganten, offenen Zweispänner fuhren wir unter klarem Sternhimmel zu „Roberts Hotel", einem einstöckigen, luftigen Tropenlandhaus, dessen Bauart sich in den heißen Gegenden überall wiederfindet. „Bungalo" nennen es die Engländer. — Unsere drei jungen Franzosen hatten dasselbe Hotel gewählt und waren mit uns die einzigen Gäste bei dem reichhaltigen, englischen Abendessen. Zunächst wechselten sie mit uns auf englisch einige Worte, alsdann gingen Freund Pfeil und ich zum Französischen über und als zum Schluß die Gallier gestanden, daß jeder von ihnen längere Zeit in Freiburg i. Br. die deutsche Sprache erlernt habe, erscholl im fernen Indien gut Badisch. Nur bei lebhafter Debatte verfielen beide Parteien in ihre Muttersprache zurück.

Nach dem Essen streckten wir uns draußen auf der Veranda in die indischen Langstühle und verbrachten den Abend in angeregter Unterhaltung mit unseren neuen Bekannten, deren Namen, Stand und Art uns — wie auch umgekehrt ihnen die unseren — noch längere Zeit unbekannt blieben. Vier Wochen lang verband uns die Reise mit diesen liebenswürdigen Herren, bis ihr Reiseziel nach dem Nordosten Indiens, das unsere nach Java führte.

Über unseren Betten hing die breite Punkha. Ein Punkha-Boy hockte in einem Loch vor dem Fenster und zupfte noch im Schlafe mechanisch an der Strippe wie ein Glockenläuter. Das wehende, schwebende Tuch fächelte uns zwar Kühlung zu, als es aber nachts frisch wurde, klopfte ich dem Braunen auf die Finger, sagte: „Gewehr in Ruh!" und da schlich er davon.

Der nächste Morgen fand uns frühzeitig auf der Ausfahrt. Zarter Tau lag auf Blatt und Blüte, es war kühl. Vom wolkenlosen Himmel strahlte die weiße Sonne auf saubere Straßen, helle Gebäude und das bunte Getriebe der Menschen. Bald haben ihre Strahlen den Nachttau verzehrt und sengende Glut wird wieder auf Indien brüten. —

In flotter Fahrt zum „Fort." Innerhalb seiner mächtigen Mauern erhebt sich ein schroffer, 85 m hoher Felsen. Steinerne Elefanten und Säulen zierten den Eingang, der über einen

Graben zum steilen Aufstieg führte. Gewissermaßen sprungweise erklommen wir die 290 Stufen dieser Himmelsleiter von Absatz zu Absatz. Auf dem Gipfel des Felsens erhob sich ein Hindutempel. Fromme kamen uns entgegen. Ein junges, hübschgewachsenes Weib mit „idealer Büste" blieb vor uns stehen, drückte sich ängstlich an die Mauer und beugte sich schützend über ihre Amphora geheiligten Wassers. Unser Führer betrat sofort mit uns eine Seitentür und zeigte das Innere eines alten, zerfallenen Felsentempelchens, mehr zu dem Zweck, dem Weib den Weg frei zu machen. Unser Schatten hätte das Wasser entweiht, wäre er darauf gefallen. Beim weiteren Aufstieg konnten wir noch manches Weib beobachten, das uns mit ängstlichen Gebärden und Worten in großem Bogen auswich. Nicht wahr, du mußt auch darüber lächeln, lieber Leser?!

Die Treppen, ins rötliche Gestein gehauen und mit weißen, senkrechten Streifen bemalt, wurden oben flacher und unregelmäßiger, bis wir schließlich einen halsbrecherischen Steg erreichten, den wir an einem Geländer hinaufturnten. Braune und weiß gezeichnete Bussarde umkreisten uns ohne Scheu und ließen sich in greifbarer Nähe nieder. Eine prächtige Aussicht lohnte unsere Mühe. Im Bädeker von Indien, den es noch nicht gibt, muß dieser Punkt drei Sternchen erhalten. Tief unter uns breitete sich die hübsche Stadt mit ihren Tanks, Palmengruppen und Waldungen; drüben ragten die Türme des Sri-Rangam-Tempels aus dem Blätterdach, reichangebautes Land ringsum und als Abschluß im Westen die lebhaften Linien der blaurot schimmernden Berge. „Wenn ich ein Vöglein wär," hinauszufliegen über das schöne, gesegnete Märchenland!

Statt dessen krabbelten wir wieder die Hühnerleiter hinunter, froh, uns im weichen Wagen auszuruhn. Auf gutgepflegter Chaussee und moderner Steinbrücke überschritten wir den breiten Coleroon-Fluß, dessen Bett voll badender Menschen und Tiere dem Vaigai durchaus ähnlich ist. Dann nahm uns ein großer Palmwald auf, zwischen dessen schlanken Stämmen hier und dort Hütten der Eingeborenen hervorlugten. Vielfach stehen diese Häuschen auf Pfählen, aber nicht zum Schutz gegen Schlangen und Skorpione, sondern mehr aus Furcht vor den Dünsten des Bodens und vor den Nebeln der Nacht.

In dem so dicht bevölkerten Indien sieht es mit wilden Schlangen oder gar blutdürstigen Tigern nicht gar so gefährlich aus, als der Europamann glauben mag. Nach der Nordgrenze zu und im mittleren Dekan, wo die Menschen dünn gesät und die Natur wild und das Land unwegsam, wohnt zwar heute noch der Tiger und die Kobra. Dorthin zieht es den Jägersmann, der wohlvorbereitet nach mühsamer Wanderung durchs Dschungel und Kahnfahrt auf schnellen Strömen beneidenswert schöne Jagdgründe findet. Der Globetrotter, harmlos und neugierig, schönheitsdurstig und märchensuchend, zieht andere Pfade, fern dem giftigen und reißenden Zahn der Wildnis.

Jetzt öffnete sich unser Blätterdach, zurückgedrängt von den langen, hohen Umfassungsmauern des Tempels Sri Rangam, der dem Gotte Visnuh geweiht ist. Die Anlage bildet ein großes Viereck. In der Mitte einer jeden Seite öffnet sich ein Toreingang, von welchem die breite Hauptstraße nach dem Kern, dem Tempel selbst, zuführt. Querstraßen kreuzen die Hauptstraßen rechtwinklig, durch die inneren sechs Mauern von einander geschieden. An diesen Mauern standen Hütte an Hütte. 25 000 Menschenkinder bewohnen den Raum innerhalb der Umfassung des Tempels. Dort findet der fromme Hindu alle Bedürfnisse des Leibes und der Seele. Die sieben Tore der Hauptstraßen sind von hohen Gopuras überdacht, deren Schmuck aus unzähligen Götterfiguren bei allen Türmen gleich geordnet ist. Den Mittelpunkt jeder Turmseite bildet die Gestalt Vishnus. Wuchernd und üppig gleich dem Boden des Landes, ist die Phantasie der Indier. Einen Beweis dafür bot der berühmte Pferdehof der großen Pagode. In breite, viereckige Steinsäulen sind aufrechtstehende, gezäunte und gesattelte Pferde ausgemeißelt. Die Vorderhufe stehen auf dem Kopfe eines Tigers, welcher dem Pferd an die Brust springt. Kleine Menschenfiguren sind gänzlich unmotiviert zwischen beide Tiere gestellt. Die einzelnen Gestalten zeigen lebensvollen Ausdruck der Bewegung, das Ganze aber artet in Übertreibung aus, da drängt sich alles wild durcheinander. Volle Naturwahrheit anzustreben widerspricht dem Geiste des Hindu; er läßt lieber seiner Einbildungskraft und Träumerei freien Lauf. — Wie überall, so hatte auch dieser Tempel seinen vorschriftsmäßigen Tank voller plätschernder Menschen; es ging stets ruhig und ordentlich im Wasser zu;

lustige Späßchen, Spritzen, Tauchen und Katzbalgen, wie in unseren Volksbädern sind dort unbekannt. Das Bad ist für den Indier Gebet. — Nun einige Stufen hinauf in eine große Halle. Ein Wald von rohbehauenen viertantigen Pfeilern umfing uns in etwa 20 Reihen zu je 50 angeordnet: wir befanden uns in der „Halle der tausend Säulen." Das Schönheitsgefühl findet darin keinerlei Anregung, aber der auf das Massige, Zahlenmäßige gerichtete Sinn feiert Triumphe. Welche Unsummen von Zeit und Arbeitskraft ist hier verwendet! — Einige Stunden verweilten wir im Banne echt indisch religiösen Getriebes. Tiefgewurzelt ist der Glaube des Hindu; auf alle Zweige des Lebens übt diese Lebensanschauung ihren Einfluß aus. Ist doch jede Lebensäußerung religiösen Gesetzen unterworfen: das Essen, der Schlaf, die Liebe. — Zur Mittagszeit kehrten wir zu Roberts Hotel zurück. Der Wirt war ein Parse, dessen zuvorkommendes und edles Wesen uns auffiel. In Bombay fand sich Gelegenheit, diese Abkömmlinge der Perser in großer Zahl zu beobachten und werde ich ihrer alsdann eingehender gedenken. Sie leben nach den Geboten Zarathustras.

Zufrieden und bewegt von neuen Eindrücken verließen wir um 1 Uhr mittags das interessante Trichinopoli; Tanjore war das nächste Reiseziel. — Auch Station Tiruverumbur sahen wir die ersten Affen in Freiheit. 2 bis 3 Dutzend dieser scherzhaften Gesellen sprangen auf dem Bahnsteig herum, kamen an die Koupeefenster und bettelten offiziell um Früchte. Lachend reichten ihnen die Indier Bananen und Papajaschnitte hinaus. Das Bahnhofgelände war in maurischem Stil erbaut. Auf seinen Kuppeln stiegen Affenfamilien steif und langarmig dahin, setzten sich aufs Gesims und betrachteten das Tun der Menschen. — Ob Tag oder Nachtzeit, stets waren die Züge von braunen Männern und Frauen dicht besetzt und auf den Bahnhöfen herrschte ein Betrieb wie auf einem Jahrmarkt. In langen Reihen erwarten hier die Einen den Zug, dort kommt ein anderer an, Hunderte entstiegen seinem Leibe, hübsche Mädchen, junge Frauen und alte Mütterchen, Arme oder stolz dreinblickende, schmuckklirrende Reiche, Männer mit gesteppten Gewändern oder schmalem Hüfttuch. Unser Zug verläßt die „Affenstation". Die Monkeys klettern über das Holzgitter und schauen durch seine Stäbe uns nach. Auch die Zuschauer auf der Bahnhofkuppel marschieren ab mit Mienen, die deutlich sagen: „was ich gewesen, bin ich noch, die Lage der Dinge nur hat sich verwandelt." — Der Zug führte durch reich bebautes Land und kleine Baumanpflanzungen. Dort biegt sich ein Zweig unter unsichtbarer Last. Da schießt mit langen Armen ein Äffchen hervor und schwingt sich zum nächsten Baume. Das wiederholte sich so oft, daß wir endlich gar nicht mehr danach umsahen; Papageien und Marabus, blauschimmernde Schwalben und zeisiggrüne Ammer zeigten sich in Scharen. — Um $1/_23$ Uhr Ankunft in Tanjore, das zirka 60 000 Einwohner zählte. Der Führer John, ein protestantischer Indier, empfing uns mit Empfehlung und Gruß von Herrn Hagenbeck. Wieder fanden wir bequemen Wagen und rollten alsbald zum großen Shiva-Tempel. Hohe alte Banjan-Bäume beschatteten seinen mächtigen Toreingang. Rechts und links traten aus der Mauerwand die Kolossalfiguren der Torwächter hervor; es sind dies Bas-Reliefs, die sich später an anderen Tempeleingängen auch des öfteren wiederfanden. Merkwürdig ist ihre Haltung, nicht minder originell deren Deutung. Die untere Körperhälfte ist seitwärts gewandt, die Füße zum Tiroler Ländler erhoben. Der Oberkörper zeigt sich von vorn und hat vier Arme. Die eine Hand, wie zum Schwur erhoben, soll jeden warnen, Böses zu tun; eine zweite Hand holt augenfällig zu massiver Ohrfeige aus; sie deutet auf die Strafe. Die dritte Hand ruht im Schoß, die vierte ist in lehrhafter Haltung erhoben. Das Ganze soll „das Majestätische" darstellen, erklärte John. Mich erinnerte es mehr an den Ausruf des alten Götz von Berlichingen, mit dem er vom Fenster seines Schlosses Jaxthausen aus den kaiserlichen Trompeter beehrte. — Im Gegensatz zum volkbewohnten Tempel Sri Rangam war das Innere des Tempels in Tanjore fast menschenleer und sauber. Freie Plätze und Wandelgänge ringsum an der Einfassungsmauer zeigten peinliche Reinlichkeit, als seien sie eben gefegt worden. Einzelne hohe Palmen erschienen doppelt graziös neben den massigen Formen zweier kleinerer Tempel, die sich zu göttergeschmückter Gopura emportürmen. Der kronenartige Aufsatz bestand aus einem Granitblock von mächtigem Umfang; 12 Jahre sollen nötig gewesen sein, ihn zu bearbeiten und herbei zu schaffen. Vor 900 Jahren wurde der Tempel erbaut. Mit welchen Mitteln vermochten die Baumeister damals solch große Lasten dort hinaufzuheben in luftige Höhen? da staunt der Laie, selbst der Fachmann stutzt. In einem kleinen, offenen Säulentempel ruhte ein 3—4 m hoher Bulle aus Granit, glatt geschliffen wie Kupfer. Natürlich haben diese heiligen Tiere den wulstigen Höcker auf dem Widerrist gleich den Zebus und Büffeln Indiens. Nun im Sonnenbrand hinüber zur schattigen Wandelhalle. Seltsame Altäre bekleideten dort die Wand. Das Untergestell glich einem runden Ambos, der nach vorn in eine Rinne schnabelartig auslief. Aus der Mitte des Ambos ragte ein hoher Kegel, umgeben von Blumen, Lingam genannt. Erst in Benares trat der Lingamkultus so deutlich wieder in die Erscheinung, wie hier. Ein Ebenbild finden wir in Phallos-Kult der Griechen. 108 solcher Darstellungen reihten sich in verschiedener Größe, durchschnittlich etwa 1 m breit, aneinander.

Ein Weib lag vor einem der Ambosse und betete; mit herzerschütterndem Seufzer rutschte es zur Seite, als wir nahten. Nur Kindersegen vermag dem Hinduweib den Weg zum Himmel, zum Nirwana, zu erschließen. Diesem Weibe schien er versagt. Ein verzweifeltes Weh lag auf seinen Gesichtszügen, ein Flehen:

„Wo faß ich dich unendliche Natur?
Euch Brüste, wo? Ihr Quellen allen Lebens —
Wie eng gebunden ist des Weibes Glück!" —

Die Wände des Ganges schmückten bunte Malereien. Jedes Gemälde stellte eine ganze Erzählung dar aus dem Erdenwallen Shivas. In kindlicher Weise waren alle Personen in den jeweiligen Lagen bunt zusammengestellt, als vereine man die Bilder unserer Bänkelsänger innerhalb eines einzigen Rahmens. John versuchte, uns einige zu erklären; leider reichte aber seine Erklärungsgabe und unser Verständnis kaum aus, um etwas Vernünftiges zusammenzubringen.

Auf kleiner Parkhöhe unweit des Tempels lag die Schwartz-Kirche, ein Bau im Stile französischer Edelsitze aus der Zeit Ludwigs XV. Die trägt ihren Namen zu Ehren des protestantischen Missionars Schwartz, eines gebürtigen Brandenburgers; die geräumige Halle diente seit kurzem protestantischem Gottesdienst. Über dem einfachen Altar war eine Marmorplatte angebracht; in guter Bildhauerarbeit zeigte sie den alten Missionar im Talar des protestantischen Geistlichen auf dem Totenbette.

Langes Haar umwallte den charaktervollen Kopf und das fein-
geschnittene Profil. Der Indierfürst hält die Hand des Sterbenden in der seinen; drei Knaben stehen trauernd zur Seite des
Lagers. Goldlettern übermitteln den Dank der Gemeinde der
Nachwelt. Wir fühlten uns in jenen Mauern heimisch, aber,
oh weh! die Stimmung wurde nicht geachtet; ein turbantragender
Hindu schlich heran mit Fremdenbuch, Feder und Tintenfaß
und gemahnte uns, daß wir in Indien. Wenn wenigstens
die alte Feder besser geschrieben hätte und die Tinte nicht so
entsetzlich dick gewesen wäre! —

Durch enge, winklige Straßen fuhren wir zum alten Königspalast im großen Fort. Ausgedehnte, schmucklose Gebäude mit
vergitterten Fenstern zahlreicher Frauengemächer umschlossen
die geräumigen Höfe. Ein alter Elefant pendelte im Schatten
eines großen Tamarindenbaumes von einem Fuß zum andern.
Er und zwei 80 jährige Lieblingsfrauen des verstorbenen, letzten
Raja erhielten noch das Gnadenbrot.

Als wir der Audienzhalle Deluga-Durbar zusteuerten,
eröffnete uns John die Aussicht auf überraschenden Anblick.
Neugierig betraten wir den großen Saal. Kronleuchter schwebten
über zahlreichen Sesseln und Sophas, Ölgemälde des Fürsten und
seiner Familie deckten die Wände, weiße Überzüge schützten
die feingewebten Stoffe der Möbel und trugen gerade nicht zur
Erhöhung der Stimmung bei. Im Brennpunkt des Raumes
stand gleichfalls verhüllt die Statue des letzten Raja. Feierlich
entnahm ein Saaldiener das bergende Tuch und: „the Kaiser!"
jubelte Herr John und weidete sich an unseren verblüfften,
freudig erstaunten Mienen. Wahrhaftig, wie er leibt und lebt,
unser Kaiser Wilhelm II! sogar Habys Bartrichtung hatte der
Indierfürst vor 50 Jahren vorgeahnt! —

Wie unserem deutschen Herrscher war diesem Indierfürsten ein Drang nach umfassendem Wissen eigen. Seine Bi-
bliothek enthält 18 000 Bände in Sanskrit, von denen 8000 auf
Palmblätter geritzt sind. Solch ein Blatt ist etwa 20 cm lang und
5 cm breit. Mehrere aufeinander gelegt und mit einem Woll-
faden umwickelt bildeten einen Band. Zu unserer Überraschung
fanden wir auch eine deutsch gedruckte Weltgeschichte und andere
deutsche, französische und englische Werke vor.

Vor Einbruch der Dämmerung durchfuhren wir im Schritt die breiten Straßen der Geschäftsviertel. Den Verkaufsläden für Stoffe folgten Juweliergeschäfte und Läden für Kunstgewerbe in Gold, Silber und Kupfer, in Teppichen und Seide. Tanjore bot das Bild einer rein indischen Stadt, in der wir zwei Europäer uns recht einsam und verlassen vorkamen. Unser Führer John versuchte den Trick, der nicht nur indischen Kollegen seiner Art eigen, dort aber stark ausgeprägt ist; er ließ nämlich den Wagen vor den Läden seiner Gönner halten, um uns zu Einkäufen zu verführen. Standhaft erwehrten wir uns der Verlockungen des Schneiders, der uns in zwei Stunden tadellos sitzende Tropenanzüge zu machen versprach und des Sirenengesangs eines Juweliers, bei dem nach seiner Versicherung allein in ganz Indien wir nicht übers Ohr gehauen werden sollten, und so ging es weiter.

In der Bahnhofswirtschaft aßen wir zu Abend. Freund Pfeil ließ Geld wechseln und mußte eine halbe Stunde darauf warten; seine Geduld verringerte sich begreiflicherweise mit dem Fortschreiten des Zeigers, der uns die Abfahrtszeit immer näher rückte; schließlich rief Pfeil: „Fahr' hin, lammherzige Gelassenheit!" und ein kerndeutsches Donnerwetter erschütterte die Hallen. Es wirkte zaubergleich. Die nacktfüßigen Kellner rannten wie elektrisiert und schnell ward der Wunsch erfüllt.

Muttersprache, Mutterlaut,
Wie so wonnesam, so traut;

nur in deinen Worten vermag sich das gequälte Herz Luft zu schaffen; aber auch über dein markig deutsch geht keine andere Sprache der Erde. Du kannst fürchterlich erklingen in den Ohren anderer Völker! Wenn du deinen Willen draußen durchdrücken willst, geschätzter Herr Landsmann, dann rede energisch deutsch, und die Braunen und Schwarzen und Gelben klappen um! —

Um ½ 8 Uhr abends bestiegen wir unser Wagenabteil zur 12 stündigen Nachtfahrt nach Madras.

XII.

Madras.

„O wie köstlich, o wie köstlich ist das Reisen!"

Unser Kupee war für vier Insassen berechnet. Wir richteten uns gemütlich ein und rollten auf unseren ledergepolsterten Ruhebetten sanft gewiegt in die Nacht hinaus, Gott dankend, daß wir allein. Der Mantel gestaltete sich zwar zu rauhem Kopfkissen, die dünnen Reisedecken schützten nur notdürftig gegen die Brise, die vom nahen Meer kommend uns frösteln machte. Ist es ein Wunder, daß ich im Traume mich im Biwak wähnte? Die Feuer lohten am herbstlichen Nachthimmel Lothringens, unruhig warf ich mich in meinem kühlen Zelt herum. Jetzt Lärm, Alarm, das Zelt wird mir über den Kopf fortgerissen, ein Überfall! ich erwachte. Ja, unser Kupee war überfallen worden; zwei indische Diener warfen polternd Koffer und große Ballen herein, schoben rücksichtslos unser Gepäck zur Seite und ließen die oberen Brettafeln herab. Mein Entsetzensschrei „Reserved" hatte trotz kommandogewöhnter Kehle keinerlei Erfolg. Die Schwarzen legten unbekümmert die großen Ballen auf die Bettafeln, entrollten sie, und die schönsten Betten mit allem was das Herz begehrt, waren bereit, ihre Besitzer zu köstlicher Ruhe aufzunehmen. Zum Verdruß über die Störung und Vermehrung der Einquartierung gesellte sich auch noch der Neid um diese weichen, warmen, weißen Dodos. Nun stieg ein langer junger Engländer ein und erklomm das Brett über mir, ihm folgte ein Gent in Smoking und Zylinderhut; beide taten als wenn sie zu Hause wären, zogen sich endlich die zarten Decken über die Ohren und stille ward es nach und nach, Ruhe herrscht im Schlafgemach. Unter mancherlei Gedanken und Überlegungen, wie ich es diesen reiseerfahrenen Tropenleuten nach zu tun vermöge, schlief ich endlich frierend und grämlich ein. Wieder währte die Ruhe nur kurz; der Gent erhob sich gegen Morgen, bekleidete sich langsam mit größter Sorgfalt, rief seinen Diener aus dem Nebenkästchen herein und verließ endlich unter großem Gepolter unser Abteil. — Übernächtigt und zerschlagen trafen wir am 7. Februar gegen ½8 Uhr morgens auf der Egmore Station in Madras ein. Der großstädtische Eindruck dieser Tropen- und Hafenstadt setzte meine Geister wieder in Bewegung und nach labendem Bade in der Zentral-Station schritten wir frisch ans Tagewerk. Bei D'Angelis im tropischen Garten vorzügliches Frühstück. Dann in einen eleganten Wagen hinein! Neben dem Turbankutscher saß stolz Herr François, auf dem Trittbrett am Ende des Wagens stand ein indischer Junge als Groom, und ein feuriger Australier-Hengst zog in Windeseile das leichte Gefährt auf Gummireifen durch die breiten, glatten Straßen. — Hier sahen wir endlich wieder Europäer in größerer Zahl. Dog-carts und Autos, große neuzeitliche Gebäude und Straßen mit europäischem Anstrich, eine Anzahl vornehmer, großer Verkaufsläden gaben Kunde von der Größe der Stadt. Im Schatten alter Bäume fuhren wir die lange, breite Mont Road entlang zum botanischen Garten. Über waldige Hügel wandelten wir dann an umrankten Häuschen, alten Säulen und schilfumstandenen Teichen vorüber, auf denen die Lotos und Viktoria regia blühte. Geschmückte, graziöse Hindumädchen schöpften am Brunnen Wasser in eine Fahrtonne im Schatten schlanker, breitästiger Palmen, Bambusstauden und Bananen. — Der Garten war äußerst lieblich und geschmackvoll angelegt.

Die nahe St. Georges Kathedrale bot uns wenig Bemerkenswertes; umso angenehmer und großartiger empfanden wir danach die Fahrt auf der Marina, einer breiten Korso-Straße, die etwa 5 km lang den Meeresstrand begleitete. Zur Linken schauten unter hohem Palmdach zwischen wohlgepflegten Bosketts die Paläste englischer und indischer Großen hervor; rechts schweifte der Blick über das weite Meer, auf dessen schäumenden, grünen Wogen Fischerkähne schaukelten, Segler kreuzten und große Ozean-Dampfer dem Hafen zusteuerten. Eine sanfte Dünung kräuselte weißen Gischt auf den flachen Ufersand und kühle, salzige Brise strömte zu Lande. Einsam am Meeresstrand stand das Aquarium. Trotz der Vormittagsstunde war es gut besucht von eingeborenen Männern und Frauen, groß und klein. Der Fischreichtum des indischen Ozeans ist bekannt, auch die Eigenart der Formen und Farben seiner Tierwelt. Unsere Erwartung wurde weit übertroffen; staunend gingen wir von einem der großen Fenster zum andern, hinter denen die seltsamsten Wassertiere vorüberglitten.

Unser Wagenlenker hielt es für notwendig, uns nun noch vor die neu erbaute Memorial Hall zu führen. Freund Pfeil lehnte aber energisch ab, noch mehr zu sehen; es war höllisch heiß geworden und die wenig geruhsame letzte Nacht meldete ihre Folgen. — In der großen Halle hingen Ölgemälde, Aquarelle, Stiche und Federskizzen, zum Teil lagen sie noch auf dem Fußboden in Reihen geordnet, wie sie aufgehängt werden sollten. Das war für mich das reine Hindernisrennen und ich war froh, daß Pfeil statt dessen in den Polstern draußen ein Schläfchen tat. Am Nachmittag besuchten wir die Viktoria-Gedächtnis-Halle, wo indische Kunsterzeugnisse aller Art ausgestellt und verkäuflich sind. Der Preis dieser prächtigen Stickereien, Kupfer- und Bronzearbeiten sowie zierlichen, edelsteinbesetzten Schmuckstücke deuchte mir nicht hoch. — Anschließend daran öffnete das Zentral-Museum seine Tore, das von der Regierung verwaltet wird; es enthielt Sammlungen von Rohstoffen, gepreßte Pflanzen und eine geologische und eine naturgeschichtliche Sammlung. Das Skelett eines Walfisches erregte vor allem das Interesse der Indier und Indierinnen, unter denen wir zum erstenmale in Indien fünf Muhammedanerinnen entdeckten. Die beiden älteren hoben zuweilen den langen Schleier, um ihre Umgebung genauer mustern zu können; nach Bewegung und Form schienen ihre drei Begleiterinnen jung und schön; sie hoben den Schleier nicht. Ich dachte an Mirza-Schaffy's Lied:

„Schlag die Tschadra zurück! was verhüllst du dich?
Verhüllt auch die Blume des Gartens sich?
Und hat dich nicht Gott wie der Blume Pracht,
Der Erde zur Zierde, zur Schönheit gemacht?
Schuf er all diesen Glanz diese Herrlichkeit,
Zu verblühen in dumpfer Verborgenheit?
Schlag die Tschadra zurück! Laß alle Welt seh'n,
Daß auf Erden, wie du Kind, kein Mädchen so schön!"

Leichten Ganges schwebten die schwarzäugigen Mädchen vorüber. Sprühten die dunklen Augen nicht herzzündende Funken? Fatima, Zuleika, Hafisa! was fuhr Euch durchs launenhafte Köpfchen beim Anblick der blonden Söhne Germanias? Gefielen sie Euch?! —

Um den langen, grünen Tisch im Sitzungssaale des Verwaltungsrates prangten reich geschnitzte Sessel. Oben liefen sie in einem Knauf aus, der einen Affenkopf darstellte. Als wahrheitsgetreuer Chronist muß ich leider berichten, daß diese Köpfe fabelhafte Ähnlichkeit mit „Edi" aufwiesen. Ich kann nichts dafür. —

Durch ausgedehnte Anlagen und Eingeborenen-Straßen erreichten wir den „People-Park". Breite, gepflegte Wege durchzogen den öffentlichen Garten. Der Stil des englischen Parks war ins Tropische übertragen; auf kurz geschnittenen Rasen lagen Baumgruppen und Blumenbeete, geschmackvoll zerstreut, immer neue, liebliche Durchblicke gewährend. Elegante Fuhrwerke mit weißen Insassen bewegten sich langsam unter der lustwandelnden Menge der Hindus; ein Volkspark im besten Sinne des Wortes. — Auf leicht geschwungenen Brücken überschritten wir kleine Seen, die reichbevölkert von bunten Enten, Flamingos, Marabus und Pelikanen. Hinter den Seen lag der Tiergarten. Ein Wärter geleitete uns zu den Käfigen. Leoparden lagen träge ausgestreckt hinter ihren Gittern, augenscheinlich unter Hitze leidend. Der Wärter stocherte sie mit einem langen Eisenstab hoch; sie blieben faul und krochen in ihre Ecke. Anders der sechsjährige bengalische Königstiger. Als wir uns seinem starkvergitterten Käfig näherten, erhob er den mächtigen, schönen Kopf, funkelte uns aus den grünen Augen mordgierig an, zeigte das gewaltige Gebiß und knurrte wie ferner Donner. — Der bengalische Tiger im Vollgefühl seiner heimatlichen Kraft macht gewaltigen Eindruck.

Die schwarzen Bären und Hyänen aus Kaschmir erschienen wie Spielzeuge neben jenem königlichen Beherrscher der Dschungeln.

Einige Äffchen turnten auf niederen Bäumen herum, durch Ketten am Ausreißen gehindert. Der Wärter rief sie herbei und ließ sie Kunststückchen machen. Die herandrängenden Indier freuten sich darüber wie die Kinder. Ein kaum vier Wochen altes Affenkind klammerte sich an die Brust seiner Mutter. Da stolzierte eine Krähe heran, das Junge ließ die Mutter los und trabbelte davon, die Krähe zu haschen. Vergnügt und aufmerksam, wie das wohl werden würde, sah die Alte ihrem Sprößling nach. Die Krähe hüpfte hin und her und trieb mit dem Äffchen ein neckisch Spiel. Nun packte aber die Affenmama ihr Kleines an der Hinterhand, als es außer Reichweite zu geraten drohte und zerrte den Schreihals heran in sicheren Gewahrsam. Das Äffchen hatte so viel Ähnlichkeit mit einem Menschenkind. —

Auf der Weiterfahrt durch die Black-Town zum Hafen bildeten Bettler Spalier. „Bettler sollte man abschaffen! Man ärgert sich, ihnen zu geben und ärgert sich, ihnen nicht zu geben!" Rückfahrt am Meer entlang zwischen der Black Tawn und dem Fort St. George. Nahe dem Leuchtturm lag eine betonierte Strandbatterie; auch das Fort selbst besaß betonierte Anlagen. In zweistöckigen, flachen Kasernen wohnte die Besatzung. 20 bis 30 weiße Soldaten saßen auf dem Dach in der kühlen Abendbrise und sahen hinaus auf's Meer, Parole Heimat? Auf der Marina fügte sich unser Wagen in den eleganten Korso. Indierfürsten in prunkenden Karossen mit wedelschwingenden Dienern auf den Rücksitzen fuhren vorüber, junge englische Damen lenkten ihren Dog-cart, andere radelten in fröhlicher Gesellschaft, ein farbenreiches, anziehendes Bild!

Die untergehende Sonne gemahnte zur Rückkehr. Im großen Bogen mußten wir um die südliche, gleichfalls in Beton gehaltene Infanteriestellung des Forts ausweichen und fuhren dann über die breite Mündung des Kuwam-Flusses über die Insel. Dort hatten Soldaten ihren geliebten Fußball gespielt und kamen uns nun nach getaner Arbeit in ihren farbigen Sweatern entgegen, gedrungene, kräftige Männer.

Rechts drüben begann jetzt der Leuchtturm seinen wandernden Lichtkegel über Land und Meer zu senden. In flotter Fahrt überholten wir hunderte heimkehrender Fabrik- und Hafenarbeiter. Mit dem Einzug der Industrie und ihrer Ausdehnung ward dem ackerbauenden Hindu der Proletarier geschenkt. So entstand in Madras, Bombay und Calcutta der Boden, auf dem bereits der europäische Sozialdemokrat erfolgreich seinen Weizen aussät. Der indische Nationalist benutzt dann das Heer der Unzufriedenen zu seinen Zwecken, zu Verschwörung und Mord.

Wer liebt zum Beispiel auf dieser Erde,
Ich will mal sagen die Steuerbehörde?

Der Indier muß hohe Steuern zahlen und hier fassen die Hetzer zuerst dahinter. Aber wie schadet die europäische Internationale ihrem eigenen Vaterland und Volk! —

Nach dem Abendessen verbrachten wir noch eine halbe Stunde in der gemütlichen Gesellschaft Herrn Hagenbecks und seines Schwagers. Die Damen beschäftigten sich gerade mit der

Toilettenfrage, da sie beim deutschen Konsul geladen waren. Von ihren Balkonen winkten sie uns noch freundlichen Abschiedsgruß und glückliche Reise zu! Wir hatten eine Fahrt von 774 englischen Meilen vor uns, das sind 1470 Kilometer.

XIII.
Von Madras nach Bombay.
Aufenthalt in Bombay.

> „Immer wieder in die Weite
> Über Länder, an das Meer,
> Phantasien in der Breite,
> Schwebt am Ufer hin und her."
> Goethe.

Vorsorglich hatte Freund Pfeil Decken, Bettzeug und Kopfkissen, ich meinen bewährten Schlafsack, Kissen und Reiseplaid in Europa eingepackt. Am Bahnhof entnahmen wir den großen Koffern diese Kleinodien und im Handumdrehen hatte jeder auf seinem Lederlager ein köstliches Bett hergerichtet. Wir hatten in der vorigen Nacht an Erfahrung genugsam gewonnen. —

Um 8 Uhr abends rollte unser Zug in die Nacht hinaus. Ein junger Engländer bewohnte mit uns das Abteil, zurückhaltend und zugeknöpft. Wir waren rechtschaffen müde, plauderten noch ein wenig,

Darauf begibt man sich zur Ruh,
Und deckt sich warm und fröhlich zu.

8. Februar, 7 Uhr früh, schon fast mitten in Indien. Der Zug hastete durch weite Ebenen, zuweilen flog eine kleine Ortschaft vorüber, von Mais- und Baumwollfeldern umkränzt. Vereinzelt zeigten sich ab und zu kleine Palmgruppen. Die Hautfarbe der Menschen, bisher fast schwarz, ist hier hellbraun.

In Gooti hielt der Zug einige Minuten. In fünf Abstufungen erhob sich dort ein wildes Felsmassiv. Seine Gipfel krönte ein englisches Fort. Mächtige Granitfelsen unterbrachen die eintönige Ebene. Wind und Sonnenglut hatte den Stein verwittert und geborsten. Große Blöcke lagen um die Felsen zerstreut; andere, gerundet wie ein Kiesel oder flach gleich einer Tischplatte balanzierten auf schmalen schrägen Gipfeln, daß zu befürchten war, ein Windhauch könne sie in die Tiefe stoßen. —

Unbarmherzig brannte die Sonne. Die Luft flimmerte über der Erde wie über einem Ofen. Jetzt fuhren wir über die 2 km lange Krisha-Brücke; im Flußbett kaum eine Spur von Wasser. —

Matt und schmachtend vegetierten wir dem Nachmittag entgegen; nun hielt unser Zug auf der Station Yadgiri. Ein Name ist Schall und Rauch, sagt der harmlose Mitteleuropäer, er kann aber auch höllische Erinnerung bergen, sage ich, ein geprüfter Indienfahrer. O Yadgiri, deiner gedenke ich noch in meinem letzten Stündlein!

Unsere Dampfkutsche fuhr nämlich nicht weiter. Hast du schon von den Qualen der Gefangenen unter den Bleidächern Venedigs vernommen? Ein Labsal gegen unsere Hitze in Yadgiri! Kein Luftzug mehr, dick und drückend lastete die Glut. —

Der schweigsame Brite beugte sich zum Fenster hinaus und hielt Zwiesprach mit dem Schaffner. Dann raffte er sich auf, uns die niederschmetternde, lakonische Mitteilung zu machen: „the engine is broken down!" Mit möglichst stoischem Gleichmut strebten wir, es dem unerschütterlichen Sohn Albions gleich zu tun. Es dauert eine viertel Stunde, es dauert eine halbe Stunde, nichts änderte sich, nur der Durst wühlte uns im Leib herum. Da tat Pfeil die denkwürdigen Worte: „Oh, oh! ich trink n i e m e h r eine Maaß Hofbräu so leichtsinnig hinunter! Das ist eine Sünd! Ich denke dann immer an Yadgiri!" Endlich zog ich Rock, Kragen und Schlips wieder an und besah mir die „niedergebrochene Maschine". Da lag der Unglückskasten und streikte nun schon eine ganze Stunde. Was soll das noch werden inmitten Indiens Einöde?

Meinem Tagebuch fügte ich, immerhin die Zeit nutzend, eine Skizze sinniger Bahnhofseinrichtung bei. Du siehst da, lieber Leser, die Tür zur engen Klause, stillberühmt, ich sage nicht mehr; neben dieser Tür erblickst du ein großes, rundes Medaillon, auf dessen blauem Hintergrund ein indisch Männlein gemalt, mit weißem Turban und Beinkleidern und gelber Jacke. Graziös stützt sich die Rechte in die Hüfte, die Linke weist mit ausgestrecktem Zeigefinger auf besagte Tür. Auf der anderen Seite des Bahnhofs erglänzte das Bild einer Indierin in gleicher Haltung.

Die Maschine hatte sich zureden lassen und sich aufgerafft. Schnell den Kopf zum Fenster hinaus und aufgeatmet in sausender Fahrt im Luftzuge, der die Locken zaust! —

Gegen 4 Uhr Ankunft in Wadi, der Zweigstation nach Hyderabad. Zwar hatten wir uns vorgenommen, in der Hauptstadt des Nizzam zwei Tage zu verbringen, gaben aber die Absicht auf, teils der erdrückenden Hitze wegen, teils um in Bombay am Busen der Kultur zwei Tage länger zu ruhen, um in bequemer Umgebung neue Kräfte zu sammeln für die anstrengende Reise durch den Norden. — Die Einwohner Hyderabads sind kräftig und kriegerisch. Alle Männer tragen Waffen, krumme, reichverzierte Schwerter und alte, interessante Flinten. Acht große, martialische Polizeisoldaten hielten auf dem Bahnhof Wache. Schwarze Bärte umwallten das braune Antlitz. Die Buchstaben H. R. P. am blauen, hohen Turban besagten, daß hier die Hyderabad Railway Police. Mit Getöse klirrten schmuckbeladen Hyderabader Schöne vorüber.

Kurz hinter Wadi zog eine Kamelkarawane über Land, ein Zeichen, daß hier öde Durststrecken. Aus den hohen Feldern ragte hier und dort ein flaches, weiches Dach auf vier Pfählen ruhend. Wie es mir scheinen wollte, nahmen auf diesen Dächerzinnen Eingeborene ein Licht-, Luft- und Sonnenbad. Doch nein: lärmend vertreiben diese Turmwächter herumziehendes Getier aus ihren Feldern.

Nach dem Abendessen kamen wir wie von ungefähr mit unserem schweigsamen Reisegenossen ins Gespräch. Er taute plötzlich auf und entwickelte sich als ein ganz famoser Geselle. Deutsche Dichter und deutsche Tonkunst waren ihm nicht fremd. Begeistert erinnerte er sich Wagner'scher Opern und sang ganz hübsch einige Motive aus dem Ring, den Meistersingern und Tannhäuser, und wo ihn die Erinnerung verlassen, wußte Pfeil und ich nachzuhelfen. Da leuchteten aller Augen und in gemeinsamer Freude fanden wir kaum ein Ende. Schließlich schlummerten wir hinüber ins Reich der Träume und Richard Wagners Genius umschwebte unseren Geist, während die Great Indiern Peninsular Railway uns durch das nächtliche Indien führte. —

Am nächsten Morgen erwachten wir frisch gestärkt, als es schon Zeit wurde, uns zur Ankunft in Bombay zu rüsten. Jetzt rollte der Zug über die Brücke, die das indische Festland mit der Insel Salsette verbindet, dicht am Ostufer bog er nach Süden ab, überschritt dann den schmalen Sund und jagte auf der Insel Bombay seinem nahen Ziele zu. Zahlreicher tauchen Hütten der Eingeborenen auf, jetzt treten an ihre Stelle die europäischen Mietskasernen der Fabrikvorstädte Byculla und Mazagon, wir queren die dichtbevölkerte Black-Town und nun fährt der Zug fauchend und pustend in die Halle des Vitoria-Terminus ein, des schönsten Bahnhofgebäudes der Erde. —

Tadj Mahal Palace Hotel, erstklassiges Prachthotel mit europäischer und indischer Bedienung, der größte und schönste Gasthof in Indien, Elektrisches Licht, Fahrstühle usw." — was sagt diese trockene Anpreisung? Kann ein Germane aus nordischem Tannwald, wo die grauen Wolken in wilder Jagd um die Berggipfel treiben, träge Nebel aus der Waldschlucht steigen und der Ostwind die Blätter um die Bäume wirbelt, kann ein bärpelzverhüllter Teutone deine Lieblichkeit ahnen, du Märchengebilde? Hier ist alles Schönheit, Linie, Anmut. Hier umgibt dich sorgsame Aufmerksamkeit und alles, was der Mensch an Lebenskultur erdacht. Ich versetze mich zurück an jenen sonnigen Morgen, der auf deinen Türmen und Zinnen lächelte, als du dich unserem entzückten Auge zum ersten Male botest.

Und heute? Wilder Herbststurm peitscht kalte Regentropfen gegen meine Fenster, kahl und erbarmenheischend strecken die großen Kastanienbäume ihre Äste zum Himmel, die letzten gelben und braunen Blätter huschen windgepeitscht über die Straße. Und die Sonne, die liebe, warme Sonne Indiens, verhüllt hier oben, dem kalten Pol so nahe, ihr freundliches Antlitz in graue, dichte Nebelschleier, aus denen bald das weiße Schneetuch herabsinken wird auf die weite Heide. — Ich wähne mich zurück an jenen sonnigen Morgen, der auf deinen Türmen und Zinnen lächelte, und fröstle am flackernden Kamin! —

Von unserer Wohnstube aus übersahen wir die große, geschützte Hafenbucht und das Meer. In dem Appolla-Bandar schaukelten Lustjachten, Kriegsschiffe lagen einige hundert Meter entfernt vor Anker, Motorboote eilten über den Wasserspiegel und Ozeandampfer teilten mit scharfen Bug die goldflimmernde See; gleich einem Silberkranz schmiegte sich die Bugwelle um ihre Brust.

Wie kleine Maulwurfshügel ragten Felseninseln aus dem Meer und sperrten, geschützbewehrt, die Einfahrt; zahlreiche Leuchttürme und rote Feuerschiffe deuteten die Fahrrinne. Duftumwoben grenzt im Südwesten die bergige Insel Elefanta den Horizont. —

Auf der Strandstraße vor meinem Fenster promenieren indische Kindermädchen. Sie tragen europäische Tracht und weiße Hamburger Häubchen. Auf indisch heißt das Kindermädchen: „Aja"; das Wort klingt schon lieb und schmeichelnd. Und so sind die braunen Mädchen auch zu ihren weißen Kindern, lieb, schmeichelnd und treu bis zum Tod. Der Weiße ist ja schon an sich dem Hindu ein höheres Wesen und seine weißen, blondlockigen Kinder bedeuten dem Hinduweib ein Wunder, etwas verehrungswürdig Liebes. Das war ein reizendes Bild, wie die jungen Indierinnen mit den Babys im Wagen sprachen und scherzten. Ihre Freundinnen kamen herbei in indischer Tracht und schauten neugierig, scheu und liebevoll in die blauen Kinderaugen, die sie so unschuldig aus weißen Kissen anblickten.

Ein Gaukler wird meiner ansichtig; schnell hockt er zur Erde, öffnet den Deckel eines runden Korbes und beginnt seine Klarinette zu blasen. Eine Kobra bäumt sich aus dem Korbe empor und wiegt züngelnd den Kopf. Nun breitet sie wütend die Hautfalten wie große Ohren und zeigt die dunkle Zeichnung der Brille. Der Indier entnimmt einem anderen Korbe einen länglichen Sack, darin wusselt ein Lebewesen. Einem schlanken Hamster ähnlich schießt aus der geöffneten Hülle der Mungo, der kleine Schlangenhund. Grimmig will er sich auf die Brillenschlange stürzen, aber sein Herr hält ihn am buschigen Schwanze. Nach dieser Vorstellung wird das brave Tier wieder in sein Futteral gestopft, die Brillenschlange mit dem Korbdeckel in ihr Gehäuse geduckt und der Gaukler erhebt beide Hände zur Stirn, zum Fenster, zur Stirn und sofort: „Sahib! Baksis!" „Da hast du was!"

Als ich nach dem Bade wieder hinausschaute, hockte der geriebene Bruder immer noch unten und musterte die Fenster. Nun machte er allerhand Hokus-Pokus, ähnlich wie seine Berufsgenossen in Port Said.

Freund Pfeil, der gute, fleißige, hatte inzwischen Briefe und Postkarten in erstaunlicher Zahl geschrieben, seinen Freunden die erste Durchquerung Indiens von der Koromandel- zur Malabarküste kündend. Den heißen Mittag verträumten wir bei den Klängen einer Ungarmusik, umfächelt von kühlen Windwirbeln unserer elektrisch getriebenen Fans.

Nachmittags Ausfahrt. Die Straßen Bombays sind breit und asphaltiert. Elektrische Bahnen, Autos und gute Droschken vermitteln den großstädtischen Verkehr. Die Wagen laufen auf Gummi und werden fast durchweg von arabischen Hengsten gezogen.

Eine große Zahl der öffentlichen Prachtbauten dankt die Stadt der Wohltätigkeit reicher Parsi; es wäre ermüdend, wollte ich all die Gebäude aufzählen, die in Größe und Schönheit wetteifern; ich nenne nur das Stadthaus in altgriechischem Stil, das Präsidential-Sekretariat und das Postamt in venezianisch-gothischem Stil, die Universität und das Gerichtsgebäude in englischer Frühgothik und den Bahnhof „Victoria Terminus" in gothisch-indischer Mischung.

Interessant ist das Völkergewirr in Bombays Straßen. Da siehst du indische Brahmanen, Buddhisten und Muhamedaner, Parsi, Perser und Afghanen, Araber, Neger, Malajen und Chinesen. Die Stadt zählt heute schon über eine Million Bewohner, darunter etwa 15 000 Europäer und 50 000 Parsi. Die übrige Bevölkerung besteht zu etwa zwei Drittel aus Hindus und einem Drittel aus Muhamedanern.

Die Parsi sind ein intelligentes, edles Volk, das an allen Errungenschaften der Kultur teilnimmt. In erster Linie treiben sie Handel und besitzen den Ruf tüchtiger und anständiger Geschäftsleute. Sie fallen sofort durch ihre Kopfbedeckung auf, während sie sich im übrigen europäisch kleiden. Denke dir als Hut einen randlosen Halbzylinder, dessen Dach nach hinten schräg als Mulde abfällt; er besteht aus schwarzem Glanzleder und ist mit unzähligen kleinen, goldenen Sternchen bemalt. Viele dieser gelehrten Parsi tragen bezeichnenderweise goldene Brillen.

Die Parsifrauen erkennst du, abgesehen von der helleren Hautfarbe, den weichen, braunen Augen und einem milden, fast leidenden Gesichtsausdruck, an dem großen, schwarzseidenen Shawl mit blumendurchwebten Rande, der in malerischem Wurf über das schlicht gescheitelte Haar herabfällt fast bis zur Erde. Wenn ich den Gesichtsschnitt mit anderen Rassen vergleichen sollte, würde ich ihn wohl am besten als semitisch bezeichnen. Das Auge ist ruhig, offen, gütig; so wohl auch der Charakter. —

Gegen 6 Uhr abends, als die Sonne drüben ins Meer versank, fuhren wir auf der herrlichen Strandpromenade, der "Queens Road", im Schwarm eleganter Privatfuhrwerke und Autos auf und ab. Im Trubel dieses vornehmen, europäischen Korsos hatten sich etwa 200 Moslems zusammengefunden, wohl geordnet zur Kompagnie in Linie gestellt, ihre Teppiche auf dem Rasen ausgebreitet und erledigten der Sonne nachblickend, ihre Gebetsexerzitien. Der Führer stand vor der Front und turnte vor: "Arme aufwärts — streckt!" — "Knien!" — "Hinlegen zur vollen Deckung!" — "Auf!" — das klappte ganz vorzüglich.

Weithin breitete sich die Esplanade zwischen dem Meer und der langen Flucht herrlicher turmgeschmückter Gebäude. Hohe Königspalmen säumten die Rasenfläche, auf der wogendes Menschengewimmel. In der Abendstunde hatte sich dort die sportliebende Jugend eingefunden und allerorten flog der Fußball durch die Lüfte, fußtrittbefördert.

In majestätischer Ruhe hielten in dem Wagen- und Menschengetümmel bengalische Reiter auf arabischen Rossen, allein durch ihre imposante Erscheinung Ordnung wirkend. Kleinere indische Schutzleute in dunkelblauer Uniform mit gelber Gymnasiastenmütze auf dem Ohr und dem Holzknüppel im Hüftgurt bewachten die Plätze und Straßenkreuzungen. Diese Policemen sind sich im ganzen außereuropäischen England gleich: ruhig, zuverlässig, höflich und energisch. —

Francis hatten wir aus irgend einem Grunde zu Hause gelassen. Als wir unserem Kutscher zuriefen: "Laßt uns heimwärts ziehen!" verstand uns der Braune nicht. In völlig fremden Zungen gab er Antwort und führte uns weiter in Bombay herum; schließlich stand ich auf und nannte recht deutlich alle zoologischen Tiernamen vom Schaf bis zum Rhinozeros und siehe da, verständnisinniges Lächeln verschönte seine Züge und heimwärts gings in schlankem Trabe. — Ich ließ mich dann belehren, daß Bombays Wagenlenker für sich als Eigenart in Anspruch nehmen, absolut nur Hindostanisch zu verstehen; ihr Wissensdrang nach anderen Sprachen, selbst der englischen, steht auf der Stufe der Lernlust Karlchen Misnicks. Du mußt damit rechnen, werter Herr Nachfolger! vergiß also deinen Boy nicht!

Am nächsten Morgen nach dem Frühstück erwartete uns bereits der Wagen von gestern. Wenn uns ein Kutscher oder

Ritsha Kuli guten Eindruck machte, nahmen wir ihn gleich für die ganze Dauer unseres jeweiligen Aufenthaltes in Beschlag und fuhren gut damit.

Mit einem Briefe von Herrn Kubli aus Colombo an Herrn Steffens in der Tasche, suchten wir zunächst die Marine-Street auf, wo der Freund Kublis im Geschäft von Volkarth-Brotherr beschäftigt war. — Ein Einführungsbrief sichert dir in den Kolonien stets freundlichen Empfang und Fürsorge. Herr Steffens machte uns einen Plan für die Besichtigung der Stadt und Umgebung und verabredete sich dann mit uns zum gemeinsamen Mahl.

Als besondere Sehenswürdigkeit Bombays gelten die „Türme des Schweigens," der Parsi Totenstätte. Fremde haben noch nie das Innere der Türme zu sehen bekommen, nur ein Modell ihrer Einrichtung wird gezeigt. Wir fuhren also zum Sekretariat des Parsi Panchayat, um uns die Erlaubnis zum Betreten des Totenhains zu holen. Das Sekretariat befand sich oben im vierten Stock einer Parsischule. Wir schwitzten also die vielen Stufen hinauf. Mit ihren Büchern und Schiefertafeln im Arm tollten junge, nette Parsiburschen und Mädeln die Treppe herunter und legten über Schulschluß dieselbe Freude an den Tag, wie unsere liebe deutsche Jugend.

Wir waren zu früh gekommen, das Sekretariat gähnte in derselben geistlosen Leere, wie andere aktengeschmückte Schreibstuben. Pfeil sank zunächst auf einen Stuhl, fächelte sich Luft zu und schnappte Atem; ich auch. — Neugierig, wie ich zuweilen bin, machte ich mich dann an die großen Glasschränke, die unzählige Bücher enthielten. Hier entdeckte ich Werke in der Sprache der Parsi, die in Leipzig und Stuttgart gedruckt worden. Wo du hinkommst, findest du deutschen Geistes und deutscher Hände Werk. Man freut sich da draußen immer wieder darüber.

Die Türen zu den anstoßenden Räumen standen offen und gewährten Einblick in die verschiedenen Geschäftsstuben. Ein Hindu fegte gerade Staub ab. Er bediente sich dazu eines großen, stiellosen Besens, mit dem er kreuz und quer um sich herumbaute. Sachverständige erklärten diese Art Flederwisch für recht praktisch, was ich zur Anregung hier nur erwähnen möchte.

Unsere Zeit war uns zu kostbar, um noch eine geschlagene Stunde auf das Erscheinen des Herrn Sekretärs zu warten.

Wir schoben den Gang auf und fuhren weiter in die Eingeborenenstadt. Sie ist an Eindrücken so reich, daß es kaum zu schildern ist. — Überall schöne, breite Straßen, von elektrischen Bahnen durchzogen, ein wogendes Menschengewimmel aller Arten Rassen und Trachten. Zwischen würdigen Brahmanen und leichtfüßigen Hindus zogen langsam und kerzengerade hochgeschürzte Hindufrauen, verschleierte Muhamedanerinnen und meist im eigenen Fuhrwerk stille Parsifrauen vorüber. Alle tragen Schmuck und wären sie auch noch so arm. —

Wir betraten eine Markthalle, die uns wie überall sehenswert erschien, weil sie gerade jene Früchte, Blumen, Fische, Vögel in Käfigen und Affen enthielt, die der betreffenden Gegend entstammten. Geschickt und sauber waren alle Stände hergerichtet, und mit ganz anderen Augen schritten wir von Halle zu Halle als daheim auf dem Samstagsmarkt. Zwei junge Hindufrauen bettelten uns an; sie hingen sich uns an wie die Kletten. Ihre Kinder auf der Hüfte wiegend sagten sie ununterbrochen mit monotoner Stimme: „Sahib, Salam! Sahib, Baksis!" Die hübschere hatte wieder Zuwachs zu erwarten, deutete fortgesetzt auf ihren halbentblößten Leib, zur Stirn, zum Mund und plapperte dazu ihr: „Sahib, Baksis!, Sahib!" Steinernen Antlitzes ließen wir uns bestürmen, bis endlich François vom Geldwechseln zurück kam und jede in den Besitz einer Münze versetzt wurde. Da zeigten sie lachend eine Reihe wunderschöner Zähne, berührten Stirn und Lippen mit den Fingerspitzen und flüsterten „Sahib! Salam!" „Herr, Friede!" Es ist ein schöner Gruß.

Im Begriff, durch die Black Town zum Hotel zurück zu kehren, begegneten wir in einer engen Straße mehreren Hindus in weißen Kleidern, die eine Totenbahre auf den Schultern trugen. Ein untersetzter, älterer Herr mit goldener Brille und sein Sohn, beide Indier, folgten der Bahre mit allen Zeichen großer Trauer. François erklärte nach Rücksprache mit dem Kutscher, daß der Zug zum Hindu-Krematorium an der „Queens-Road" sich begeben werde. Wir fuhren nun schnell zum Sekretariat des Hinduburningground, erhielten sofort Einlaßkarten und trafen noch vor dem Trauerzuge an der Pforte des Krematoriums ein. Ein Wächter geleitete uns zum Anfang der Verbrennungsstätten, die selbst zu betreten Fremden nur mit Genehmigung der Angehörigen und Leidtragenden gestattet ist.

Im großen, offenen Rechteck befanden sich etwa fünfzig Feuerstellen. Sie waren recht einfach. Jede besteht aus zwei großen Eisengabeln, in welche lange Holzscheite aufgeschichtet werden. Eiserne Schirme auf Rollen schützen das Feuer gegen Wind. Je nach dem Grad des Vermögens wird als Brennholz Palme oder Sandelholz oder beides gemischt verwendet. Eine Einäscherung mit Palmholz beläuft sich auf 10 Mark, mit Sandelholz auf 700—1000 Mark.

Eine hohe Mauer schied den Platz von der belebten Straße. An diese Mauer lehnte sich ein breites Dach und beschattete mehrere Reihen Sitzbänke. Hier versammelt sich die Verwandtschaft des Toten und verweilt zu dessen letzter Ehrung solange, bis der Holzstoß niedergebrannt ist, was oft vier Stunden währen kann.

Auch wir fanden eine schattige Bank, von Hinduinschriften bedeckt. Neben ihr standen große Kupferkessel. Aus einem kleinen Tempel im Palmenhain schallte lautes Beten herüber.

Nun kam der Leichenzug. Unter mancherlei Beratung, welches der zuständige Verbrennungsplatz sei, entschloß man sich endlich zum zweiten Gabelgestell, wo dann die Bahre niedergelegt wurde. Der untersetzte Mann mit der goldenen Brille legte sein Oberkleid ab; auf der fast weißen Haut glitzerte eine feine, goldene Kette, das Abzeichen der High cast, der Brahmanenkaste. Unter lautem Wehgeheul streute jetzt der alte Herr ein rotes Pulver über die Bahre, jenes rote Pulver, mit dem die Frau ihr Lebenlang sich das runde Zeichen der Hindu auf die Stirn gemalt. Dann holte er unter unserer Bank einen der großen Kupfertöpfe hervor, füllte ihn im Tempel mit geweihtem Wasser und begoß damit die ganze Bahre zum Zeichen der Reinigung. Den Rest des Wassers goß er sich selbst über den Kopf und sah nun aus, als käme er unmittelbar aus dem Seebade.

Die Verwandten rührten sich nicht auf ihren Bänken, ihre Mienen bewahrten stoische Ruhe. Nur der arme Ehemann schien verpflichtet, Leid zu tragen und bekundete es durch gelegentliche, stoßweise Schmerzensausbrüche.

Wie dieser alte, würdige Herr mit der goldenen Brille, naß wie ein Pudel, so geschäftig herum lief, sorgsam und umsichtig aufpaßte, daß alles seine Richtigkeit habe und bei schicklicher Gelegenheit auf einmal laut losheulte, das wirkte drastisch und ich zwang eine Empfindung in mir nieder, die nicht zur Trauer und Stimmung des Augenblicks passen wollte.

Der alte Herr schlug nun das Bahrtuch zurück und legte der Toten ein funkelnagelneues Geldstück, eine Rupie, in den Mund. Diese Zeremonie ist wohl ein neuzeitlicher Ersatz für die alte Sitte, dem Verstorbenen eine Wegzehrung auf den Pfad zum Hades mitzugeben. Aber es wäre schade um das schöne Geld, sagen sich die Priester. Der Ehemann entnahm nämlich das Geldstück wieder der Toten und trug das feuchte Ding in der offenen Hand an uns vorüber, hinein zum Tempelschatz. Mir wollte dünken, als klinge das Beten jetzt noch viel lauter und frischer aus den heiligen Hallen. Immer noch triefend kehrte der gute Mann aus dem Tempel zurück.

Angestellte Kulis füllten nun die Gabeln mit Palmscheiten bis zu halber Höhe und legten die Bahre darauf, andere brachten Sandelholz und verteilten es um die Leiche herum. Jetzt nahte der Augenblick, wo der Körper der lieben Abgeschiedenen für immer den Augen entzogen werden sollte. Als die Kulis weitere Holzscheite herbeitrugen und sich anschickten, die Leiche damit zu bedecken, war der Schmerz von Vater und Sohn ergreifend, und ich tat dem alten Herrn voll Mitempfinden in meinem Herzen Abbitte wegen meiner vorigen Betrachtungen.

Die Kulis türmten Holz auf Holz, aus der Mitte des Stoßes hing noch ein Ende des roten Bahrtuches. Teilnahmsvoll umstanden jetzt die Verwandten Vater und Kind.

Nun flackerte die strohgenährte Flamme unter dem Holzberge, züngelte flink empor am dürren, heißen Holz und schwehlender Rauch umhüllte die Brandstelle.

Still wandten wir uns zum gehen. — Am Ausgang trug man eine zweite Bahre vorüber. Ein junges, bildhübsches Hindumädchen ruhte darauf, nur zur Hälfte von ihrem roten Gewand bedeckt und mit Blumen übersät. Leicht hielt es den Kopf zur Seite geneigt, die Lider mit den langen, dunklen Wimpern wie zum Schlafe geschlossen. Die Totenstarre war noch nicht eingetreten, die Glieder ruhten in lieblicher Anmut gelöst. Die Pest hatte das junge Leben berührt.

Pesttote sollen innerhalb einer Stunde nach dem Verscheiden verbrannt werden. So will es das Gesetz.

Und es starben damals in Bombay täglich 70—80 Hindu den schnellen Tod.

Die Nachmittagsstunden wollten wir zur Fahrt nach den Malabar-Hills nützen. Unser vereidigter Coatchman war zur bestimmten Stunde nicht erschienen, so meldete wenigstens Françis; wir nahmen also eine andere Droschke und fuhren los. Der Kutscher trug einen Fez und kaute roten Betel, daß die Mundwinkel sich in rotem Dreieck verlängerten wie bei einem Clown. Im Karracho fegte der Bursche mit uns davon. Zunächst erschien uns die Eile verwunderlich, aber siehe, hinter uns jagte im wilden Galopp auch unser richtiger Kutscher daher mit geschwungener Peitsche! Das war ein Wettrennen!! auf dem großen Platz vor dem Elphingston College holte uns der andere ein und suchte seinen Wagen quer vor den unseren zu steuern und uns zum Halten zu zwingen. Unser Clown prügelte wütend auf sein Roß, wir sausten vorwärts am anderen Wagen dicht vorüber, jetzt kommt der andere wieder um eine Nasenlänge vor und die Pferde berühren sich schon. Die Räder müssen sich im nächsten Augenblick fassen und zerschellen. Eine tolle Situation. Ich sprang auf, riß das Rotmaul zurück und ließ halten. Dann stieg ich aus und requirierte einen Schutzmann. Während dessen schrieen sich die beiden Kutscher an wie zwei Wahnsinnige und wurden buchstäblich schwarz vor Zorn, fuhren sich mit den Peitschen unter den Nasen herum und ich war gewärtig, daß sie sich alsbald an die braunen Gurgeln packen oder die Messer in die nichtsnutzigen Magen stoßen würden.

Aber ruhig und kalt trennte der Policeman die Kampfhähne. Unser alter Kutscher schwor Stein und Bein, er sei tatsächlich zur befohlenen Zeit vor dem Hotel gewesen, nur habe ihn Françis allem Anschein nach nicht erkannt; wir lohnten den Clown ab, stiegen in den federnden Wagen unseres angestammten Indiers und rollten nun in Ruhe und sanftem Genießen dahin, dem Schicksal dankend, daß die Wagenwettfahrt kein böses Ende genommen. Die Fahrt war wunderschön, immer am Meere entlang, das sich in tiefer Bucht zwischen Colaba und Malabar ins Land hineinschiebt.

Auf Malabar Hill herrscht gesundes Klima; vornehme Villen in lieblichen Gärten bedecken die Halbinsel. Man fühlt sich dort wie an einem der schönsten Küstenorte der Riviera. —

Alle englischen Straßen sind vorzüglich; die Briten folgen hierin dem Beispiel ihrer Vorfahren als Weltbeherrscher, den Römern.

Unsere saubere Fahrstraße stieg langsam zu Berge. Epheu rankte an den Mauern, Palmen und Blumenbeete schmückten die Gärten, Reiter und Reiterinnen und elegante Wagen begegneten uns auf abendlichem Ausfluge. Nun bogen wir scharf ab nach rechts in die Gibbs-Road. Welch' reizende Villen! Wie geschmackvoll die Ausnützung tropischer Pracht! Engländer und reiche Parsi lustwandeln mit ihren Kindern im Park. Wir fuhren langsam vorüber an diesen Wohnstätten, die wir nur aus Erzählungen vom Märchenlande kennen.

Nun ist der höchste Punkt erreicht, wir sind 55 m über dem nahen Meer. Der Blick von hier oben hinüber und hinunter über Bombay und die See ist so prächtig, wie selten wieder auf Erden.

Wir hielten vor dem Eingang zum Friedhofspark der Parsi. Fußpfade führten in sanfter Steigung durch stille Baumgänge hinauf zu den Türmen des Schweigens. Schweigend blickten ihre runden Zinnen über die Blätterkronen. Auf den Türmen saßen wohl 50 Geier; ihre Umrisse zeichneten sich scharf ab am blaßblauen Himmel, groß, wie ich noch nie einen Vogel gesehn. Wie die Arme an breiten Schultern, so setzten die mächtigen Schwingen an dem kräftigen Leibe an. Und auf diesen breiten Schultern saß ein kahler Vogelhals, dem die Natur wie zum Hohn ein Federkräglein umgelegt, und über diesem Kragen der Kopf, kahl wie der eines Lebegreises, und dann der Schnabel, dieses große, scharfgebogene Hackmesser, noch größer als der ganze Kopf selbst. Scharf äugten sie auf uns herunter, diese schauerlich schönen Vögel. Auf dem höchsten Punkt standen fünf Türme, der größte von ihnen hat etwa 8 m Höhe und 85 m Umfang. Die innere Einrichtung ist einfach. Jeder Turm ist in drei konzentrische Ringe geteilt, jeder Ring enthält eine Anzahl Mulden. In die Vertiefungen des äußeren Ringes werden die männlichen Leichen, in die des mittleren die weiblichen und in die des innersten die Kinderleichen gelegt. Nach dem Zentrum zu sind die Ringe geneigt, dort ist ein runder Schacht in das Mauerwerk eingelassen, in den das Regenwasser abfließt und der später die Gebeine aufnimmt, die dort zerfallen. Sobald eine Leiche in den Turm gelegt ist, stürzen die Geier über sie her und fressen in kaum einer Stunde alles Fleisch weg. Bei Ausbruch der Pest vor einigen Jahren mußten mit großen Kosten mehr Geier aus dem Dekan herbeigeschafft werden. Die Bestattungsart der Parsi gründet sich auf Zarathustras Lehre. Die vier Elemente Feuer, Wasser, Luft und Erde sollen rein erhalten bleiben. Das Regenwasser wird daher aus dem Schacht durch eine Filteranlage geleitet, bevor es rein und klar zum Meer hinabfließt.

Während wir unter mancherlei Betrachtungen dort hinaufblickten zu den Türmen und zu den satten Geiern, trat ein vorübergehender Parsi heran und fragte auf englisch, ob er uns irgendwie behilflich sein dürfte; er trug goldene Brille, Parsihut, langen schwarzen Rock und Schnabelschuhe, dazu eine schwarze, lederne Aktenmappe unter dem Arm. Wir baten ihn gern um Auskunft über jene Türme und fanden in dem Manne einen freundlichen, klugen Menschen. Er trat dann mit uns an den Rand der Straße vor, wo in zierlichen Fällen das Wasser der Wasserwerke zum Meere hinunterplätscherte und erklärte mit gütigen, leuchtenden Augen das schöne Landschaftsbild. Wir dankten ihm herzlich, aber er wies schlicht jeden Dank zurück und sagte: „Es ist meine Pflicht zu helfen!" und ging mit kurzem, freundlichen Gruß davon. Welch seltsamer Mensch! seine Augen mit dem guten, freundlichen Blick sehe ich immer noch vor mir und habe denselben Ausdruck später noch oft wieder gefunden bei anderen Angehörigen der Parsi, weit, weit von Bombay, in Calcutta. Ihre Religion ist gut und schön, wie auch die der Buddhisten. Sie sind duldsam gegen Andersgläubige. Ich dachte unserer fanatischen Eiferer: „Wer nicht glaubt wie ich, der ist in alle Ewigkeit zu schrecklichem Feuertode verdammet." Wie grausam ist das! „Der Aberglauben schlimmster ist, den seinen für den erträglichern zu halten." Aber geht hin in alle Welt und prüfet alle Völker und lernt von ihnen!

Unser Heimweg führte uns wieder in das vornehme, allabendliche Treiben auf der Queens-Road mit seinen eleganten Landauern, Dogcarts und Autos, aus denen feurige Augen schöner, schmuckglitzernder Frauen uns einfache Fremdlinge musterten, wo madonnengleiche Parsifrauen an der Seite ihres Gemahls den Abend genossen, überragt von der sternbesäten Ofenröhre des Parsihutes, wo sich graziöse Engländerinnen lässig in ihre weichen Polster schmiegten und sich von ihrem

Begleiter mit dem charakteristischen, glatten Gesicht und der Blume im Knopfloch ein Histörchen erzählen ließen. Und ganz nahe dort erglänzte das Meer weit hinaus in goldwogenden Fluten unter dem Abschiedsgruß der Abendsonne, und die Palmen und Türme am nahen Platz lagen in goldigen Schein getaucht. Kannst du dir ausmalen, lieber Leser, wie schön das war?

Der 19. Februar verging unter Besorgungen und Packen. Hotel Taj-Mahal feierte heute nach dem Diner großen Ball. Uns rief die Pflicht zum Bahnhof Colaba-Station. Ein fürstliches Wagenabteil erwartete uns dort, geräumig und mit poliertem Mahagoni und Teakholz verkleidet.

Bombay hatte uns ganz vorzüglich gefallen. Wir schieden nicht gern von diesem schönen Fleckchen Erde; indes neue, weltberühmte Städte, uralte Berührungspunkte östlicher und westlicher Kultur, die Schneegipfel des Himalaja und die heiligen Wasser des Ganges, das Märchenland der Scheherefade winkte uns aus naher Ferne. — Frisch gestärkt und erwartungsvoll fuhren wir los, dem Norden zu! —

XIV.
Ahmedabad, Fahrt nach Jaipur.

„Die Burg des Indra" heißt die Halle. — — —

Am nächsten Morgen erwachten wir gegen 5 Uhr an bedeutendem Lärm. Der Zug hielt auf dem Bahnhof von Baroda. Die Nähe des Meeres und des nördlichen Wendekreises wurde fühlbar, wir froren.

Heiter überstrahlte bald die Sonne das fruchtbare Land wie an einem schönen, deutschen Herbstmorgen. Hinter Menahasad wurde es auf den Bäumen wieder lebendig. Affenherden bevölkerten die Zweige und rissen in langen Sprüngen vor dem heranbrausenden Zuge aus. Am Bahndamm kauerten nomadisierende Indier ums schwehlende Feuer, ein Kamel stand regungslos daneben, häßlich wie die Nacht.

Um ½8 Uhr Vormittags kamen wir in Ahmedabad an. Der Manager des Empire-Hotels fing uns am Bahnhof ein, was wir übrigens nicht zu bereuen hatten, und führte uns im schmucken Wagen zum Bungalo, das wieder einem Parsen gehörte. Ein schöner Palmgarten umgab das zweistöckige Gebäude, wo wir schmucklose, aber bequeme Wohnräume fanden.

Der Parsi empfahl uns, noch am Vormittag die alte Sommerresidenz Sarkhej zu besuchen und den Nachmittag den Sehenswürdigkeiten der Stadt zu widmen. Eines Führers bedurften wir nicht. Der Kutscher sprach englisch. —

Bald gings hinaus auf guter Chaussee ins indische Land.

Wogende Felder begleiteten die Straße, auf den Chausseebäumen saßen Affen und betrachteten uns neugierig; selten zeigt sich hier der Globetrotter. An einer Lehmhütte mußten wir Chausseegeld entrichten. Gawan wasena ist diese Stelle benannt. Ein viereckiger Bau mit Kuppeldach und edelgemeißelten Steinfenstern lag links am Wege unter schattigen Bäumen, das Grabmal Azan und Mu-azan Khans, zerfallen und vergessen. —

Rechts vor uns tauchten nun die weißen Kuppeln des Sarkhej über den Baumkronen hervor. Wir mochten etwa 1½ Stunden gefahren sein, als der Wagen auf sandigen Heideweg abbog zur ehemaligen Sommerresidenz des Sultans Mahmed Begada. Vor dem Toreingang umzingelte uns eine Schar Bettler; nach Hinterlegung der nötigen Kontribution an diese Bande betraten wir den stimmungsvollen Hof des noch erhaltenen Palastteiles. Der Baustil ist rein maurisch; welch ein Gegensatz zu der verschnörkelten, schwulstigen Baukunst der Indier.

Ein alter Baum stand inmitten des Hofes, eine breite Steinbank umgab seinen Stamm. Links lag in der langen Flucht marmorner Räume das Grab des Radja Mahmud Begada und seines Sohnes Sami Halim. In schmuckloser Kammer ruhen die Sarkophage, große Marmorblöcke von Künstlerhand in überraschender Feinheit und Schönheit bearbeitet. Die kleinen, viereckigen Fensteröffnungen waren durch Marmorplatten verschlossen, die mit graziösen Arabesken durchbrochen das feinste Spitzenmuster darstellten.

Auf der gegenüberliegenden Hofseite erhob sich zunächst ein zierlicher Steinpavillon, von dem aus wir eine lange Plattform betraten, die von einer Reihe Gemächern abgeschlossen wurde. Eine dieser Hallen enthielt den Sarkophag des Großveziers Mahmud Begadas, der noch heute große Verehrung im Volke genießt. Sein Grabmal war von Blumen bedeckt und ist zur Wallfahrtsstätte geworden. Ampeln brannten matt in dem spärlich erleuchteten Raum und kostbare Teppiche deckten die Wände und den reichbehauenen Steinsarg.

Hinter dem Hof, von diesem durch eine Mauer getrennt, lag ein zweiter, größerer Platz, den Marmorfließen deckten; er setzte sich in einer großen Gebetshalle fort, deren flaches Dach zehn niedere Kuppeln krönten. Hundert marmorne Säulen trugen die Halle, ein typisch arabischer Fries schmückte die Stirnseite des Daches. Etwa 6000 Betende finden in dieser Moschee Platz.

Durch die offenen Fenster der starken Umfassungsmauer hatten wir prächtigen Ausblick auf die ganze Anlage des Sommerpalastes. Im 15. Jahrhundert hatte der muhamedanische Fürst hier einen großen, künstlichen See angelegt, dessen vier Seiten je etwa 1 km lang waren. Ununterbrochen führten ringsherum 16 Stufen zu den Wassern hinab. Jetzt lag der Teich fast trocken; nur in der Mitte glänzte noch ein Rest Wassers in der Sonne als Tränke für die Büffel, die in dem ehemaligen Bett des Sees grasen. Links und uns gegenüber standen noch kleine Ruinen mit Kuppeln geziert, und rechts drüben die Säulen und Fronten des zweistöckigen Palastes als Zeugen einstiger Macht, Herrlichkeit und Pracht.

Zu unsern Füßen spielten unzählige Affen auf den Stufen des Sees. Als wir uns hinausbeugten, sie besser zu beobachten, rissen sie aus wie Schafleder auf Bäume und Hecken sowie auf die Kuppeln naher Ruinen. Dort saßen sie als seltsamer Zierrat, der zu den ruhigen, vornehmen Linien paßte, wie die Faust aufs Auge. —

Das Bettlervolk bestürmte uns am Ausgang von neuem. Mühsam eroberten wir unsere Karosse, die nun mit müder Qual durch die sandige Heide schlich. Ein alter Mann mit weißem Bart verfolgte uns solange, bis er uns ein „Bakshis" abgerungen hatte. —

Am Ende des Teichs stieg ich noch einmal aus und nahm das Bild in mir auf von dem großartigen Werk, der „Burg des Indra". —

Am Nachmittag fuhren wir durch das massige Dehli-Tor vor die Stadt hinaus, wo im Grünen der Hathi-Sings Tempel lag, eine mohamedanische Gebetsstätte, die im Jahre 1848 erbaut wurde.

Vor dem großen Portal bat uns ein Indier, die Schuhe vor Betreten des Tempels abzulegen. Wir kamen der muhamedanischen Sitte nach und marschierten auf den dünnen Strümpfen ins Heiligtum hinein. Einige Stufen führten zunächst zur Vorhalle, kunstvolle Säulen trugen den Oberbau mit seinen schlanken Kuppeln, Pagodentürmchen ähnlich. Schlanke, geriefelte Türme überragten das Portal rechts und links, an welche sich die viereckige Umfassungsmauer, gleichfalls reich geziert, anschloß. 53 schlanke Pagodenkuppeln krönten das Dach des inneren Kreuzganges, der an der Innenseite der Mauer entlang lief. Form und Auszackung der Stirnbogen erinnerten an maurische Bogenformen.

Inmitten des großen Tempelhofes stand nun der Hathi Sings Tempel selbst, ein Wunderwerk indischer Baukunst und Fleißes. Die ganze Anlage besteht aus weißem Marmor, auch die Fliesen des Hofes und der Wandelhalle. Die vielen Säulen, Kapitäle und Rundbogen, die Kuppeln, Dachziegel und Friese, die Geländer und selbst die Stufen sind reich und künstlerisch bearbeitet; die kupfernen Knäufe der Kuppeln glänzten in der Sonne und bunte Wimpel flatterten darüber wie festlicher Schmuck. —

In rascherer Folge besuchten wir die Manik Burj, „die Gräber der Königinnen", die Hauptmoschee Jama Maschid und die Rani Sipri-Moschee.

Das Mausoleum des Schah Alum fesselte uns länger durch seine feinen Spitzenfenster aus Marmor. Die durchbrochenen Fenster eines Hauses in Ahmedabad zeigten die reine Musterkarte derartiger Steinhauerarbeiten. In der Erfindung dieser unendlich bewegten, die Einbildungskraft anregenden Linienspiele waren die islamitischen Künstler unübertroffene Meister. Das Wort „Arabeske" weist auf seinen arabischen Ursprung. —

Fakire kamen vorüber. Der eine erstrebte Gottes Gunst dadurch, daß er sich überhaupt nicht mehr wusch und sich Haare und Nägel wachsen ließ. Mit wirrem, langem Schopf struwelpeterte er fast nackt einher. Ein zweiter hatte das bärtige

Antlitz über und über mit Kalk beschmiert und gemahnte an einen maskierten Fastnachtsbruder. Ein anderer trug einen hohen, schweren Mastbaum in den Armen zur Buße und Abtötung des weltlichen Menschen.

Die Schule war gerade beendet und die kleinen, braunen Buben gingen heim, d. h. sie gingen natürlich nicht heim, sondern prügelten sich noch miteinander auf der Straße. Ein Muttersöhnchen hatte sich hierbei auf einen Brunnen geflüchtet und fünf andere Bengels warfen nach ihm mit Steinen. Da hüpfte der Kleine oben von einem Bein auf's andere und wich — nicht immer mit Glück — den Wurfgeschossen aus und schrie: „Au, au, goa! goa!" Philologen seien nebenbei auf diese phonetische Ähnlichkeit mit oberbayerischer Mundart aufmerksam gemacht, ein Problem für Grimmsche Sprachvergleichung. —

Die Beschreibung Frau Eugenie Schäuffelens und die köstlichen Bilder ihres Besuches bei den Affen Ahmedabads ließen uns nicht ruhen, bis auch wir dieses Vergnügens teilhaftig wurden. Der Kutscher kaufte also Maiskuchen und fuhr uns hinaus vor die Stadt. Dort rief er mit tiefer Stimme: „hoa, hoa!!" Als habe er in einen Ameisenhaufen gestochen, so trabbelten und turnten alsbald große und kleine Äffchen heran, kletterten behend von den Bäumen und kamen vorsichtig näher. Zunächst warfen wir ihnen Futter zu, dann wurden sie zutraulicher. Bald umringten uns die kleinen behaarten Vettern, standen, an uns sich festhaltend, hoch und entrissen uns buchstäblich die Leckerbissen. Dabei prügelten sie sich um die erbeuteten Brocken unter Fauchen, Zähnefletschen und einem eigentümlichen Pfeifen. Überhaupt erwiesen sie sich als zanksüchtig und futterneidisch. Machten wir eine etwas schnellere Bewegung, so sprangen alle außer Reichweite und schienen uns zu beschimpfen. Dann saßen sie in erwartungsvoller Stellung, das lange Schwänzchen geringelt, die Beine angezogen und hielten mit den langen Armhänden bequem die aufgerichteten Fußhände — ein gelungenes Bild! Während dessen tollte die Jugend im Grase herum. Die kleinen Äffchen kullerten übereinander und flogen wie Gummibälle durch die Luft.

Bei der großen Menschenähnlichkeit dieser Tiere fehlt ihnen eines: sie können nicht lachen. Ihr Gesichtsausdruck ist entweder gleichgültig, oder neugierig, oder ärgerlich. Aber gerade der rasche Wechsel der drei Seelenzustände erhöhte die Komik bei allen Handlungen dieser Possenreißer der Tierwelt, die uns länger zu unterhalten vermochten, als die ersten Komiker des Theaters.

Der Rückweg führte uns an dem Kankarijateich vorüber, einem großen künstlichen Wasserbehälter mit prächtigen Anlagen und Marmortreppen. Auf seinen dünnen Geländern und Drahtzäunen spazierten wieder Affen einher, sicherer als jeder Seiltänzer.

Nach dem Abendessen ruhten wir bei indischer Zigarre auf der Veranda im Langstuhl. Mehrere indische Giftnudeln sind gewöhnlich zu Päckchen gebunden. Seltsamerweise haben sie aber nicht die gerade Form, sondern wurden noch in feuchtem Zustande als Gebinde vereint und schraubenförmig umeinander gewunden, so daß man solchen Glimmstengel erst aus der Umklammerung seiner Genossen vorsichtig befreien muß und dann einen großen Korkzieher aus Tabak in den Fingern hält. Aber weniger die gräuliche Form war es, die uns die Freude am indischen Tabak raubte. — Man sollte das Zeug „Erlkönig" taufen!

Der Abend hatte herrliche Kühle gebracht, die Sterne flimmerten klar am Firmament und von den Wiesen tönte der Gesang der Grillen herüber.

Wie heimatlich! Unsere Gedanken und Gespräche galten unserm stillen Schwarzwaldtal, um das nun der Winter sein schneeiges Prachtgeschmeide gelegt. —

Schon um 7 Uhr früh fuhren wir am nächsten Morgen zum Bahnhof. Die Straßen lagen noch still und ruhig, man beschäftigte sich mit der Morgentoilette. An Fenstern und Veranden standen brave Hindus und rieben mit weichem Holzstäbchen die Zähne. Dann spuckten sie ungeniert hinunter auf die Straße. „Das Gute kommt von oben?" Nicht immer! — —
Um ½ 8 Uhr früh fuhr unser Zug von Ahmedabad ab nach Jaipur, das, fast 1200 km nordöstlich gelegen nach 17 stündiger Fahrt erreicht werden sollte. Zunächst kreuzte der Zug den Fluß Sabarmati und führte dann in gutbebautes Land voll Baumwoll-, Reis- und Kornfelder. Auf den Bäumen sonnten sich Affenfamilien, selbst auf den Straßen saßen sie stillvergnügt und machten dem Wandersmann kaum Platz. Gegen Mittag änderte sich das Landschaftsbild. Ein waldloses, steiniges Gebirge, die

Grawalli- und Marwara-Berge lagen vor uns in bizzaren Konturen; in der Ebene glühte dürrer Sandboden, unterbrochen von armseligen Viehweiden, einzelnen Sträuchern und Dornbäumen.

Die Sonne sinkt, ihr Purpurhauch senkte sich auf Berg und Tal.

Aus einer nahen Baumgruppe ragten die Kuppeln eines weißen Tempels. Ein junges, geschmücktes Hindumädchen lehnte träumend an einem der alten Bäume, und drüben nahte der Freund auf weißem Zelter, in weißen Turban und weiße Gewänder gehüllt, von rosigem Licht umflossen. Ein Adler zog über dem Baume seine Kreise, enger und enger, gleich den Wünschen des kommenden Geliebten.

Ich sah noch lange zurück: „Jene buschige Myrte beschattet ein heiliges Plätzchen!"

Um ½1 Uhr nachts erreichten wir Jaipur, fuhren auf breiten, schönen Straßen durch schlafende Haine nach dem Jaipur-Hotel und fanden endlich bei gutem Unterkommen um 2 Uhr die ersehnte Ruhe.

XV.

Jaipur und Amber.

„Dort von Unkraut überwuchert,
Liegen nur noch graue Trümmer,
Die uns ansehn, schmerzhaft traurig,
Daß man glauben muß, sie weinten."

Heine.

Um 8 Uhr früh fuhren wir bereits frisch und munter zum Bahnhof, um uns Plätze für die Fahrt nach Agra zu sichern.

Der Stationmaster schien irgend ein Interesse an mir zu finden und stellte nach Erledigung des Geschäftlichen Betrachtungen an über Jaipur und Amber und die beste Art, die alte Trümmerstadt zu besuchen. Schließlich ging er auf seine Ziele los. Sein Auge hatte sich immer deutlicher an meiner Schlipsnadel festgesogen, einer zierlichen Nachbildung der Flagge der deutschen Kriegsmarine. Der indische Beamte schien ein Mischling zu sein; hagere, mittelgroße Gestalt, bräunliche Hautfarbe, tiefschwarze, lebhafte Augen und ins Grau übergehende Haare. Was sein Auge längst fragte, rief jetzt sein Mund:

„Gehören Sie zur deutschen Kriegsmarine?"
„Nein!"
„Vielleicht zum deutschen Flottenverein?"
„Ja."
„Sagen Sie, warum baut Deutschland sein mächtige Flotte? Doch nur, um England zu schlagen und dann wird Indien deutsch werden; nicht wahr?"

Ich lachte; „Indien ist schön, aber haben Sie keine Sorge. — Übrigens, Engländer und Deutsche können auch gute Freunde sein." Nach heftigem Händeschütteln überreichte er mir seine Visitenkarte mit dem harmlosen Hinzufügen, ich möge ihm doch die Freimarken aller deutschen Staaten senden, er sei leidenschaftlicher Sammler; ich stellte ihm eine Sendung in Aussicht und verabschiedete mich.

Nun kletterte ich schnell wieder zu Freund Pfeil in den Wagen. Ein mächtiges Tor der Stadtmauer erinnerte an die Tore befestigter deutscher Städte und Burgen des Mittelalters. Zuerst durchfuhren wir das tiefe Gewölbe des Haupteingangs, dann öffnete sich der zinnengekrönte innere Verteidigungshof, in dessen jenseitiger linken Ecke ein zweites Tor auf die Hauptstraße der Stadt mündete.

Was ist das für eine merkwürdige Stadt, dieses Jaipur! Alle Häuser sind hellrosa getüncht und mit weißen Blumen- oder Linienornamenten bemalt. Zuweilen unterbrach die zartgrüne Farbe eines schmalen Hauses die lange, rosarote Linie der Straßenfronten. Die Gebäude waren fast alle zweistöckig und mit aufgesetzter, durchbrochener Friesmauer geschmückt. Rechts und links gingen kleine Gäßchen ab, angefüllt mit Verkaufsbuden aller Art.

Das Volk unterschied sich kaum von dem südlicheren Indien. Hindus und Mohamedaner trieben friedlich nebeneinander Handel und die Lenker der Zebukarren saßen genau wie anderwärts auf der Deichsel oder gingen hinten zwischen den Zugtieren und drehten ihnen zur Aneiferung den Schwanz zur Spirale. Die kühlere Witterung dieses Himmelsstriches forderte wärmere Bekleidung und so konnten wir hier anstatt dünner Tücher steppdeckenartige Gewandungen in Form langer Mäntel häufig antreffen.

Wachtmannschaften des Fürsten jagten im tadellosen Reitersitz auf sehr guten Pferden im Trab oder Galopp durch die breiten Straßen. Ihre Uniform ähnelte derjenigen der englischen Sepoys, war aber für ein militärisches Auge mäßig und salopp.

Auf einem hübschen Platz mit Springbrunnen kam uns ein kleiner Junge entgegen und rief lockende Laute in die Luft. Aus allen Richtungen flatterten Tauben heran und umschwirrten den Wagen in solcher Menge, daß sich der Himmel verfinsterte. Der kleine Indier warf ihnen Futterkörner zu und hob dann die Händchen zur Stirn mit den bereden Blicken um „Backschisch".

Wo wird man in Indien nicht angebettelt, frage ich? Immerhin gaben wir dem jungen Futtermeister lieber, als jenem faulen Gesindel vor den Gebetsstätten und Wallfahrtsorten.

Ein kolossales Minareh, schon mehr in Form eines mächtigen Aussichtsturmes, überragte vor uns die gerade Linie einer langen Mauer, „Iswari Minar Swarga Sul", auf deutsch: „die himmeldurchbohrende Säule"; hier befand sich ein Eingang zur Palastanlage des Fürsten. Wir verließen den Wagen und schritten durch das Portal an einer lodbrigen Wache vorüber, die nur im Hinblick auf ihre Steinschloßflinten militärische Würde zu beanspruchen schien.

Ein Angestellter des Maharadscha trat auf uns zu, die Führung zu übernehmen. Dabei hielt er mir, der ich den Photokasten trug, ein Blatt vor die Augen, auf dem geschrieben stand, daß jede photographische Aufnahme innerhalb der Palastmauern verboten. Wie ich hörte, sollen die Bilder und Postkarten der fürstlichen Gebäude und Gärten „im Selbstverlag" des Maharadscha sich befinden. — Eine nette Nebeneinnahme! —

Gleich hinter dem Eingang lag der Exerzierplatz, von den Ständen für etwa 600 Pferden umgeben. Die Tiere standen nur unter einem fortlaufenden Dach auf Sand, durch Flankierbäume getrennt. Über jeder Krippe befand sich eine kleine Nische als Wohnraum für den Wärter des betreffenden Pferdes. Auf den ersten Blick machte dieser fürstliche Marstall einen ziemlich primitiven Eindruck; als wir jedoch die Pferde im einzelnen betrachteten und die Pferdeburschen mit Stolz die Tiere vorführten, änderte sich unsere Ansicht. Obwohl die Zeit kostbar, so konnten wir es uns doch nicht versagen, ein jedes der Pferde zu bewundern. Im Ganzen sahen wir etwa 400 Araber, Australier und indische Pferde, die übrigen begleiteten den Fürsten auf einer Pilgerfahrt. Auf dem Exerzierplatze wälzten sich naßgerittene Pferde an der Leine wohlig im Sande und auf den Dächern flatterten und gurrten hunderte zierlicher Tauben.

Ein schweres Holztor öffnete sich zum eigentlichen Schloßhof, den hohe Mauern älterer Gebäude einfaßten, die wie die Straßenfronten rosarot bemalt waren. Alle überragte der mächtige, siebenstöckige Palast, „der Chandra Mahal". Die eine Hälfte des Platzes nahm eine neuerbaute Festhalle ein, aus weißem Marmor und Mahagonieholz errichtet. Reiche Messingbeschläge bedeckten Fenster und Türen.

Der Chandra Mahal besteht aus hellem Sandstein, jede Fläche ist feingemustert und die vielen Fenster sind zart durchbrochen wie Filigranschmuck. Die drei unteren Stockwerke, im Ganzen höher gehalten als die vier oberen, enthalten die Zenana, den Harem. Hier führen 400—500 weibliche Wesen ein Leben der Blume, die im Verborgenen blüht und — verwelkt.

Die oberen Plattformen und Stockwerke scheinen mehr als Hallen und Lustwandelgänge zu dienen; der schmale letzte Aufbau trägt noch einen reizenden Steinpavillon mit zierlichen Kuppeln und goldblitzenden Knaufspitzen. Hohe Laternen erleuchten die Plattformen, Höfe und Gärten bei Nacht.

Eine große Säulenhalle am Rande des Gartens dient als Tempel der Terpsichore, wo der Maharadscha seinen Gästen die besten Tänzerinnen vorführt.

Dicke Teppiche von 8 m Seitenlänge bedeckten die Steinfließen; sie sind von Gefangenen kunstvoll geknotet und lehnten jetzt zusammengerollt in einer Ecke. Von der Decke hingen große Kristallkandelaber herab und an den Seiten standen Schränke mit Überwürfen aus Kaschmir zum Schutz gegen abendliche Kühle, oder waren angefüllt mit Porzellan, Gläsern und Besteken zum Reichen von Erfrischungen. Auf kostbaren Sesseln nehmen der Fürst und seine Gäste Platz; aus tiefen, erhöhten Logen im Hintergrund ist es den Lieblingsfrauen vergönnt, einen Blick hinabzuwerfen in den Kreis der „Herren".

Frau Phantasie, meine erhabene Freundin, geleitet mich zu des Maharadscha Thron. Die Fürsten Indiens erstrahlen ringsum in Seide und Edelsteinen. Und ein Mädchen tanzt.

Sie tanzt, wie sie das Leibchen wiegt!
Wie jedes Glied sich zierlich biegt!
Das ist ein Flattern und ein Schwingen
Um wahrlich aus der Haut zu springen.
Sie tanzt, wenn sie sich wirbelnd dreht
Auf einem Fuß, und stille steht
Am End mit ausgestreckten Armen,
Mag Gott sich meiner Vernunft erbarmen.

Ach, Heine! es war keine indische Tänzerin, die du so glühend besungen! Denn hättest du ein Nautsch Girl gesehen, wie es klirrend von einem Bein aufs andere trippelt und mit herunterhängenden Armen die Hände verrenkt, ich glaube, die Dichterfeder wäre deiner Hand entsunken und du wärest ausgerissen! —

Wir wandelten weiter zum fürstlichen Wagenpark, der 40 bis 50 reichverzierte Karossen enthält. Alle Wagen besaßen Gummireifen mit Ausnahme der Kutsche für die Haremsdamen. Dieser Karren hatte etwa die Form einer Break in idealer Verbindung mit einem Kavallerie-Futterwagen. Am Dach hingen Zeltbahnen, welche bei der Ausfahrt rings um den Wagen heruntergelassen werden; dieses interressante Gefährt kann 20 junge Damen auf einmal fassen und ich nehme wieder erfreut Veranlassung, die Güte indischer Chausseen zu preisen, wenn ich mir vergegenwärtige, daß dieses Vergnügungsfahrzeug — keine Federn besitzt! —

Neben der Wagenhalle lag die Sattelkammer; sie enthielt 50 bis 60 neue, englische Ledersättel und kostbare Schabracken aus blauem und rotem Sammt mit Gold und Edelsteinen besetzt, ein Muster echt indischen Geschmackes für Schönheit der Farben, aber auch orientalischer Prunk- und Verschwendungssucht.

Nach dem Gang durch die dumpfen Kammern voll angehäuften Reichtums war der Anblick des Gartens und der prächtigen, edlen Front des Schlosses eine Erholung. Schwer ist es Worte zu finden, um einen annähernden Begriff davon zu geben. Du stehst stumm vor diesen Erzeugnissen arabischen

Geistes und endlich ringt sich ein Wort über deine Lippen, langsam und leise:

„Ein Märchen!" — — — —

Malerische Bosketts bilden den Park vor dem Palaste. Geradlinig und sich kreuzend führen breite Marmorwege durch den Garten, ein stilvolles Steingeländer grenzt sie gegen die Anpflanzungen ab. Die Mitte der Promenaden nimmt ein breites, flaches Wasserbecken ein, über das schmale Brücken führen. In der Mittellinie des Beckens stehen hohe Laternen und niedere Wasserrohre. Auch die Seiten sind von Laternen begleitet, wie von einer Postenlinie. Grünpatinierte Pfaue mit hochgestelltem Rade schmücken die Lampenkuppeln gleich einer Helmzier.

Von der Brücke des Wasserlaufes, der von der Mitte der Palastfront senkrecht den Garten durchzieht, bot sich ein wundervoller Blick auf das großartige Bauwerk. Welch' klare Anlage und Durchbildung! Welch' prächtige Ausgestaltung und edler Geschmack! Nun hatten wir in Wahrheit eines jener ungeahnten Wunderwerke indisch-islamitischer Kunst vor Augen.

Und wie schön muß es erst sein, wenn alle Wasser springen!? Dann

— — — — geht die wunderschöne
Sultanstochter auf und nieder
Um die Abendzeit am Springbrunn,
Wo die weißen Wasser plätschern . . . . . .

Meine Kamera richtete sich wie von selbst auf das großartige Bild, aber mit dem fürstlichen Wächter war kein Bund zu flechten; sofort hielt er mir den ominösen Wisch vor die Augen: „Verboten!" und zu meinem Leidwesen mußte ich mein Vorhaben unterlassen.

Der pflichttreue Hindu führte uns nun tiefer in den Park zu einem türkischen Pavillon. Üppige Schlinggewächse umspannten die stützenden Eisenrohre, Bastdecken schützten das Innere gegen schönheitsdürftige Sonnenstrahlen. Dort schmiegten sich die schönsten Blumen und Blattpflanzen der Tropen um einen plätschernden Brunnen, zierliches Buschwerk füllte die Wände und Ecken. Niedrige Palmen breiteten schützend ihre Arme über lauschige Ruheplätzchen, geschaffen zum Träumen und Kosen.

Ein brauner Gärtner näherte sich und schob einen kleinen verborgenen Hebel der Wasserleitung zur Seite. Da sprühte wie durch Zauberwerk aus tausend feinen Öffnungen der Gerüstrohre ein nebelzarter Staubregen von allen Seiten auf Blatt und Blüte und kühlte wundervoll die Luft.

Am Ende des Gartens lag die große Audienzhalle „Divani-Khas" aus weißem Marmor. Auch hier bemerkten wir die hochgebauten, tiefen Logen für des Fürsten Frauen. Breite Lüster schwebten über den Sitzen, die Glasfenster ließen durch bunte Scheiben gedämpftes Licht eintreten. Durch diese Fenster gewahrten wir den großen Teich, nach dem uns jetzt unser Führer geleitete. Durch einen Gang gelangten wir ins Freie auf eine schmale Plattform, die schon in den See hineingebaut war und von welcher nach rechts und links einige Stufen zum Wasser führten.

Der Teich grenzte hier den Park ab. Jenseits, hinter einer schattigen Landstraße, erhob sich der zerklüftete, kahle Tiger-Hügel mit seinen Festungsmauern und Türmen; die weißen Mauern eines Zickzackweges stachen scharf ab vom Graurot des Steines.

Der See beherbergte heilige Krokodile und Riesenschildkröten; auf schilfbedeckten Inselchen stolzierten langbeinige Wasservögel, gemütliche Enten kamen eilends herangepaddelt und scharfäugige Bussarde und Krähen kreisten beutegierig zu unsern Häupten.

Der Wächter hatte einige Stücke rohen Fleisches bringen lassen und rief mit fürchterlicher Stimme über den See: „haauuu! hau, haauuu!" Dann warf er kleine Fleischstücke ins Wasser; Die Bussarde erhaschten sie noch in der Luft im Fluge oder griffen sie, dicht über den Wasserspiegel streichend, mit den Fängen. Dann kamen die Schildkröten an die Treppe und verbissen sich in ein Stück Fleisch dergestalt, daß der Hindu sie daran herauswuchten und vor uns auf die Plattform werfen konnte. Unbeholfen purzelten sie dann wieder die Stufen hinunter.

Der Wächter erhob erneut in wahrhaft entsetzlichen Tönen seine Stimme zum Krokodilruf. Diese heiligen Ekel ließen recht lange auf sich warten, denn sie waren erst kurz zuvor gefüttert worden und lagen jetzt satt und faul irgendwo drüben im

Schilf. Endlich verrieten perlende Wasserblasen ihr Nahen. Der Indier schleuderte ein großes Fleischstück entgegen und siehe da, ein scheußlicher, langer Rachen teilte die Wasserfläche, ein breiter Kopf schob sich nach und schnappte den Happen. Dann schwamm das Krokodil langsam und schnaufend davon, der Rachen mit dem roten Fleischbissen ragte noch kurze Zeit über die Fläche, dann sank das Scheusal wieder in die Tiefe wie ein Teufelsspuk. —

Die Elefanten des Maharadscha waren zum größten Teil an der Pilgerfahrt beteiligt, nur zwei alte Knaben fristeten in einem Hofe unweit des alten Observatoriums ein gemächliches Dasein. Als wir bei ihnen vorüberkamen, nahmen ihre Wächter gerade die Elefantenwäsche vor, was wir begreiflicherweise nach unserer gefährlichen Erfahrung im Tempel zu Madura als einen ganz besonderen Glücksfall empfanden. Vielleicht nahmen diese hohen Herren nur Gold? Wir ließen uns, gewitzigt, in keine langen Betrachtungen ein und begaben uns ungesäumt weiter fort. Ich möchte nur bemerken, daß die grauschwarzen Köpfe der Riesen rote, blaue und schwarze Bemalung trugen als Nachahmung prunkhafter Decken. Bei festlichen Umzügen werden die fürstlichen Elefanten reich maskiert mit Teppichen, Bändern und Spitzen.

Als letzte und besondere Sehenswürdigkeit des Schlosses besuchten wir nun die alte Sternwarte; sie ist von Jai Sing II. erbaut, der 1728 die alte Residenz Amber verlassen und Jaipur gegründet hatte.

In dem großen Hof der Sternwarte standen ganz merkwürdige Bauwerke aus Marmor und Messing. Große Hohlkugeln zeigten Linien und Gradeinteilung; Obelisken und schiefe Flächen schienen zur Berechnung der Elevation der Gestirne gedient zu haben, schmale Stufen führten hinauf auf die Zinnen hoher Beobachtungswarten.

Ein eigenartiges Bauwerk veranlaßte uns auf der Heimfahrt noch einmal zu halten; es war der Hawa Mahal, „der Palast der Winde," von Sing II. erbaut. Aus flacher, fünfstöckiger Front waren unzählige kleine, fünfkantige Erkerchen hervorgebaut, die eine oder mehrere Kuppeln trugen. Der halbkreisförmige, obere Abschluß der Frontmauer war gleichfalls besetzt mit kleinen Kuppeln, Spitznäufen und Windfähnchen. Ich brauche kaum hinzuzufügen, daß auch dieser Bau in rosaroten Farben schimmerte und daß weiße Linien alle Konturen begleiteten. Dann taten wir noch einen flüchtigen Blick in die Fürstenschule, wo 1500 Jünglinge aller Religionen unterrichtet werden. Im Schulhofe hingen an den Wänden marmorne Ehrentafeln mit den Namen verdienstvoller Schüler.

Nach ausgiebiger Mittagsruhe fuhren wir zu den Fürstengräbern Chatris. Sie liegen dicht vor der nordöstlichen Stadtmauer in einem Hain. Zuerst ging der Weg durch saubere, malerische Straßen der Stadt. Hindumänner und -Mädchen weilten in ruhigem Genuß des Lebens auf den flachen Dächern unter den Zweigen alter Bo-Bäume. Vor der Stadtmauer entstiegen wir am Fuße des Tiger Hill dem Wagen. Ein holpriger Pfad, von weißen Marmorstücken beschottert, schlängelte sich zwischen hohen Kandelaberkakteen und Fikus-Bäumen am Berg hinauf. „Der Weg führt durch verwilderten Park (auf Schlangen achten!)," so stand in unserm Reiseführer zu lesen. Unsere Hoffnung auf ein Abenteuer mit einer Boa constrictor oder der springenden Brillenschlange erfüllte sich indessen nicht, obgleich wir scharf „auf Schlangen achteten". Sorglos kamen und gingen halbnackte Indier vorüber; unser Reiseführer hatte sich jedenfalls etwas weiß machen lassen.

Durch eine kleine Pforte betraten wir den Campo santo. Auf sauberen Fußwegen und Marmortreppen stiegen wir im stimmungsvollen Park hinauf zu den Gedächtnishallen, welche über den Verbrennungsstätten der Fürsten errichtet. Ausführung und Stil ist von wunderbarer Schönheit, noch gehoben durch die Pracht geschmackvoll geordneter, tropischer Vegetation. Eine Weihe liegt über den Grabstätten, daß man sich scheut, sie durch laute Rede zu stören.

Durch sandigen Hohlweg ging es nach der Stadt zurück. Kaktushecken von ungeahnter Höhe säumten den Weg, 2—3 m hoch. Der Wagen hielt nun vor den Tigerkäfigen. Ein sechsjähriger indischer Königstiger, vor kurzem erst vom Maharadscha auf einem großen Jagdzuge gefangen, brummte und fauchte hinter dem dicken Eisengitter, daß einem Angst und Bange werden konnte. Das Tier schien noch größer und wilder, als der in Madras geschaute Tiger.

Zum Beschluß des Tages besuchten wir den Stadtgarten, „the governements gardens", und die Albrechtshall. Die Anlagen des großen Parks mit ihren breiten, wohlgepflegten Fuß- und Fahrpromenaden, den reizenden Beeten und Bosketts, Ruhebänken und Spielplätzen könnten jeder europäischen Bäderstadt zur Zierde gereichen. Alle Wege führen nach der Mitte zu einem runden Platz mit breiter, erhöhter Plattform, zu welcher Freitreppen hinaufführen. Hier läßt allabendlich die fürstliche Militärkapelle ihre Weisen erklingen, wenn die vornehme Welt sich im Park Stelldichein gibt und drüben auf den Rasenplätzen die Bälle, von eifrigen Jaipur-Jünglingen geschleudert, die Lüfte kreuzen. Gleich einem Kurhaus, — um bei dem Bilde zu bleiben, — bildet die Albrechts-Hall den Hintergrund und Abschluß des Parks. Breite, halbrunde Freitreppen geleiten zunächst zur Terrasse des Gebäudes, das fast ganz aus weißem Marmor im maurisch-indischen Stil gehalten ist. Das Erdgeschoß besteht aus geräumigen Hallen mit zierlichen Säulenfenstern und flachen Spitzbogen. Eine Terrasse, gebildet vom flachen Dache des ersten Stockes, umgibt das zweite, schmälere Stockwerk; seine Seiten werden von geschmackvollen Kuppeltürmen abgeschlossen. Eigenartig wirken bei den Kuppeln die heruntergezogenen vier Enden, als wäre eine Helmkappe jedem der Türme aufgesetzt. Der breite Mittelbau erhebt sich über die Plattform des zweiten Stockes und trägt eine schmucke Halle, auf welche noch ein kleiner Pavillon aufgebaut ist. Er trägt als Krönung des Baues eine große Mittelkuppel und vier kleinere Eckkuppeln. Das Ganze wirkt trotz seiner Breite und Massigkeit elegant und ebenmäßig und muß zu jenen Werken gerechnet werden, welche die ganze Schönheit und Eigenart indisch-islamitischer Baukunst darstellen.

Das Musikkorps sammelte sich gerade, als wir am Kiosk anlangten. Den langen, weißen Rock der Musikanten umgürtete eine blaue Schärpe, darunter lugten blaue Beinkleider hervor, ein blauer Turban bedeckte jedes Haupt. Um die Schultern schmiegte sich in malerischen Falten ein roter Überwurf. Neben kaum 12 jährigen Klarinettenbläsern pustete ein bemostes Haupt die Baßtuba und gar der Paukenschläger erschien uralt in schneeweißem Haar. Die Schar ordnete sich um das niedrige Steingitter, dem verschanzten Lager des Musikmeisters. Dann kam der alte

Dirigent, ein Deutscher, die Stufen herauf im schlichten, grauen Zivil, das Urtyp des deutschen Volksschullehrers, erhob den Taktstock und: rum, bum, rum bidi bum schmetterte ein altpreußischer Marsch an's Ohr der weißen und braunen Schönen und versetzte uns zurück in die Zeiten, da wir weit von hier nach seinen Klängen Parademarsch geübt. Und: „Alle Achtung!" muß ich sagen, die Kapelle war ganz gut. Zwar klangen die Akkorde, aus der Ferne gehört, besser, weil die braunen Bläser es mit den Noten nicht allzugenau nahmen; ein nicht verwöhntes Ohr konnte aber immer noch seine Freude daran haben.

„Auch für die rauhe Brust gibt's Augenblicke,
Wo dunkle Mächte Melodien wecken!" —

Wir nützten die Zeit zur Besichtigung der Alberts-Hall. Während Freund Pfeil sich eingehender dem Studium der Ausstellung indischen Kunstgewerbes hingab, stieg ich von Terrasse zu Terrasse, bis ich endlich den höchsten Punkt des Gebäudes, den kleinen Pavillon, erreicht hatte. Die Aussicht von dort oben auf Jaipur und seine Umgebung ist einzig schön — fremdartig — echt orientalisch.

Während ich auf der Brüstung lehnte und weit hinaussah über Stadt, Berg und Tal der untergehenden Sonne nach, klangen von drüben die altbekannten Melodien aus Carmen herauf und zum Schluß das „God save the King", hier jedenfalls dem Indierfürsten gewidmet.

Schon goß der Mond sein Silberlicht über die herrliche Landschaft, als wir durch den Park zurückfuhren bei gesunder frischer Abendluft.

Nach dem Abendessen sannen und schwatzten wir wie gewöhnlich auf der Veranda im bequemen Stuhl. Heute hatten sich Messer- und Schwertverkäufer um uns eingenistet und schworen bei allen ihren Teufeln, ihre Kunsterzeugnisse seien echt „Jaipur made". Ein Engländer neben uns prüfte mit mißtrauischen Mienen die alten, eingelegten Schwertgriffe und geschwungenen Klingen aus blankem Stahl. Das ungläubige Stirnrunzeln ließ seine Gedanken erraten: „made in Germany". — Wenn auch die deutsche Industrie sich unzähliger Dinge bemächtigt hat, so geht doch die englische Wahnidee so weit, daß nichts auf der Welt mehr echt sein könne, nein, alles kommt aus Deutschland.

Soll ein Kunstwerk alt, zerrissen, abgegriffen, zerbrochen sein: der Deutsche fabriziert es eben auch alt, zerrissen, abgegriffen, zerbrochen. Diese infame deutsche Industrie!

„Vielseitig ist sie, gewandt und geschickt,
Man sieht ihr Walten, wohin man blickt. —"

Seit einigen Jahren grämt sich der Engländer darüber schon frühzeitig graue Haare an.

Die Sonne des 15. Februar hatte kaum ihre Tagesreise begonnen, als wir in bester Stimmung vors Haus traten. Heute wollten wir auf einem richtigen Elefanten nach der alten, verlassenen Ruinenstadt Amber reiten.

Bis zu den Bergen fuhren wir zunächst im Wagen. Zwei klapprige Schimmel zogen den schweren Kasten und der Hindukutscher, ein ausgepichter Tierquäler, prügelte auf die bejahrten Mähren ein, daß wir in sausendem Galopp durch die Stadt jagten. Vor Zorn über den rohen Knecht kam ich kaum dazu, flüchtige Blicke um mich zu werfen. Schließlich wurde ich dem Quälgeist grob. Unausgesetzt war seine Peitsche den Tieren auf Rücken und Flanken gesaust, ich veranlaßte ihn, sein Marterinstrument wegzulegen, aber ohne Erfolg. Entweder begriff er mich nicht oder er konnte seine rohen Triebe nicht bändigen, genug, mein Genuß an der Fahrt wurde wesentlich beeinträchtigt. Nach einer halben Stunde etwa hatten wir so in fliegender Hast die Stelle erreicht, wo der Elefant unserer wartete. Der Treiber saß rittlings auf dem Hals des Tieres, seine Beine lagen hinter den großen Ohren verborgen. Zum Lenken bediente er sich eines kurzen Spießes, mit dem er dem gutmütigen Dickhäuter in eine absichtlich geöffnete Wunde hinter dem rechten Ohr pickte. Das Fell ist ja so dick und fest, daß ein Stich höchstens als angenehmer Kitzel wirken kann.

Eine lange, blaue Schabracke mit gelben Fransen zierte unsern Elefas und ein flacher Holzsitz mit Armlehnen und Fußbrettchen war ihm mit starken Tauen auf den Rücken gesattelt. Nun trottete er auf eine nahe Wiese und ließ sich behutsam auf die Knie nieder, zuerst vorn, dann hinten, indem er auffallenderweise die Hinterbeine nicht unter den Leib anzog, sondern nach hinten ausstreckte.

Trotz dieser erheblichen Erniedrigungen wäre es uns kaum möglich gewesen, den Sitz zu erklimmen, wenn nicht ein Junge mit fünfsprossiger Leiter geholfen hätte. Freund Pfeil kletterte kühn über den Sitz hinweg und auf die andere Seite, ich ließ die Beine diesseits herunterbaumeln, d. h. stellte sie auf das schwanke Fußbrettchen und neben mir kauerte Françis mit dem Photokasten im Arm nieder.

Nun: „Go on!"

Ooha! mit einem Ruck stellte sich der Elefant auf die Vorderbeine, da hingen wir nach hinten hinunter, sehr schief, dann hob er die Hinterpartie langsam aber andauernd. „Dös woar jetzt nöt übüi!" sagte Freund Pfeil in Erinnerung an seinen Münchener Leibbartkratzer Michel Neuber, als wir wohlbehalten 3 m über dem Erdboden angelangt waren.

In langausholenden Schritten ging es nun den Berg hinauf; bei jedem Schritt des Kolosses erwachten in mir Empfindungen aus meiner Zeit als Steuermann im Rennboot. Schnell gewöhnten wir uns an diese entschieden neuartig zu nennende Beförderungsart und fühlten uns ganz heimisch und wohlgemut auf dem breiten Sitze.

Auf der Höhe querte die alte, starke Stadtmauer Ambers die Straße; nach Durchschreiten des Tores senkte sich der Weg wieder zu Tal, die Berge traten zurück und wie ein Traumbild lag Amber vor uns in malerischer Schönheit, umrahmt von bergkletternden Mauern und Türmen.

Wahrscheinlich durch Wassermangel gezwungen verließ Jai Sing II. im Jahre 1728 die herrlich gelegene Stadt. Die Volkssage berichtet, der Fürst habe einer Weissagung zufolge seinen alten Sitz aufgegeben, weil Amber 1000 Jahre alt sei und er, um seine Dynastie zu erhalten, eine neue Hauptstadt gründen müsse. Diese Mär gibt zu denken. Einmal läßt sie auf die Macht der indischen Fürsten schließen, die einfach befehlen konnten, eine ganze, reiche Stadt mit ihren Palästen, Tempeln und Häusern zu verlassen; zum andern aber zeugt sie von geringer Kenntnis der Vergangenheit, denn Amber war zu jener Zeit schon mindestens 2000 Jahre alt, da schon die Griechen Alexanders des Großen seine Pracht rühmten.

Zuerst fiel unser Blick auf den mächtigen Palast, der drüben auf steilem Berghang im weißen Marmorglanze auftaucht. Ein großer, künstlicher See füllt die Talsohle unterhalb des

Schlosses, Enten beleben den glatten Wasserspiegel und Reiher bewohnen das Schilfgestade. Auf einer kleinen Insel grünen noch Baum und Hecke eines Lustgartens; Fußpfade, Marmorstufen und Säulen lassen vergangene Schönheit ahnen.

In einem Vorhof am Fuße des Schloßberges ließ sich unser Reitriese auf die Kniee nieder und versetzte uns dabei wieder in halsbrecherische Situationen. Glücklich auf die Beine gelangt, wandelten wir unter Führung eines Schloßhüters durch einen schönen, hochblätterigen Garten nach den Bädern. Reizende Kioske mit Steingitterfenstern und Kuppeln im edelsten maurischen Stil lagen zur Rechten im Grünen.

Die Bäder boten allen erdenklichen Luxus. Der ganze Bau war außen und innen in Marmor aufgeführt, auf kleinen Stufen stieg man in die Marmorbecken hinab und konnte warme und kalte Bäder nehmen, sogar auch Dampfbäder.

Auf einem steilen, glatten Marmorpfad erstiegen wir den Berg mit wechselndem Blick auf Stadt und Schloß. Senkrecht steigen die starken Mauern der Palastfront zur Höhe, gekrönt von säulengeschmückten Terrassen und Altanen.

Vom oberen Schloßhof führte eine Freitreppe hinauf zu den Fürsten- und Frauengemächern. Der letzte muhamedanische Herrscher hielt sich hier 928 Frauen, darunter nur 28 Königinnen, ein Gedanke, der meinen guten Pfeil in tiefes Sinnen stürzte.

Wunderprächtig und geheimnisvoll sind die vielen Gemächer der Zenana. Spiegel- und Steinmosaik bedeckt die Wände; die vergitterten Fenster, von durchbrochenem Marmor in edelsten Spitzenarabesken verschlossen, bieten herrliche Aussicht ins Tal. Auch die Terrassen, von wo die Frauen hinabschauen durften in Hof und Garten, umsäumen hohe Marmormauern, von oben bis unten spitzengleich durchbrochen.

Ich trat an die Stelle, wo einst die schlanken Indierinnen gestanden und hinausgeschaut hatten mit ihren großen, träumerischen Schwarzaugen. Der Marmor war glatt wie Elfenbein, von vielen zarten Frauenhänden berührt, die dort gelehnt.

"Der Sultan lebt in Saus und Braus,
Er wohnt in einem großen Haus
Voll wunderschöner Mägdelein.
Ich möchte doch auch Sultan sein,"

trällerte Freund Pfeil vor sich hin, als wir uns jene Zeiten ausmalten, da diese Räume noch belebt waren .... Vom hohen Balkone schauten wir dann hinaus ins totenstille Tal und hinüber zu den nahen Bergen; scharfpunktiert zeichneten sich die Zinnen der Stadtmauer auf den hellen Himmel. —

Lange standen wir dort und wieder trat meine treue Begleiterin Frau Phantasie zu mir.

Ich sehe aus nördlichen, herben Himmelsstrichen ein weißes Volk herabsteigen in die fruchtbaren, üppigen Täler Indiens. Arier sind es, ein frisches, kräftiges Naturvolk. Seine Herden treibt es vor sich her wie eine Flutwelle. Den stammverwandten Germanen stehen sie nicht fern, tüchtige Zecher sind sie; den berauschenden Soma-Trank verkörpern sie in Göttergestalt. Abends am Feuer singen sie den Hymnus aus der uralten Rigweda:

„Da bringen sie dem Indra Opfer dar,
Da drängen sich die Braten und die Kuchen,
Da sind des Soma voll, die sonst so Kargen."

Wie bei den Germanen, so wohnt auch in ihrem Liede siegbringende Kraft, — ein mannhaftes Volk!

Indiens Sonne bräunt Vater und Sohn tiefer und tiefer und wandelt kriegerischen Geist in träumerisches Dahinbrüten. Eine Priesterpartei kommt auf und erklärt sich selbst als Abkömmlinge Brahmas, des höchsten Gottes. Da entsteht Zank und Streit im Volke; „hie Fürst und Vaterland" — „hie Priester und Jenseits"; das alte, noch immer junge Lied. Da zerreißen bittere Kämpfe das Volk, bis die Fürsten und Edlen unterliegen. Vom Klerus beherrscht, herrschen die Könige. Jahrhunderte schwinden; ihre Spur ist verweht. Dann ward das Volk reif zu neuer Lehre. Buddha tritt auf, der Erleuchtete, der Königssohn Siddharta aus dem Geschlechte der Satja mit dem Beinamen Satjamuni. Neue Glaubenskriege durchtoben das Land. Und auch nach Amber trägt ein Jünger die neuen, höheren Gedanken in seinem Geiste. Die Zeit rinnt dahin. Da sieh! Dort hinten an der Bergkuppe rücken bewehrte, weiße Krieger heran, die Griechen Alexanders des Großen; hell funkelt die Sonne auf ihren Helmen und Lanzen, und wirft ihre Strahlen zurück vom goldprunkenden Harnisch der Führer. Zum ersten Male berühren sich wieder die Brüder einer Rasse; sie sind sich gar fremd geworden. Nun eilt Tschandragupta herbei, ein niederer Hindu, von seinem König schon zum Tode verurteilt, und wirft mit seiner abenteuerlichen Schar den Feind aus dem Lande. Er wird König von Indien. Sein Sohn Windusara knüpft Freundschaftsbund mit den Nachfolgern des großen Alexander. Reiche Kamelkarawanen ziehen von Amber hinaus mit Gold und edlen Steinen. Durch die Straße dort unten naht sich ein Zug fremder Männer; Phönizier sind es und Juden, die nun den Berg ersteigen, dem Fürsten Geschenke darzubringen und Handelsrecht zu heischen. Ihre Erzählungen über Indiens traumhafte Schönheit gilt in der Heimat als Märchen; wer glaubt dort, daß fern am Ende der Welt solch Wunderpracht und Herrlichkeit bestehe? Indier ziehen in langer Karawane bis zu den jenseitigen Gestaden des schwarzen Meeres, nach Vorderasien und Ägypten. Die fromme Legende der Christen flicht auch den Indierfürsten aus Mohrenland in das Dreigestirn der heiligen Könige, die als Sinnbild aller Völker auf Erden kommen, dem neuen Könige der Juden zu huldigen. Was Christus neu den Völkern des Mittelmeers lehrte, war schon längst Glaubensgut der Indier: Liebe zum Nächsten und Erlösung der Bedrückten, um hierdurch nach dem Tode aufzugehen in der Gottheit. Indiens Sittenlehre war mild und rein.

Tausend Jahre vergehen. Drüben über dem Berge in Delhi thront Kaiser Prithwiradscha, der mächtige Herrscher. Traumverloren erstrebt der Hindu Nirwana. Da blitzen dort im Tale wieder Schwerter und Lanzen, und hell in der Sonne funkelt der Halbmond des Moslem. Aber die indischen Mannen ziehen unter ihren Fürsten in tatkräftigem Bunde dem Feinde entgegen und werfen ihn in sieben Schlachten über den Indus zurück. Dann kommt das Jahr 1192 und mit ihm ein neuer Einfall des Islam. Des Hinduvolkes Kraft erlahmt, es sinkt unter das Joch des Halbmondes. Auch in Amber wütet das Schwert der Bekehrung in blutigen Streichen. Dann wird es still im Land, der Moslem verfällt dem Zauber indischer Phantasie. Märchen denken und schaffen die Menschen. Die Bauten entstehen, die uns jetzt umfangen. Die Blüte indischer Jungfrauen erstrebt die Ehre, Gnade zu finden vor den Augen des Fürsten. Festgefügt scheint des Moslem Macht. Da dringt die Kunde herauf, daß weiße, blauäugige Menschen, so weiß und groß gewachsen, wie sie nie geseh'n, von Westen übers Meer gekommen, Verträge abschließen und herrschen wollen. Die nachmaligen Beherrscher des Induslandes, die Briten melden sich. Und so ist es gekommen, daß nach vielem grausigen Blutvergießen heute des weißen Mannes Fuß hier oben steht auf dem Balkone muhamedanischer Frauengemächer.

Frau Phantasie, hab' Dank für das bunte Bild deiner Worte! Selten hast du mir Größeres gezeigt, als heute auf dem Söller des Palastes von Amber, der toten, stillen Stadt. Es war mir, als schlügest du das Buch deiner Schwester Geschichte auf und ließest mich darin lesen.

Der Elefantenheimritt brachte mich wieder ins selbstbewußte Sein zurück. Junge Hindumädchen kamen lächelnd vorüber und sangen frisch und froh in den sonnigen Tag hinein.

Einen letzten Blick noch zurück nach dem alten, schönen Amber, dann ritten wir durch das Mauertor nach Jaipur hinunter, das hell und freundlich vor uns lag im Rahmen seiner Berge und grünen Bäume. Wie gern hätte ich mich vom Elefanten bis vors Gasthaus tragen lassen, statt sehen und hören zu müssen, wie der Rosseschinder die Pferde peinigte. Im rasenden Galopp langten wir am Jaipur Hotel an, packten, nahmen den Mittagsimbiß und schickten uns zur Abreise an. Nach Begleichung der Rechnung kam wie gewöhnlich die gesamte Dienerschaft des Hotels zur herkömmlichen Empfangnahme des Bakschisch, der richtiggehende Löhnungsapell. Da stehen in Reih' und Glied der Stubenboy, der Punkaboy, der Servierboy, der Badeboy und der Nachtwächter. Diese nicht unerhebliche Mehrbelastung des Budgets brachte Freund Pfeil jedesmal in Harnisch. Aber ich traue meinen Augen kaum, da kam auch noch der Koch mit seinem Stabe angetanzt und streckte die Hand her.

Er dachte gar nichts Böses, o nein!
Aber Pfeil schrie: „Raus!" sah finster drein,
Sprang wütend auf, zog die Nase schief,
Grüßte steif und entfernte sich ostentativ.

Der Zug nach Agra ließ geraume Zeit auf sich warten. Wir bummelten auf dem Bahnsteig hin und her zwischen Verwandten und hohen Beamten des Maharadscha und deren Dienern im geblümten, dickgesteppten Kaftan. Unser François hatte im Hotel die Bekanntschaft einer Aja eingeleitet und promenierte mit ihr — verdächtig beseeligt — im Wartesaal. Diese Tatsache wäre an sich nicht wert, im Tagebuch Platz zu finden, wenn nicht aus ihr Folgen entstanden wären, die du, lieber Leser, nachher noch erfahren wirst.

Wie auf jedem indischen Bahnhof, so boten uns auch hier eine Schar Verkäufer ihre indischen Erzeugnisse an. Eine Amerikanerin mit Tochter erstand sich einige Steinkettchen, Freund Pfeil und ich taten desgleichen und so knüpfte sich ein Gespräch mit den Damen an, das sich später fortsetzte, als Pfeil, der glühende Verehrer schöner Frauen, mit rascher Entschlossenheit das Abteil der Grazien erobert hatte. Von der unterhaltsamen Fahrt weiß ich nur noch, daß der Sonnenuntergang besonders schön war, daß wir in Bandikui umsteigen mußten und um ½9 Uhr abends in Agra anlangten.

XVI.

Agra.

„In fernem Land, unnahbar Euren Schritten
Liegt eine Burg, die Mont Salvat genannt;
Ein lichter Tempel stehet dort inmitten
So kostbar, als auf Erden nichts bekannt."
R. Wagner.

Agra! Der Klang deines Namens zaubert den Inbegriff alles Schönen vor meine Augen, den Palast Schah Jahans und jenen „Traum in Marmor", den Tadsch Mahal.

Wir wohnten im Lauries Great Northern Hotel. In dem abendlichen Speisesaal klangen uns von fast allen Tischen deutsche Worte entgegen. Als dann einige Herren sich erhoben, erkannte ich die überlebensgroße Gestalt des Obersten Splinter, der mehrere Jahre in Metz gestanden. Wie er gerade im eifrigen Gespräch im Rauchzimmer in einem Sessel lehnte, trat ich unvermittelt auf ihn zu und sagte: „Guten Abend, Herr Oberst, Metz läßt grüßen!" Zuerst betrachtete der Oberst mich wie einen Geist, dann gab es vergnügtes Erkennen und Händeschütteln; er kam an unsern Tisch und machte uns mit seiner Reisegesellschaft bekannt. 16 deutsche Herren und 2 Damen waren von Triest nach

Bombay gefahren und hatten von nun ab bis Calcutta mit uns fast dieselbe Reise und Zeiteinteilung.

Am nächsten Morgen bemerkte ich den Verlust unseres wertvollen Görtz-Anschützapparates. Zuletzt hatte ihn Francis in Jaipur auf dem Bahnhof getragen. Als wir ihm ins Gewissen redeten, wurde er aschfahl vor Schreck. Jedenfalls hatte Francis in seiner schmerzlichen Gemütsbewegung beim Abschied von der indischen Aja das wertvolle Möbel vergessen. Wir telegraphierten also nach Jaipur, Bandikui und Delhi und ich will gleich vorausschicken, daß am Abend ein Telegramm vom markensammelnden Stationsvorsteher von Jaipur einlief: „Apparat gefunden, nach dort abgesandt". — Am andern Morgen war er glücklich wieder in unsern Händen.

Agra hat mit der englischen Garnison etwa 200 000 Einwohner. Seine Straßen geben ein echt indisch-orientalisches Bild. Jedes Haus hat seinen breiten, gedeckten Balkon mit Säulen und durchbrochenen Steingeländern. Große Sonnensegel überschatten die offenen Verkaufsbuden der Erdgeschosse. Interessant ist das ungezwungene Treiben des Volkes; Kamele, Zebukarren mit großen, plumpen Holzrädern und leichte Fuhrwerke mit kleinen Pferden bespannt, drängen sich durch die Volksmenge.

Am 16. Februar fuhren wir in Begleitung eines Führers zum Fort mit dem Palast Akbarabad. Der große Kaiser Akbar hatte auf einem Hügel am Ufer der Jamna im Jahre 1568 mit dem Bau dieses Prachtwerkes begonnen, Schah Jahan ließ es vollenden.

Eine doppelte Ringmauer aus Rotsandsteinquadern mit Zinnen und Schießscharten türmt sich zur Höhe von 20 m wie ein Cyklopenwall. Im äußeren Toreingang stand die englische Wache in roten Röcken und weißen Tropenhelmen. Kunstvolle Türme springen beiderseits des inneren Tores in den Wallgraben vor als Grabenflankierung. Zierlich gearbeitete Steingeländer umsäumen deren oberes Stockwerk, zwei kleinere, achteckige Kuppeln schauen über die Turmzinnen wie helmbewehrte Wächter. Zwischen beiden flattert der „Union Jack" an hohem Maste.

Auf steiler Fahrstraße erreichten wir den ausgedehnten Forthof. Lange Reihen roter Backsteinkasernen der englischen

Besatzung gähnten in brutaler Nüchternheit zur Linken, rechts strahlte in weißem Marmor der Grabtempel Salaim Chisti und Islam Khans. Eine schlichte Steintafel deckte daneben das Grab eines englischen Generals; vor uns die Perl-Moschee, Moti Masdschid, ein blendend weißer Marmorbau mit Mosaiken aus Edelsteinen, eine Halle von wunderbarer Schönheit. — Neben der Moschee lag die öffentliche Audienzhalle Divan-i-Am, einige Stufen führten dann hinauf zu den Wohnräumen und Gärten des Palastes Schah Jahans.

Auf erhöhter Plattform steht unter freiem Himmel der schwarze Marmorthron, eine mächtige Steinplatte auf wuchtigen Sockeln ruhend, rings umzogen von stilisierten Blattornamenten. Weit reicht der Blick über die Niederung der Jamna und bleibt gefesselt haften, wo drüben in überirdischer Schönheit der lichte Tempel „Tadsch Mahal" erstrahlt. Nach kurzer Ehe war die Gattin Jahans, Mumtaz-i-Mahal, „der Stolz des Palastes" gestorben. Als Wahrzeichen fürstlicher Gattenliebe ließ der Großmogul „das Grab der Kronendame", den „Taj bibi ka Roza" errichten. 20 000 Arbeiter sollen 22 Jahre unter Leitung Austins von Bordeaux daran gearbeitet haben. Als Jahans Sohn Aurangzeb erwachsen war und Jahan begann, für sich selbst ein gleich kostbares Mausoleum dem Tadsch gegenüber errichten zu lassen, erklärte der herrschsüchtige Sohn den Vater für unzurechnungsfähig und setzte ihn gefangen. Wir sahen mit tiefer Bewegung jene enge, niedere Steinkammer, in welcher der edle Fürst fünf Jahre geschmachtet.

Für die Königinnen war die kleine „Nagina-Masjid", Edelstein Moschee genannt, aus weißem Marmor erbaut mit drei formvollendeten Kuppeln und leichten, duftigen Türmchen.

Rechts der Plattform tritt die Mauer des Forts im runden Vorbau zur Jamna vor und trägt den schönsten und zierlichsten Pavillon, den „Samam Burj" oder „Jasmins-Turm", die Wohnung der Favoritin. Wie ein Spitzengewebe umschlingt ein Marmorgeländer den Rundgang. Eingelegte Arabesken, Blumen, Vasen und Vögel aus farbigen Edelsteinen zieren die Mauern, Säulen, Kapitäle und Friese.

Hier weilte täglich Schah Jahan und blickte hinüber nach der Grabstätte seiner geliebtesten Frau. Als er sein Ende nahen fühlte, ließ er sich noch einmal nach seinem Erker tragen und verschied, den brechenden Blick auf den „Tadsch" gerichtet. Jetzt ruht auch er unter jenem Denkmal seiner Liebe. —

Einige Stufen führten hinab zum Anguri-Bag, dem Weingarten. Marmorwege durchziehen die glatte, saftige Rasenfläche, die mit schmalen Bändern aus Rotsandstein belegt ist wie mit einer Spitze. —

Die Längsseite des Gartens begrenzt eine breite Marmorterrasse, in deren Hintergrund sich eine weiße, leichte Halle erhebt, das Bad der Prinzessinnen. Das große Badebecken liegt im Freien auf der Plattform. Aus fünf Röhren sprangen und plätscherten die weißen Wasser über die jungen, braunen Glieder und rieselten dann über zierliche, geschuppte Stufen in ein Becken des Gartens herab. Muschelartige Sitze am Rande des Bades boten Platz für 30 Fürstentöchter. Graziöse Türmchen, strahlende Kupferkuppeln, spinnwebzarte Marmorfenster und feingezackte Rundbogen zierten die Auskleidehalle. —

Ein besonderes Gebäude, der „Shish Mahal", diente als Baderaum der Favoritin. Unter der offenen Vorhalle liegt das Sommerbad, ein kleines Becken mit Springbrunnen und Muschelsitzen mit eingelegtem Rande. Unfaßbar reich und schön ist der eingelegte Schmuck der Wände. Durch ein prächtiges Portal betreten wir die dunkle Halle des Winterbades. Der begleitende Indier entzündet ein dunkelrot leuchtendes Holz und hält es in erhobener Hand — o welche Märchenpracht! Tausendfach werfen Spiegelmosaiken von allen Seiten die roten Strahlen zurück gleich leuchtenden Rubinen. Nie ward dir sinnigere Stätte bereitet, Frau Venus! — Nach einem Rundgang durch den mächtigen alten Palast Akbars sahen wir uns plötzlich von dem hier so fremdartigen Hindustil umgeben. Aurangzeb, der Feind der Hindureligion, hatte nach der Erzählung unseres Führers diese Räume errichten lassen; vielleicht für ein Hinduweib? Dieser grausam, große Mann, der seine Brüder ermorden ließ und den Vater entthronte, unter dem Indien sich zur größten Blüte entfaltete, lebt noch heute im Volksmunde unter dem Namen „Jahangir", d. i. „Herrscher der Welt". —

Auf dem Wege zum Wagen verweilten wir noch am stadtwärtsgewandten Rande des Forts. Ein großartiger Blick auf Agar! Im Vordergrund lag die große Jamna-Moschee, 1644 von Jahan zur Erinnerung an seine Tochter Jahanara erbaut, deren schlichtes Grab wir später in Alt-Delhi besuchten. Wie Perlenschnüre liefen die weißen Marmorkuppeln unzähliger, schlanker Säulentürmchen über die rote Sandsteinmauer des Bethofes, drei mächtige rote Kuppeln deckten das Dach der Moschee, deren Zickzacklinien aus weißem Marmor vor den Augen flimmerten. Weit schweift das Auge über das weiße Meer der Stadt mit ihren flachen Dächern, Kuppeln und Minarehs.

Unser Weg ging am Ufer der Jamna entlang. Der Fluß führte wenig Wasser. Auf den Sandbänken bleichten lange Leinwandstreifen, Kuhherden durchwateten an seichter Stelle das Flußbett. — Auf einer Pontonbrücke erreichten wir das jenseitige Ufer und nach wenigen Minuten das prachtvolle Mausoleum „J'timad-ud-daulah"; es liegt in einem Park alter Bäume und besitzt zwar nicht jene Wucht der Massigkeit und Größe, wie andere ähnliche Bauwerke. Aber es besteht ganz aus Marmor und die kunstvolle Arbeit der Spitzenfenster und Geländer, der sinnreichen Mosaiken an Türmen und Wänden und der harmonische Aufbau stellen ein Kunstwerk ersten Ranges dar. Das Ganze ist ein Gedicht! — Seine Gewölbe enthalten sieben Gräber; in der Mitte steht der prächtige Sarkophag des Vesiers Ghiyas Beg, des Schwiegervaters Jahangirs.

Am frühen Nachmittag fuhren wir hinaus nach Sikandarah, dem Grabe des Kaisers Akbar und seiner christlichen Gemahlin Begum Mirjam, einer Afghanin. Nach dreiviertel Stunden hielt der Wagen vor dem großen Eingangstor zum Park, das mit seinen zwei hohen Stockwerken, Hallen und Minarehs schon allein ein Prachtbau ist. Das Mausoleum liegt in dem breiten, offenen Park so weit zurückgebaut, daß man vom Portal aus seine ganze Schönheit mit einem Blick umfassen muß. Auf der Terrasse des wuchtigen Unterstockes stiegen vier säulengetragene, immer schmaler werdende Stockwerke empor. Türme mit Kuppeln aus weißem Marmor begrenzten die Ecken. Die oberste Plattform des Grabtempels, der im Ganzen aus Rotsandstein besteht, umgibt eine hohe Mauer aus weißem Marmor, deren Ecken gleichfalls Kuppeln auf schlanken Marmorsäulen tragen. Die ganze obere Front der Mauer wird von durchbrochenen Fenstern ausgefüllt. Hier oben steht der weiße Marmor-

Kenotaph genau über der Stelle, wo unten im Kellergewölbe der Sarkophag Akbars ruht. Zu Häupten des Kenotaphs steht eine reich bearbeitete Marmorsäule, etwa ein Meter hoch; ihr oberer Rand bildet eine flache Schale. Diese Schale trug einst den größten Diamanten, den Großmogul, der später neugeschliffen unter dem Namen „Koh-i-Noor" bekannt wurde. —

Im Jahre 1739 fiel Nadir Schah in Indien ein. An einem Tage ließ er in dem nahen Dilhi 30 000 Hindus töten und ungeahnte Schätze nach Persien schleppen. Auch der Koh-i-Noor entging ihm nicht.

Ich sah im Geist den verzweifelten Kampf in Sikandarah, sehe die Perser die schmalen, hohen Stufen zur Plattform heraufstürmen und sehe das letzte Häuflein treuer Indier sich um die kleine Säule drängen. — Ich höre Tosen und tobenden Kampf; Blut spritzt auf den blitzenden Stein; röchelnd sinken die Ringenden. Über Toten und Ächzenden kämpfen die Sieger ums blutbesudelte Kleinod. Der Stärkste errafft es mit rasender Kraft und bahnt mit dem Schwert sich den Weg. Alberichs Fluch klang mir ins Ohr: „Wie durch Fluch er mir geriet, verflucht sei dieser Ring." Bange Furcht und zehrende Sorge hafteten hinfort am Koh-i-Noor, dem Stein der Nibelungen, bis er hinter den Stahlwänden des königlichen Schatzes in London verborgen der Menschengier entkam. —

Des großen Kaisers Grabstätte hatte ernste Stimmung ausgelöst, die Ouvertüre zum Besuch des Tadsch Mahal. Auf der Rückfahrt durch die Stadt verweilten wir noch kurz in der Jamna-Moschee. Still und feierlich lag der große Betplatz inmitten der Stadt; seine Mauern trennten uns vom Getriebe des Alltags. 9000 Menschen finden hier Raum. Muselmänner lagen auf blauweißen Gebetsteppichen und hoben die Arme und verbeugten sich nach Mekka. Aber uns zog es magnetisch weiter. —

Nun traten die Häuser der Stadt zurück, weit breitete sich die Ebene der Jamna. Dort am Ufer grünte ein langgedehnter Hain, Palmen und weitverzweigte Äste alter Bäume reckten sich daraus hervor und alle überragte der Tadsch, grandios und doch zart wie ein Hauch auf dem klaren, blauen Grunde des Himmels. —

„Austin von Bordeaux, ein abenteuernder Franzose", so nennen sie heute den Erbauer jenes „Traumes in Marmor";

ich dachte des seltsamen Menschen. Tragikomik des Schicksals! Der Meister war in seiner Heimat der Falschmünzerei angeklagt und nach Italien geflohen. Was mag daran Wahres sein? In Venedig und Florenz fand Austin Beziehungen zu den Meistern italienischer Baukunst und feiner Mosaike. Dann führte ihn sein Schicksal nach dem Lande der Märchen, nach Indien. Er kam nach Delhi, der Blütestätte islamitischer Kunst. Sein reicher Geist nahm das Schönste in sich auf und verarbeitete es in genialen Gedanken: „Was der Künstler ersann, hat ein Engel vergessen," sagt der Indier.

Unter welch' romantischen Umständen mag Austin an den Hof Schah Jahans gelangt sein? —

Der Meister ließ später aus Florenz Künstler nach Agra kommen, welche die feinen Mosaikarbeiten am Tadsch ausführten.

Sein Geist schwebt über seinem Werk und ich fühlte mich im Banne dieses Europäers, der vor 250 Jahren im Vollgenuß unerschöpflicher Mittel, begabt mit genialem Sinn für Formenschönheit und sinnige Pracht der islamitischen Baukunst und den indischen Landen das schönste und edelste Bauwerk geschenkt hat.

Unser Wagen fährt durch das Tor der Karawanserei, die sauber in rotem Sandstein gebaut schon zum Tadsch gehört. Glatter, gepflegter Rasen und schattige Bäume begleiten die Wege.

Nun biegen wir links, ein freier großer Platz öffnet sich und vor uns steht das Portalgebäude, das Eingangstor zum Park des Tadsch. Der Ausruf begeisterter Überraschung verstummt vor der Schönheit dieses Wächters des „Wunders der Welt".

Wir ersteigen die Stufen zur hochgewölbten Torhalle, eine schmale Pforte öffnet sich und wir treten wieder ins Freie.

Nicht im Schlafe habe ich das geträumt,
Hell am Tage sah ich's schön vor mir.

———

Tief ein weißes Haus in grünen Büschen
Und ich gehe ruhigen Gemütes
In die Kühle dieses weißen Hauses
In den Frieden,
Der voll Schönheit wartet, daß wir kommen.

Vom Portal läuft ein Wasserbecken bis vor die Mitte des Tadsch, es ist überbrückt von breiter Terrasse mit einem Wasserbecken und Bänken. Hier weilten wir lange in stillem Betrachten.

Reihen dunkler Zypressen rahmen den Rand des Wassers; Trauer sagen sie. —

Wir erstiegen die Plattform; nie noch ging ich gleichen Kirchgang. Grabesstille umfängt uns und dämmernde Dunkelheit. Hoch in der Kuppel leuchtet das Licht einer kostbaren Ampel wie ein Stern in der Nacht. —

Ein zartes Blumengitterwerk aus Marmor umschließt die Ruhestätten Jahans und Mumtaz-i-Mahals, es ist glatt und fein wie Elfenbein. Liebliche Blumen aus Edelsteinen bedecken die Wände der Sarkophage.

Ein Tempelhüter tritt zu uns, würdig und ruhig; erst leise dann anschwellend singt er einen Dreiklang mit schöner, klarer Stimme. Die Töne einen sich im hohen Kuppelbau und klingen zurück als langsam ersterbender Akkord. Weiße Blüten duften auf den Särgen.

Der Abend naht. Rosiges Licht überzieht den klaren Himmel und gießt zarten Hauch auf die weiße Pracht des Marmors, auf die Kronen der Palmen und Zypressen.

Dann kam der stille Mond und blaue Dämmerung sank auf die Erde. Am großen Torbau wandten wir uns noch einmal zurück. Dunkel lagen die Tiefen des Gartens, aber silberhell schimmerte der weiße Tadsch im magischen Licht des Vollmondes; schwarz fielen schräge Schatten in die Hallen und Säulenkuppeln und schmiegten sich wie ein Schleier um die hohen Gewölbe. Die scharfen Gegensätze des Hell und Dunkel hoben die Schönheit der Plastik zu machtvoller Wirkung. Nichts Schöneres vermag man zu träumen! —

Am nächsten Morgen machten wir noch einmal eine Wallfahrt hinaus zum Tadsch Mahal. Wie an einem goldenen Herbsttage strahlte die Sonne in den kühlen Morgen und schenkte uns den Anblick des lichten Tempels in neuer, frischer Schönheit. Theoretische Betrachtungen Gelehrter an grünen Tischen, die den Tadsch nie gesehen und natürlich auch an ihm zu mäkeln wissen, konnten uns nicht zweifeln machen, daß wir hier vor uns den edelsten Prachtbau Indiens sahen. — Nur den Tadsch selbst sehen kann jenes überwältigende Empfinden verstehen lassen, das uns bei seinem Anblick überkam und noch in der Erinnerung beherrscht.

Die nachfolgenden kurzen Angaben können lediglich einen Überblick über die Größe und den Gesamteindruck des Tadsch Mahal geben. Die Einzelheiten zu beschreiben und das Werk künstlerisch zu beurteilen übersteigt meine Kräfte.

Der terrassenartige Unterbau des Mausoleums hat eine Breite von etwa 140 m und ist 18 m hoch. Und doch erscheint er niedrig im Vergleich zum Ganzen, dessen höchster Punkt, der goldene Halbmond auf der Mittelkuppel, fast 100 m über dem Fußpunkt liegt.

Wir ziehen um die weißen Hallen,
Und jede ist geschmückt wie eine Braut.

Blumenarabesken aus farbigen, edlen Steinen begleiten die Kielbogen der Tore und äußeren Hallen, deren Deckenflächen prismengleich gebrochen sind. Hohe Marmorfenster mit zarten Spitzenmustern dämpfen die Innenräume gegen das helle Licht des Tages. Zierlich schmiegen sich schmale, schlanke Säulentürmchen in wechselnder Höhe den Linien des Baues an. Vier hohe, achteckige Kuppelhallen auf dem flachen Dach leiten das Auge hinauf zur mächtigen, den Bau beherrschenden Mittelkuppel.

In jeder Ecke der viereckigen Terrasse erhebt sich ein riesiges Minareh bis zur Mittelhöhe der Hauptkuppel. Zierliche, säulengetragene Kuppeln mit blitzenden Spitzen krönen die schlanken Türme. So unvermittelt diese Minarehs der Plattform entsprossen, so wirksam bilden sie den Rahmen zu dem massigen Hauptgebäude, und erst durch deren Einfügung erhält der Bau seine ganze Harmonie.

Neben der ruhigen, weißen Majestät des Mausoleums wirken die offenen Seitenmoscheen in ihrer geschmackvollen Mischung von Rotsandstein, weißem Marmor und farbigen Mosaiken warm und lebhaft. Ihre Front ist zum Grabgebäude gerichtet; den maurischen Rundbogen des hohen Mittelportals begleiten Blumenmosaiken und die graden Linien weißen Marmors.

Schlanke Türmchen, aus Rotsandstein und Marmor geschichtet, folgen den Randlinien des Mitteltores und der kleineren Seitenportale. Alle vier Seiten der Moscheen werden von achteckigen Türmen mit Kuppelpavillon abgeschlossen. Auf dem flachen Dach ruhen zwei kleinere Kuppeln, in deren Mitte eine große Kuppel aus weißem Marmor thront. Auch das Innere zeigt edlen, eingelegten Wandschmuck.

Die Umfassungsmauer des ganzen Parks besteht aus Rotsandstein und trägt, wie auch die Wand der Tadsch-Terrasse, die Formen des maurischen Torbogens in Basrelief als Schmuck. An ihren vier Ecken, mit dem Portalgebäude und den Seitenmoscheen durch Anbauten verbunden, erheben sich niedere, massige Türme, deren Plattform luftige Säulenhallen mit Marmorkuppeln tragen.

Es bedarf kaum der Erwähnung, daß der Tadsch Mahal in vollster Symetrie erbaut ist, so daß er von allen Seiten denselben großartigen Anblick bietet.

Als wir nach Rückkehr in unserm Hotel auf der Veranda ruhend noch einmal all die Schönheiten der Bauwerke Agras überdachten, näherte sich ein Hindumädchen, dem alsbald sein Vater und dann die Mutter nachfolgten. Ohne lange Vorrede begann der Indier ein Tamburin zu schlagen und mit der Zungengeläufigkeit einer Elster monotone Verse herabzusingen. Dazu tanzte das Mädchen jenen indischen Tanz, unter dessen Bewegungen ein Europäer sich so gut wie nichts vorzustellen vermag.

Dann trat die Frau vor, zeigte eine Nähnadel und Zwirn, steckte die Nadel zwischen die Zehen des linken, den Zwirn zwischen die des rechten Fußes und beugte sich stehend so weit zurück, daß sie mit dem Kopfe zwischen den Knieen wieder hervorkam, und so die Füße sehen konnte. In dieser ziemlich ungewöhnlichen Haltung fädelte sie mit den Zehen den Faden in das Nadelöhr ein.

Reichliche Spende lohnte die Gaukler, aber das Gefühl der Zufriedenheit kennt der Indier nicht.

Freund Pfeils Herz fiel bei solch traurigen Erfahrungen stets in tiefen Gram, der sich nun auch noch verstärkte, als zum Abschied die lustige Schar der Diener antrat, unter denen der Nachtwächter und Koch auch nicht fehlten. „Sie kann betteln!" sagt stolz der Zigeunervater zum Freier seiner Tochter; sollte man bei dieser bezeichnenden Tatsache noch daran zweifeln, daß die Zigeuner aus Indien stammen? —

Um $\frac{1}{2}$3 Uhr nachmittags sollte unser Zug von Agra nach Delhi abfahren; er hatte fast eine Stunde Verspätung; das kam aber selten vor und hatte nichts zu bedeuten. Denn wenn auch England seit 1890 sein indisches Eisenbahnnetz um das zehnfache vergrößert und damit ganz Indien reichlich mit Schienenwegen versehen hat, so ist der Verkehr doch nicht mit dem europäischer Kulturzentren zu vergleichen.

Auf dem Bahnsteig warteten mit uns weiße Soldaten des englischen Berkshire-Regiments und eingeborene Unteroffiziere eines Kavallerie-Regiments, große, kräftige Gestalten aus Nord-Indien, mit dichten schwarzen Vollbärten; sie trugen roten Turban mit Goldtressen und sauberen Kakhianzug, weiße Gamaschen und Schnürschuhe mit Anschnallsporen, dazu riesige Säbel am braunen Ledergurt. Ausgesprochene Würde lag in ihrem Wesen.

Ein junger Herr und seine Gattin fielen uns auf. Das konnten nur Deutsche sein nach Gesichtsschnitt und dem offenen, ehrlichen Blick, mit dem sie die Welt ansahen. Auf ihren Koffern waren unschwer die großen Lettern des Namens „Dr. Sievers" zu entdecken, und der freundliche Zufall führte uns nachher in ein gemeinsames Wagenabteil. —

Dr. Sievers befand sich seit sieben Monaten auf einer Studienreise um die Erde und stand im Begriffe, Lahore zu besuchen. Er erzählte, wie in China sein Photokasten zunächst eingefroren und sich dann in südlicher Hitze verzogen, daß man ihn nicht mehr öffnen konnte. Ein teurer Kodak mußte ihn ersetzen. Vorzügliche Bilder dankte Herr Sievers diesem neuen Apparat, der unter der Sonne des Äquators ebenso zuverlässig blieb, wie an den Schneehängen des Himalaja. Dieser Umstand ist interessant genug, um ihn zu erwähnen als Bestärkung des Rates, auf derartige Reisen nur das Beste mitzunehmen. —

Nach vortrefflichem Abendessen im Speisewagen kamen wir gegen ½10 Uhr in Delhi an.

XVII.

Delhi

„ — neues Leben blüht aus den Ruinen."

Ein Blick auf die Landkarte Indiens läßt die wichtige strategische Lage Delhis am westlichen Eingangstor Indiens zwischen dem Meer und Gebirge erkennen. Im Laufe der Jahrhunderte ist diese Stadt sechsmal von eindringenden Eroberern zerstört worden, und jedesmal bauten die Fremdlinge neben den alten Trümmern eine neue Stadt auf. Das heutige Delhi ist demnach die siebte Stadt, in deren südlicher Verlängerung sich Indrapat, die Trümmerstätte Alt-Delhis, in langer, fast gerader Linie anschließt. Jeder dieser Steine könnte erzählen von blühendem, frohen Leben, von Krieg und Plünderung.

Während heute in Delhi nur zwei Kompagnien britischer Infanterie, eine Halbkompagnie Fußartillerie und je ein eingeborenes Infanterie- und Kavallerie-Regiment stehen, hat das 50 km nordöstlich gelegene Meerut an militärischer Bedeutung erheblich gewonnen. Dort hat England seine stärkste Truppenmacht versammelt, im Ganzen etwa 5000 Mann aller Waffen. Die stets unsichere Gesinnung der kriegerischen Bengalen hat England zu dieser Maßnahme gezwungen. In ruhigen Zeiten findet die militärische Macht Verwendung gegen Stämme im Gebirge, wo England die Landesgrenze langsam aber stetig weiter hinausschiebt.

Am 10. März 1857 brach in Meerut der Sepoy-Aufstand aus. Der innere Beweggrund war im Haß der Muselmanen gegen die fremdgläubigen Herrscher zu suchen. Die äußere Ursache ergab sich aus dem Befehl der englischen Offiziere, die neueingeführten Langgeschosse der Infanterie zum Schutz gegen Nässe mit Schweinetalg einzufetten. Die Moslems als Verächter des Schweines, des „unreinen Tieres", fühlten sich in ihren religiösen Gefühlen aufs tiefste verletzt und meuterten.

Delhi besaß damals keine Schutztruppe. Schon am 11. März überfielen die Aufrührer die wehrlose Stadt und metzelten fast alle Europäer, Mischlinge und christlichen Indier nieder.

Nach langer, verlustreicher Belagerung und Beschießung stürmten dann am 14. September Engländer und treugebliebene Indier die Stadtmauer und das Fort. Beim Sturm fiel General John Nicolson. 3837 Offiziere und Mannschaften waren vor Delhi geblieben. — Die Belagerung von Cownpur und Lucknow, wo an einem Tage 446 englische Soldaten, Frauen und Kinder ermordet worden waren, forderten ähnliche Opfer. Wir Deutsche sollten uns dessen erinnern, wenn über unsere Kolonialkriege gejammert wird!

Das moderne Delhi ist eine schöne, rein orientalische Stadt mit breiten Straßen und großen Gebäuden, gepflegten Plätzen und Anlagen. Elektrische Bogenlampen in den Hauptstraßen zeugen von neuzeitlichem Geiste. Unser „Maidens Metropolitan-Hotel" lag unweit des nördlichen Stadttores etwa an jener Stelle, von wo 1857 eine Mörserbatterie das Kashmir-Gate unter Feuer genommen hatte.

Am Morgen des 18. Februar besuchten wir zunächst das Fort. Der Weg hatte uns durch das Kashmir-Tor geführt, das noch alle Spuren der Beschießung trug. Die klaffenden Lücken in den Zinnen und breite, tiefe Kugelspuren in den Wänden des Tores und der Stadtmauer reden noch heute deutlich und warnend zu dem heranwachsenden Indiergeschlecht.

Vor dem Lahore-Tor des Forts verließen wir den Wagen. Das Festungswerk wurde 1637 von Schah Jahan auf einer Anhöhe am Ufer der Jamna im Bau begonnen. Anlage und Stil erinnert naturgemäß stark an das Fort in Agra.

Nach dem Großmogul wird übrigens noch heute Delhi im Volke Schahjahanabad genannt.

Im Innern des Forts fällt der Blick zuerst und vornehmlich auf die Infanterie-Baracken zur Linken und Magazine zur Rechten. Eine dürftige Grasnarbe deckt die öde Fläche der Höfe, und stille Schwermut lastet auf diesem Erdenfleckchen.

Um so seltsamer werden wir berührt, wenn uns der Führer in das erste Gebäude Nakkar Khana, die Musikhalle geleitet. Freude empfing einst den Gast, Schwermut scheuchend. Wie ist alles so anders geworden! — Hinter der Nakkar Khana folgt die öffentliche Audienzhalle Diwan-i-Am; wundervolle Überreste eingelegten Mauerschmucks sind noch erhalten. Die Bildnisse von Vögeln, Vasen und Blumen bestanden aus edlen Steinen. Während der Kriege wurden sie aus den Wänden gebrochen und als Trophäen weggeführt oder gestohlen, was in diesem Falle dasselbe besagen will.

Als nächstes Gebäude betraten wir die Privataudienzhalle Diwan-i-Khas, ein Raum von höchster Schönheit mit Mosaiken aus Edelsteinen, vier vergoldeten Marmorkuppeln und der Inschrift:

„Und gibt es ein Eden der Wonnen auf Erden —
Du findest es hier! — und nur hier kann's Dir werden!"

Einst war die Decke mit reinem Silber ausgelegt; es ist gestohlen! Auf der breiten Marmorplattform inmitten der Halle stand früher der berühmte Pfauenthron, von solidem Gold mit Edelsteinen übersäet. Nadir Schah ließ ihn 1739 mit dem Koh-i-Noor nach Persien schleppen, wo er noch heute in Teheran dem Perserschah als Thronsitz dient!! Der Nachfolger Schah Jahans ließ eine notdürftige Nachahmung des Pfauenthrones herstellen — auch gestohlen!!! Nur die Waage der Gerechtigkeit, aus edlen Steinen in die Wand hinter dem leeren Platz des Thrones eingelegt, blieb unberührt.

Die Gebäude zur Linken enthielten die Zenana mit dem türkischen Bade Saman Burj.

Gut erhalten ist noch die liebliche, kleine Perlmoschee mit ihren Goldkuppeln und einem kunstvollen Bronzetor.

Suchenden Auges durchstreiften wir das Fort, aber was sich uns noch bot, trug das Zeichen von Verwüstung und Verfall.

Wenn wir auch in Agra die unberührte, vollkommene Schönheit der Palastbauten Jahans kennen gelernt hatten und uns nun in dem zerstörten Delhi ein Bild einstiger Herrlichkeit zu schaffen vermochten, so blieb doch der Eindruck weit hinter dem in Agra Geschauten zurück. — Wir hätten besser getan, Agra nach Delhi zu sehen. —

Der Wagen war gefolgt und brachte uns durch das Delhi-Tor zur Stadt hinunter nach der Dschama Masdschid. Diese größte und vielleicht auch schönste Moschee der Erde erhebt sich auf einem großen, freien Platz in wuchtiger Massigkeit. Der viereckige Unterbau ist 10 m hoch und mißt 140 m in den Längsseiten. Aus drei Richtungen führen breite Freitreppen zu den Eingangshallen hinauf und hinein zum großen Gebetsplatz, dessen vierte

Seite von der Moschee abgeschlossen wird. Die Portale ähneln dem Eingang zum Park des Tadsch Mahal in ihrer monumentalen Größe und edlen Vollkommenheit.

Drei breite, zwiebelförmige Kuppeln aus weißem Marmor, von schwarzen Längslinien in ihrer schmiegsamen Form begleitet, ruhen auf dem flachen Dach, rechts und links flankiert von kuppelgekrönten Minarchs, die fast 50 m Höhe erreichen. Die sauberen, fein geordneten Linien des roten Sandsteins und weißen Marmors wirken äußerst angenehm und künstlerisch.

Mit Filzschuhen bewaffnet, abenteuerten wir in dem Moslemheiligtum umher. Da fiel unser Auge in eine Ecke auf einen hohen, goldenen Schrein und auf einen Indier, der uns schon von weitem entgegendienerte. Sein rotgefärbter Vollbart überzeugte uns, daß wir einen besonders eifrigen Anhänger des Propheten vor uns hatten. Wir gingen also näher und der Muselmann öffnete den Schrein. Frauen und Kinder umringten uns.

Nun zeigte der Rotbart einige schmale Palmblätter mit Inschriften; es seien echte alte Schriften aus dem Koran, von Mekka, sagte er. Dann entnahm er dem Schrein einen großen flachen Stein, welcher eine überlebensgroße Fußspur zeigte: ein Fußabdruck Muhammeds. Und dann holte er ein kleines Kästchen hervor; es trug einen Glasdeckel. Als wir suchend hineinschauten, entdeckten wir nichts als ein rotes Haar, das mit einem Wachsklümpchen an die Innenseite des Glasdeckels geklebt war. — O Wanderer, es ist ein Haar aus dem Barte des Propheten!

Weihevoll strich der Wächter mit den Fingerspitzen über die heilige Fußspur und den Glasdeckel und berührte dann Kinn und Wangen der herandrängenden Kinder und Weiber. „Bakschisch" war der Endzweck dieses Manövers.

An jedem Freitag um ein Uhr füllen viele Tausende die Jamma-Moschee zur Gebetsstunde. Eine hohe Tuchwand trennt dann das hintere Viertel des Hofes ab, hier weilen die Frauen. Die Zahl der Kirchengänger steht also im umgekehrten Verhältnis zu Europa, wo die Frau den Hauptbestandteil der Kirchenbesucher zu bilden pflegt. Ich glaube, diese Erscheinung darauf zurückführen zu dürfen, daß einerseits die Frau in Indien weit mehr zu arbeiten hat als der Mann und somit nicht abkömmlich ist, andererseits überwiegt aber die Anzahl der Männer die der Frauen. Wird dem Eingeborenen eine Tochter geboren, so seufzt er schmerzergeben: „Es gibt keinen Schutz und keine Macht außer beim erhabenen Gott!" und überläßt manch' Töchterlein einem frühen Tode. —

Von der Höhe der Portale übersahen wir das Leben und Treiben unter uns. Kamele zogen vorüber in der Glut des Mittags und drüben marschierten unter schattigem Baumgange englische Soldaten bei den Klängen zweier Dudelsäcke und Trommeln. Einige trugen die Gewehre verkehrt auf der Schulter, den Kolben nach oben. Das hätte mein alter Feldwebel Fredrichs sehen sollen! Wie oft sagte er meinen braven Germanenrekruten ins Ohr: „Dein Gewehr ist keine Mistgabel, mein Lieber!!! —

Delhi liegt etwa 700 km nördlich des Wendekreises, also schon im gemäßigten Klima. Die Kleidung ist daher wärmer als im Süden. Meistens tragen die Eingeborenen hier Schnabelschuhe, enge Beinkleider, die sich über dem Knie nach oben erweitern, lange gesteppte Röcke und Turban oder flache, runde Mützchen. Wir hatten die weißen Tropenanzüge mit europäischer Gewandung vertauscht und wurden sogar bei längerer Wagenfahrt unserer warmen Wintermäntel froh. So konnten wir es endlich wieder wagen, am Nachmittag einen Bummel zu Fuß zu unternehmen. Man sieht eingehender und daher wohl auch mehr als im Wagen.

Am Ausgang des Hotels machte ein Indier mit äußerst spitzbübischen Augen seine Verbeugungen und lud uns ein, „das türkische Bad" zu besuchen. Wir hatten von dieser Einrichtung noch nichts gehört und fanden uns durch diesen fragwürdigen Gesellen auch nicht besonders ermutigt, es anzusehen. Vielmehr beschlich Argwohn unser Herz; wir ließen den Abgesandten also stehen.

Aus dem nahen Park des englischen Klubs schmetterten die Klänge einer Regimentsmusik herüber, als wir die hübschen Anlagen vor dem Kashmir-Tor querten, wo 1909 der Vizekönig Lords Minto das Denkmal für General Nicolson enthüllt hatte. Jenseits der Chaussee spielten Eingeborene Fußball auf einer großen Wiesenfläche vor den Stadtglacis. Unzählige Nichtstuer saßen auf den nahen Wällen und ergötzten sich am wechselnden Gang der Spiele. Solch ein Indier führt ein Dasein, wie ein Millionär, der sich zur Ruhe gesetzt. Ein Drang nach Verbesserung der Daseinsformen scheint dem Hindu fremd zu sein. Seine wahre Lebensfreude besteht aus Heiraten und ausgiebigem Nichtstun. Wenn er ein viertel Jahr lang möglichst mühelos sich ein Kleines verdient hat, durchbummelt er damit nach Kräften den Rest des Jahres. —

Auf eiserner Brücke überschritten wir den Bahnkörper und kamen nach wenigen Minuten in den Queens-Garten, einen großen, öffentlichen Volksgarten mit alten Bäumen und hübschen Beeten. Eine kurze Straße führte dann auf die Hauptverkehrsader der Stadt, die Silver-Street; sie läuft gradlinig vom Lahore-Tor des Forts nach dem 2 km entfernten Lahore-Tor der Stadtmauer. Der Länge nach wird sie von einem breiten Fußsteig mit hohen, schattenspendenden Bäumen durchzogen und beiderseits von einer Straßenbahn begleitet.

Wo der Weg von den Queen-Gardens auf die Silver-Street mündet, erhebt sich auf kleinem Freiplatz ein maurischer Brunnen mit zierlicher Kuppel und Gitterfenstern, schräg gegenüber liegt die Sonahri Masjid, die „goldene Moschee", ein äußerst feiner Bau mit goldenen Kuppeln und geschmackvollen Zinnen.

Ein Heidenlärm von Pauken, Trompeten und Klarinetten näherte sich vom Fort. Zuerst erschien die liebe Straßenjugend tanzend und lärmend, dann etwa zehn Musikanten — o schönes Wort, wie ist dein Sinn so dehnbar! — Dann mit neugiererregendem Abstand ein Hochzeitszug.

Die vordersten Männer trugen eigenartige Zierstücke in den Händen, an hoher Stange runde große Hohlspiegel, die mit bunten Glasstücken strahlenförmig ausgelegt waren. Diese Strahlen setzten sich als kleine Spitzen nach außen fort, die Darstellung leuchtender Sonnen des Glücks und Reichtums. Prunkvoll aufgeschirrte, edle Pferde folgten, von Sklaven geführt.

Nun erschien der Bräutigam zu Pferde. Sein weißseidenes Festgewand strahlte von Gold und Steinen, den mächtigen Turban schmückte eine kostbare Agraffe und unzählige bunte Bänder hingen von ihm herab, daß sie das Haupt des Glücklichen wie ein undurchdringlicher Vorhang verbargen. Eine farbenprächtige, reichgestickte Schabracke deckte den Sattel und reichte in langen Enden fast bis zur Erde; das Zaumzeug blitzte von Gold und Edelsteinen in der Sonne.

Der Jüngling schien nach seiner Gestalt etwa 20 Jahre alt zu sein. Seine Freunde folgten in festlichem Putz zu Pferde und eine Gruppe der Sonnenträger beendete den Zug.

Der Bräutigam begibt sich auf diese Weise zum Hause seiner Braut; dort folgt dann Schmaus, Tanz und Musik bis zur Nacht.

Langsam folgten wir dem Zuge; nun mischten sich die Klänge einer ähnlichen Musik mit den Pauken und Trompeten, ein anderer Hochzeitszug kam uns entgegen. Da dicht vor uns eine Stockung eintrat, ergriffen die Trommler und Bläser die schöne Gelegenheit an der Stirnlocke, d. h. sie tanzten mit ohrenbetäubendem Lärm um uns einsame Europäer herum, bis wir uns „losgekauft" hatten.

Der Bräutigam des zweiten Zuges war nicht älter als sieben Jahre; ein rundes, goldgesticktes Käppchen schmückte sein jugendliches Haupt, im übrigen trug er die herkömmliche Tracht reicher Hindus; auch er saß hoch auf Pferdes Rücken. —

Wir fanden hier ein Beispiel der indischen Kinderheirat. Dieser Zug bewegte sich gleichfalls zum Hause der Braut, eines fünf bis sechsjährigen Mädelchens. Es wäre nun ein Irrtum, anzunehmen, die Kinder begönnen schon eigenen Haushalt usw. Die Zeremonie bedeutet lediglich eine Art Verlobung. Die Eltern bestimmen untereinander die eheliche Zusammengehörigkeit ihrer Kinder. Nach der ersten Hochzeitsfeier im Kindesalter sind dann Knabe und Mädchen unauflöslich fürs Leben verbunden. Aber erst nach Erlangung der Reife findet die eigentliche Vermählung als zweite Feier statt. Stirbt der Jüngling vor der zweiten Hochzeit, so wird das Mädchen Witwe und darf keine andere Ehe mehr eingehen. Diese unglücklichen, jungen Wesen werden vielfach ein trauriges Opfer dieser „Sitte"; Jugend und Lebenslust treibt sie auf schiefe Bahn, Familie und Kirche sagt sich dann von ihnen los, und der öffentliche Stand der Bajaderen oder Nautch-girls erhält durch sie seinen Zuwachs. —

Als wir am hohen Glockenturm vorüberschlenderten, begrüßte uns wieder ein Sohn Indiens, der womöglich noch geriebener dreinblickte, wie sein Landsmann vor dem Hotel. Seine

Einladung ging wieder auf das „türkische Bad" hinaus, das in unmittelbarer Nähe lag, ein mehrstöckiges schmuckloses Gebäude, mit altem, dunklen Toreingang. —

„Preisend mit viel schönen Reden" drückte er uns eine gedruckte Einladung in die Hand, deren Inhalt etwa folgendes besagte:

„Indischer Nautch-Tanz."

„Der Unterzeichnete erlaubt sich die Besucher Delhis zu benachrichtigen, daß in der Tanzhalle des Kaiserlichen Türkischen Bades indische Nautch-Tänze angeordnet werden können. Besucher, welche den Tanz zu sehen wünschen, wollen zwei Stunden zuvor Befehl erteilen.

Kosten usw. 30 Mk. für eine Person.

Beeder
Manager."

Auf unsere Frage, weshalb wir „zwei Stunden zuvor" unseren Besuch anzumelden hätten, antwortete der Gauner, er müsse jedesmal in der Nachbarschaft junge Witwen zusammentrommeln, dazu benötige er Zeit: „Übrigens seien die Mädchen schön wie der Mond und besäßen die Grazie eines jungen Elefanten". Freund Pfeil erwiderte ausweichend, wir kämen in Begleitung eines ansässigen Freundes später wieder; das paßte aber dem Braunen nicht; er beteuerte, wir täten weit besser, allein zu erscheinen. Der Argwohn erhielt hierdurch neue Nahrung und von bösen Ahnungen erfüllt, wiesen wir den Versucher energisch ab. —

Erst in Calcutta und sogar in Hinterindien, bis wohin der Ruf dieser Bäder Delhis gedrungen, erfuhren wir Näheres. Danach bedeutet deren Besuch gewiß ein interessantes Erlebnis, wenn auch nur „for gentlemen only". —

Wir folgten dem Zuge einer Seitenstraße, die zur Jamna-Moschee führen mußte. Vor einem Hause hielt ein Wagen, umgeben von vergnügter Volksmenge. Ein junger Indier, offenbar beschwippst, hielt zum Fenster des Wagens heraus Reden aus Volk, hie und da unterbrochen vom frenetischen Jubel der Gassenbuben. Der Orientale ist im Alkoholgenuß durchaus mäßig; erst nach zwei Monaten, weit im Süden, sah ich den zweiten unnüchternen Hindu.

Vor der Jamna-Moschee drängte sich wieder die Volksmenge im Kreise um etwas Sehenswertes. Als wir hinzutraten, öffnete sich sofort der dichte Kreis dieser vielen braunen Menschen und auffordernde Blicke der Nächststehenden baten uns vorzutreten. Wir gingen auch ruhig in den Kreis und genossen nun ein seltsames Schauspiel.

Ein indischer Fakir bildete nämlich den Mittelpunkt des Interesses. Ein Bindfaden gürtete seine Lenden, im übrigen war er „barfuß bis zum Halse". Wie eine Mähne umwallte langes Haar den Kopf, ein verwilderter Bart hing tief auf die Brust; der Mann war behaart wie ein Bär und dünn wie ein Licht.

Der Fakir hatte einen Sandkreis von etwa 3 m Durchmesser um sich gezogen und in dessen Mitte ein kleines Sandhügelchen zusammengescharrt; das war seine „Arena". Dann nahm er uns scharf ins Auge und behielt während der Kunststücke die Front zu uns gewandt, eine Höflichkeit, die jedenfalls in erster Linie dem Geldbeutel galt. Jetzt legte er beide Hände flach auf den Magen, drückte, schob und würgte und — auf einmal war die ganze Magenpartie leer, im Brustkorb verschwunden, nur eine Hautfalte zog sich melancholisch von den Rippen zum Hüftbecken.

Nun würgte er von Neuem, schluckte energisch und riß dann den Mund auf gleich einem viereckigen Schacht. Im Kreise herumgehend, ließ er uns alle in sein Kauwerkzeug blicken. Die Zunge fehlte; fort, unsichtbar, verschluckt!

Darauf setzte er sich auf sein Sandhügelchen, wie ein Schneider, ergriff den einen, dann den andern Fuß und drehte sie nacheinander derart nach innen, daß die Fußsohlen nach oben gewandt, vor der Brust eine ebene Fläche bildeten, jener Stellung ähnlich, die man bei den Statuen des sitzenden Buddha regelmäßig wiederfindet. Zum Schluß stellte er die rechte Hand auf den Sandhügel, stemmte die linke auf die rechte und ging auf den äußeren Sandring einmal im Kreise herum ohne die rechte Hand vom Fleck zu rühren. So kugelte sich zunächst das Handgelenk aus, dann das Ellbogengelenk und schließlich die Schulter. Als er sich wieder erhob, hing der rechte Arm in erbarmungswürdigem Zustande schlaff und senkrecht am Leib herab. Zum Überfluß ließ der Fakir den mißhandelten Arm hin und herbaumeln wie einen Dreschflegel. Nachdem die Zuschauer sich genugsam an diesem Anblick geweidet, renkte er mit kurzem Ruck die Gelenke wieder ein und kam auf uns zu mit der bekannten hohlen Hand; nun kam das größte Wunder, der Indier zeigte sich nämlich mit dem Bakschisch zufrieden! nur blieb mir schleierhaft, wo er das empfangene Geld unterbrachte, am ganzen Leibe trug er keine Tasche.

Der Abend war kühl. Zum ersten Male saßen wir nach dem Essen vor dem lustig flackernden Holzfeuer im gemütlichen Lesezimmer. Aber die kühle Frische wirkte nach der andauernden Hitze der letzten Wochen nerven- und muskelstärkend.

Bei prächtigem Sonnenschein fuhren wir am folgenden Morgen durch das Delhi-Tor hinaus nach den Trümmerfeldern Alt-Delhis.

Bald nach Verlassen der Stadt bog der Kutscher links ab und hielt am Fuße des uralten, dreistöckigen Forts Firozabad; ich kletterte auf das schmale Dach der Ruine und genoß den Rundblick über die Stadt und das weite Trümmerfeld, aus dem Festungswerke, Moscheen und Türme vereinzelt wie Inseln im Meer emportauchten. Den einzigen Halt bot dort oben eine schlanke, viereckige Säule aus rotem Sandstein; sie ist 13 m hoch und zeigt noch deutlich verschnörkelte Inschriften aus dem dritten Jahrhundert vor Christus. Über zweitausend Jahre lang weht der Wind um diese einsame Säule, die „Asoka-Sul".

Zwischen den Ruinen alter Paläste führte unser Weg nach Süden weiter. Schutt und Geröll deckte weithin die Ebene; wirr lagen hier die langen, behauenen Marmorblöcke ehemaliger Treppen und Friese, dort stand noch die Mauer eines Tempels; dürftige Hecken und Dornbäume im graugrünen Kleid ihrer dürren Blätter unterbrachen das trostlose Bild.

Bewegungslos stand ein Kamel am Wege; sein Hüter, ein kleiner, brauner Schlingel, läuft auf einem nahen Ruinenhügel einem Schmetterling nach; er hört unsern Wagen heranrollen, blickt zu uns herunter und entdeckt, wie ich die Kamera erhebe und das Bild festhalte. Wie der Wind war da der Bengel hinter uns her mit dem sieghaften Schrei: „Sahib Baksis!!" Wofür will er denn belohnt sein? fragst du natürlich erstaunt; ja, weil er doch zum Photographieren stand; siehst du, dafür. ———

Steinklopfer saßen dicht gesäet am Wegrand und klopften die Trümmer Indrapats zu Straßenschotter; ich habe zu den Engländern das Vertrauen gewonnen, daß sie Wertvolles nicht unter den Hammer des Steinklopfers kommen lassen; auch gibt es in Deutschland gewiß eine Anzahl Gelehrter, die dort schon jeden Stein zehnmal hin und hergedreht und beurteilt haben. Deutscher Wissenschaft und Gründlichkeit entgeht heute Wertvolles auf Erden so leicht nicht!

Adler und Bussarde kreisten über uns im klaren, blauen Luftmeer, Papageien träumten auf den nahen Bäumen und kleine Eichhörnchen, hellbraun mit schwarzer und weißer Zeichnung und langen buschigen Schwänzen, huschten über die Straßen und Mauern.

Jetzt führt ein Damm von der Fahrstraße hinüber nach dem alten, großen Festungswerk „Indrapasta" oder Puranah Kilah. Arme Hindus haben innerhalb der Mauern ihre Lehmhütten aufgeschlagen und bauen sich spärlichen Kohl. Eine ganze Menge kleiner Kinder sprangen uns entgegen, — scheu sind sie nicht!

Ein kleines aufgewecktes Kerlchen übernahm die Führung. Auf Pfaden, „die nur der Schmuggler und die Gemse kennt", streiften wir hinter dem behenden Wichtelmännchen dahin und sahen uns schließlich vor einer kleinen Mauertür, dem Eingang zum Park des Mausoleums Schahs Humajun.

Ein Tempelhüter öffnete und nahm uns in Empfang; er hielt in der Hand einen Besen, mit dem er die Treppen gereinigt hatte. Park und Mausoleum machten einen sauberen und gepflegten Eindruck. Der Hindu erzählte, wie Schah Humajun dort drüben den Tod fand, als er auf den Stufen einer kleinen Moschee ausglitt auf dem Wege zum Beten. Begum Hadji als untröstliche Witwe ließ dieses großartige Grabmal 1550 beginnen, ihr Sohn es nach 16 jähriger Arbeit vollenden; es zeigt manche Ähnlichkeit des Stils und der Eigenart mit dem Tadsch-Mahal und wird, da 100 Jahre vor jenem erbaut, dem Erbauer des Tadsch, Austin von Bordeaux, bekannt gewesen sein. Humajuns Grab kann daher als der Vorgänger des Tadsch bezeichnet werden. Seine gewaltige Kuppel soll größer sein als die der St. Pauls-Kathedrale in London. Ein echter Engländer wird jedoch diese Behauptung stets bestreiten. —

Auf meine Bitte las der Führer die eingelegten Koransprüche aus der unteren Gebetshalle vor.

„Laillalah, Mohamed jare su lila", heißt jedenfalls: „Allah ist Allah und Mohamed sein Prophet". — Ferner: Ola, u seral binas. Malak in nas, mincherill was wasil, minnen sen athaë mannas, suretaë mussen mat." So klang es mir ans Ohr, ich schrieb schnell mit und las dem Indier zum Vergleichen noch einmal vor. Dem Klang nach scheint es also richtig zu sein. Was es bedeutet, weiß ich leider nicht. — Während Freund Pfeil das Innere des Hauptgebäudes betrachtete, erstieg ich das Dach. — Wieder ein neuer Ausblick auf die nahen Ruinen, die weißleuchtenden Marmorkuppeln zerstreuter Grabmoscheen und in duftiger Ferne auf die rosigschimmernde Kutab Minar, das Riesenminareh im Süden. Leider reichte unsere Zeit nicht aus, dieses interessante Bauwerk noch zu sehen; es ist etwa ums Jahr 1200 erbaut, ist 238 Fuß hoch, unten 47 Fuß, oben noch 9 Fuß breit. —

Im linken Flügel des Erdgeschosses von Humajuns Grab liegt eine kleine Kammer; hierher flüchteten 1837 die Prinzen des letzten Großmoguls Schah Mohamed Bazadur II. von Delhi nach der Erstürmung der Stadt. Die kleine Eingangstür widerstand den verfolgenden Engländern. Kurzer Hand ließ darauf der englische Offizier Hodson die Mauer durchbrechen und knallte dann eigenhändig die Fürstensöhne nieder. Ein Grauen überkam mich bei der Erzählung des schlichten Hindu, der so ruhig und doch drastisch schilderte: „wo Sie stehen, stand der älteste Prinz, hier, wo ich stehe, kam Hodson durch die Öffnung der Mauer herein!" In solchen Augenblicken geht einem manches durch den Sinn; jene Szene malt sich deutlich vor uns aus, die Todesangst der wehrlosen Indierfürsten, die kaltbedächtige Handlungsweise des Engländers, der ohne Befehl im Interesse seines Vaterlandes eine Fürstenfamilie ausrottet und dann — heute! Mit welchen tiefinnersten Empfindungen mag dort der Indier aus dem Volk sich des Meuchelmordes an seinem angestammten Herrscherhaus erinnern?

Nach kurzer Wagenfahrt stiegen wir vor einem großen, zusammenhängenden Gebäude aus. Innerhalb des Tors wandten wir uns links, erstiegen einige Treppen, kamen durch schmale, offene Gänge und sahen uns endlich vor einem tiefen, gemauerten

Badebecken, zu dem etwa 20 Stufen hinunterführten. Eine Säulenhalle umgab den oberen Rand der hohen Mauern und ein breiter Turm mit flacher Kuppel erhob sich an der linken Seite etwa 35 m über den Wasserspiegel. Auf den unteren Stufen saßen Hindus im Gebet vertieft. — Kaum hatten wir die Wandelhalle betreten, als auch schon drei wohlgewachsene Jünglinge und ein kleiner, etwa sechsjähriger Spitzbube hinter uns angelaufen kamen, schön in rote Badehöschen gekleidet, und sich erboten, von der Kuppel des Turms in das dunkle Wasser hinabzuspringen. Da wir ihnen nicht das geringste Hindernis in den Weg legten, sprangen sie fidel davon und erschienen bald wieder auf dem Dach des Turms. Ihre Gestalten hoben sich am hellen Himmel ab wie Statuen aus Bronze. Dann nahm einer nach dem andern kurzen Anlauf und flog im hohen Bogen 35 m hinab in die Tiefe. Der Kleine hüpfte zwar vom oberen Rande des Säulenganges hinunter, immerhin noch aus einer Höhe von mindestens 25 m. Äußerst geschickt wußten sie im Wasser die Heftigkeit des Falles zu hemmen und schossen im Handumdrehen wieder an die Oberfläche. Zitternd und schlotternd vor Kälte kamen sie blauschwarz angelaufen wieder herauf mit jener Handbewegung um „Bakschisch", ohne die man sich einen Indier schon gar nicht mehr vorstellen kann. Ob sie mit dem reichlichen Lohn zufrieden waren? Frage! Natürlich nicht! Aus Gutmütigkeit bekamen sie noch einen Silberling dazu, aber das war ein bitterer Fehler. Denn nun zogen sie uns fast die Haut vom Leibe, ihre Hoffnung und Gier war geweckt, aus diesen „guten Masters" das Doppelte herauszuquälen. — Das ist in Indien oft der Fluch der guten Tat! —

Unweit des Tauchbades liegt in stimmungsvollem Tempelhofe die Grabstätte „Schah Nizzam Uddins", ein Säulenprachtbau mit großer Kuppel und wunderbar fein bearbeitetem Dach; Scharen lautbetender Frauen saßen in der offenen Säulenhalle, vermutlich richtige, alte Witwen. Sie plapperten im wahren Sinn des Wortes wie die Heiden und sangen monoton eine Litanei; 10 bis 15 dieser Wesen „würdig, häuslich, ernst und bieder", bildeten immer einen geschlossenen Kreis. Ohne sich im strömenden Redefluß zu unterbrechen, betrachteten sie uns interessiert, steckten aber gleich wieder die Köpfe zusammen und schienen sich dann gegenseitig zu erhöhter Mundfertigkeit anzueifern. — Ähnliche Erscheinungen findet man nicht nur in Indien......

Ein Jüngling zog meine Blicke von diesem widerlichen Bilde auf sich, ein Mensch von einer Schönheit, des Meißels eines Praxiteles würdig — ein Sproß aus arischer Edelrasse. —

Pilgern folgend fanden wir das nahe Grab des Dichters Koosru, der 1355 gestorben. Immer noch lebt im Volke sein Lied und Name mit dem ehrenden Zusatz: „Nachtigall Indiens"; es ist gewiß für den Hindu bezeichnend und ein freundlicher Zug seines Wesens, daß er noch heute zur Ruhestätte seines Dichters pilgert und sie mit Blumen schmückt. —

Auf der gegenüberliegenden Seite des offenen Tempelhofes umschließt ein einfaches Marmorgitter eine schlichte, kleine Rasenfläche. Ein Stein lehnt an der inneren Schmalseite des Gitters mit folgender arabischen Inschrift:
„Nur Er ist unendlich und ewig!
Lasset kein reiches gewölbtes Dach mein Grab schmücken;
Das Gras ist die schönste Decke für die geistlich arme, demütige, vergängliche
Jahanara Begum,
Der Schülerin des heiligen Chist, Tochter des Kaisers Schah Jahan." —

Prinzessin Jahanara starb 1644 etwa 15 Jahre alt. Schon vor 250 Jahren wußten reisende Engländer von ihrer Schönheit und Güte zu berichten. Wie so manches in Indien, so mutete mich auch dieses schlichte Grab einer edlen Fürstentochter wehmütig an. Die einfachen Worte der Sterbenden, die auf ihren Wunsch allein den Grabstein decken sollten, geben Kunde von dem sanften, starken Gemüt der Indierin und wecken warmes Mitgefühl und Zuneigung. —

Die Zeit reichte noch zum Besuche des Mausoleums „Ali Khan Mansoors"; das Volk nennt den Kalifen auch „Safdar Jang", „der Feinde Zermalmende". Vor 160 Jahren erbaut, sollte das Grabmal die Nachbildung des Tadsch Mahal werden; aber obgleich nur 100 Jahre jünger als der Tadsch zeigt es augenfällig den Niedergang indisch-islamitischer Bauweise. Zwar — hätten wir nicht zuvor den Tadsch schon gesehen, so würde Safdar Jangs Grab immer noch einen großen Eindruck ausgeübt haben;

über dem großen, schweren Bau liegt viel Stimmung, verstärkt durch die Einsamkeit und Stille des Parks mit seinen Wasserbecken und schwarzgrünen Zypressen.

Verschleierte Mohammedanerinnen trugen weiße Blumen zum Sarge. Die Schleier hatten gewöhnlich die Form von Leinensäcken, die weit über die Schultern herabreichten. Viereckige oder runde kleine Öffnungen vor den Augen, mit Gazestoff vergittert, bieten den jungen Damen ein jedenfalls äußerst beschränktes Gesichtsfeld; Kokettieren, Blickewerfen ist einfach ausgeschlossen, — ein trauriges Los. —

In schneller Fahrt fuhren wir durch das Ajmer-Tor nach Delhi zurück.

Vor dem Hotel saßen auf einer Bank am Wege mehrere eingeborene Soldaten; sie sprangen vor uns auf und der Flügelmann salutierte. Nach diesem würdigen Abschluß konnten wir getrost aus Delhi scheiden, und um 5 Uhr nachmittags bestiegen wir den Zug zur Fahrt nach Benares.

XVIII.

Benares.

Im letzten Augenblick vor der Abfahrt stieg ein junger Engländer zu uns ins Abteil ein. Freund Pfeil ging bald in den Zustand der Ruhe über und gab den letzten Erinnerungen Audienz. Zufällig kam der junge Brite, Leutnant bei den Royal Scots mit mir ins Gespräch. Er hatte in Simla sein gebrochenes Bein geheilt und befand sich auf der Reise zu seinem Regiment. Unser neuer Reisegefährte zeigte sich über Deutschlands Wehrmacht gut unterrichtet. Der Ausbau unserer Flotte, das Ringen unserer Industrie und unseres Handels auf dem Weltmarkt, König Eduards Einkreisungsbestrebungen und schließlich jene kritischen Tage im Juni 1905, als Delcassé mit Unterstützung von hunderttausend Engländern uns zu überfallen gedachte, führte zu angeregtem Meinungswechsel. Frische Herzlichkeit und Takt des jungen Engländers ließen ein Gefühl nationaler Feindschaft nicht aufkommen. Nach kurzer Zeit glaubten wir vielmehr uns schon seit Jahren nahe zu stehen, so daß ich heute noch mit ungeteiltem Vergnügen die Skizzen betrachte, welche der englische Stratege in mein Tagebuch zeichnete, eine Landkarte mit schwarzen Vierecken, die Armeen darstellen, und Pfeilstrichen, welche schnurstracks auf Berlin deuten. Um 2 Uhr nachts taten wir auf der Trennungsstation bemerkenswerten Abschiedstrunk. Dann geleitete er mich zum Abteil und wir schüttelten uns die Hände, bis der immer schneller anfahrende Zug uns trennte. Gegen 9 Uhr vormittags kamen wir in Lucknow an, trafen wieder die amerikanischen Damen aus Jaipur, frühstückten mit ihnen in dem Wartesaal und bestiegen um ½10 Uhr den Postzug. Die Fahrt bot wenig Interessantes. Das Ganges-Tal ist teils öde und sandig, teils unabsehbar weit mit Baumwolle bestellt. Die Bewässerung geschieht auch hier wie im südlichen Indien, durch Büffel gezogene Schlauch-Hebewerke. Vereinzelte Palmen, Papageien, Kamele, Wasserbüffel und Zebus wurden als spärliche Abwechslung dankbar begrüßt. Freund Pfeil litt entsetzlich unter Hitze und Eintönigkeit und lehnte gänzlich apatisch in seiner Ecke.

Um ½4 Uhr nachmittags Ankunft in Benares, der heiligsten Stätte der Hindu-Religion, dem „Rom" Indiens. Unsere Erwartungen waren auf das Höchste gestiegen.

Die beiden resoluten Amerikanerinnen stiegen hier ebenfalls aus. Nun kam Leben in Freund Pfeil! Läßt sogar seine zwei Handkoffer in Stich und klettert mit verwegener Entschlossenheit zu den beiden Damen in den engen Kasten einer klapprigen Postkutsche. Ich natürlich auch. — Im Hotel de Paris kein Platz. Die Resoluten fuhren uns voraus in „Clarks Hotel". Wir dirigierten die Gepäckstücke hinterher, erwischten endlich die zwei Amerikanerinnen wieder und erfuhren, daß sie sich aus Platzmangel in einem Bade-Zimmer häuslich niedergelassen hatten. Für uns aber war nicht ein Plätzchen mehr ausfindig zu machen. Freund Pfeils Augen riefen „Grausame"!, jedoch die Damen rieten, wir möchten in einem Bahnwagen übernachten. Der „Stations-Master" fühlte aber kein menschliches Rühren und rückte nichts heraus. — Schließlich strandeten wir im „Dag-Bungalo", einem von der Regierung unterhaltenen Rasthaus. Wir hatten noch nicht das Innere betreten, als auch schon ein alter, indischer Führer und ein stolz bewamster Besitzer eines Gangeskahnes sich zur Stelle meldeten. Ihre Zeugnisse waren gut und wir entwarfen mit ihnen das Programm. Das Rafthaus lag auf einem freien Platz unter alten, riefigen Tamarinden-Bäumen in der Nähe der Artillerie-Kaferne am Nordweft-Tore der Stadt. Auf den Plätzen und Straßenkreuzungen ftanden etwa zwei Meter hohe, behauene Steine, die Lingam. Das englifche Viertel, durch das wir zunächft fuhren, „Sikraul" genannt, ift fauber und freundlich. Es enthält hübfche Villen, Kirchen und Schulen. Dann kamen wir in die eigentliche Stadt, das uralte Banares Waranafe, das fchon im fechften Jahrhundert vor Chriftus der Mittelpunkt der Religion Buddhas war, der hier „zuerft das Rad feiner Lehre drehte". Jetzt ift Benares brahmanifche Hauptkultusftätte des zerftörenden Gottes Sihwa, deffen fchöpferifche Kraft im Lingam verehrt wird. 1194 von Mohammed Ghori eingenommen, verblieb die Stadt 600 Jahre unter mohammedanifcher Herrfchaft. Einzelne Gebieter konnten fich rühmen, ein volles Taufend Tempel eingeäfchert zu haben. Heute zählt die Stadt etwa 250 000 Einwohner und befitzt 1454 Hindutempel und 272 Mofcheen. Dagegen ift Rom mit feinen 365 Kirchen doch ein Waifenknäblein. —

Der Gegenfatz zwifchen diefer Hinduftadt und den ruhig vornehmen Sitzen islamitifcher Kultur im Weften Indiens ift geradezu fchreiend. Hans Meyer fagt von Benares: „Da ift der unfaßbare Wuft bizarrer Häufer und Kirchen. Da find hundert und aber hundert wunderliche Tempel mit Kuppeln, Pagoden, Götzen-Fratzen, Rüffeln, Schnörkeleien mit farbigen, filbernen, kupfernen und goldenen Anhängfeln und Bedachungen. Da find die maffiven, aus dem Strome auffteigenden Paläfte der Prinzen und Radfchas, da tobt und windet fich die endlofe Menfchenmenge aus dem Gewühl enger Gaffen nach dem heiligen Fluffe hin und zurück.... Heilige Stiere wandeln an den Häuferreihen entlang und fetzen die Gemüfekrämer in Schrecken, Affen fitzen auf den Sonnenzelten und Dachgefimfen fchreiend, freffend und fpielend. Unter Tamburin- und Schellen-Begleitung werden Götzen auf Tragbahren herumgefchleppt, feierlichen Aufzügen begegnet man in jeder Straße und ebenfo Kranken, die fich zum Ganges tragen laffen, um im Anblick des heiligen Stromes zu fterben." — Endlich hielt der Führer in Belipur, dem Palaft des Maharadfcha von Vijayanagrum. Den zweiftöckigen, ziemlich einfachen Palaft umgab ein baumleerer Garten.

Taxushecken begleiteten die Wege. Die Sträucher in den Ecken waren künstlich zugestutzt in die Gestalten von Pfauen, Tigern und anderem Getier. Die Innenräume zeigten europäische Ausstattung älteren französischen Stils. Das Bild Napoleons III. fand sich häufig; der König von England hingegen war nur in der eingerahmten Karrikatur eines satyrischen Witzblattes der Erinnerung nahe gerückt.

Der Durga- oder Affentempel ist der finstern Gattin Shiwas geweiht. Früher forderte die Göttin Menschenopfer, heute werden ihr nur Ziegen dargebracht. Diese unschuldigen Tiere im Verein mit einer Affenherde lustwandelten am Eingang des Tempels, wo ein alter Hindu die Tür hütete und mit einer silbernen Platte in der Hand uns Eintrittsgeld abgaunerte. Hohe Mauern und alte Bäume umgaben den innern Tempel, der auf seinen roten Sandsteinen gelbe Ornamente trug. Weite Sonnensegel überschatteten seine Terrasse. Hier hockten wieder alte Weiber im Kreise und schnatterten unentwegt ihre Litaneien. Affen hausten allerwärts auf den Fließen, Dächern und überhängenden Zweigen. Zu meiner Freude tauchte in dem Gewühl die deutsche Reisegesellschaft auf, der ich es gerne verzieh, daß sie uns alle Hotel-Räume vor der Nase weggeschnappt hatte. Pilger und Fakire bettelten uns hartnäckig an, größtenteils nackt mit langem, wildem Haar, das in rotbraunen Locken auf Nacken und Schulter herabwallte. — Wir gingen zu Fuß durch die engen Gassen. Welch ungeheures Menschengewühl! Hübsche offene Verkaufsläden boten in fortlaufender Reihe ihre indischen Erzeugnisse an, hier Kleidung und Schmuck, dort die amphoraähnlichen Wassergefäße zur Aufnahme heiligen Gangeswassers. Drüben saßen Steinschnitzer und fertigten aus Marmor kleine Lingam-Altärchen an, wie wir sie in Großen im Tempel von Tanjore gesehen. Hier stampfte eine Reismühle, mit mächtigen Holzstempeln von zwei kräftigen Hindu gedreht in dumpfen Takt, an anderen Stellen dufteten heilige Tempelblumen neben dem weißen Brei der Betelnuß, und so ging es fort in malerischem Wechsel. Die Straßenbilder sind durch ihre Farbenpracht interessant und eigenartig schön. Leider verdarb die unausgesetzte Bettelei die Laune von Freund Pfeil gänzlich. Gotteslästerliche Verwünschungen auf Indien entströmten seinem gequälten Herzen, während ich mit Hilfe des braven Françis in verschiedenen Läden den glitzernden Schmuck der Hindumädchen einkaufte, vom vielfarbigen steinbesetzten Stirnband, bis zur leise klirrenden Zehenkette. — Bei Einbruch der Dämmerung fuhren wir ins Rasthaus zurück. Unterwegs trugen Männer einen Kranken vorüber zum Ganges, bei Fackelschein kreuzte ein Leichenzug den Weg in derselben Richtung.

Ein biederer alter Hindu verwaltete unser Bungalo. Schicksalergeben überließen wir ihm die Zusammenstellung und Zubereitung des Diners. Freudigste Überraschung! Das Abendessen war lukullisch; Curry und Reis, Eicken und ein Whisky und Soda söhnte uns völlig mit unserer unfreiwilligen Einsamkeit aus. Die Nacht war wundervoll; die flimmernden Sterne verbreiteten mattes Licht und leuchteten durch die zart gefiederten, langen, regungslosen Blätter der Tamarinden. Schwermütige Lieder der englischen Soldaten in den nahen, niedern Baracken mischten sich mit dem Gesang der Grillen. Die Luft war rein als wären wir in einer deutschen Julinacht, aber massenhaft umsummten Moskitos unser Ohr und zwangen uns, den nächtlichen Spaziergang aufzugeben; betrübt schloß ich das Fenster, so gut es eben ging. Françis hatte mit Hilfe des Schlafsackes das Lager gerüstet und dort focht ich noch einen Kampf gegen die blutdürstigen Mücken, bis der Schlaf mich völlig in ihre Gewalt gab. — Um 6 Uhr früh Wecken! Die Blutsauger hatten es noch gütig abgemacht, ihre Angriffe waren zwar von Erfolg begleitet; indes konnten Freund Pfeil und ich noch leidlich aus den Augen schauen und eine Dosis Chinin wappnete uns gegen böse Folgen. — Um 7 Uhr langten wir am heiligen Ganges an, wo der Bootsbesitzer von gestern uns erwartete. Zwei lange, Kähne mit aufgesetzter, erhöhter Plattform bilden eine Art Fähre; Korbsessel standen darauf für uns bereit, Hindu führten die Ruder. Der Ganges ist bei Benares etwa 550—600 Meter breit und wälzt seine braunen Fluten in mittelstarkem Gefälle zu Tal. Steil führen Gassen und Treppen herab zum Fluß. Einige Meter landeinwärts steigen senkrechte Mauern zur Höhe, die Fundamente prächtiger Paläste. Dazwischen drängen sich schmale, schmucklose Häuser und die Pagodentüren unzähliger Hindu-Tempel. Bezeichnend für ihre Gestalt ist die hohe Glocken- oder Pyramidenform, umgeben von einem Kranz schlanker Kegel.

Alle überragt in gewaltiger Größe die Moschee des Aurangzeb; ihre beiden 35 Meter hohen Minarets bilden das Wahrzeichen der Stadt. Die Gassen und Treppen verbreitern sich dicht am Fluß zu geräumigen Freitreppen, den heiligen Ghats, den Bade- und Betplätzen, deren wir annähernd 50 am Stadtufer zählten. Zwei Stunden lang fuhren wir auf dem Strome. Überall verrichteten Pilgrime ihre Waschungen und Gebete, Männer und Frauen tauchten in die heiligen Fluten und erhoben, der aufgehenden Sonne zugewandt, die mit Wasser gefüllten Handflächen, schlürften dann das heilige Wasser mit allen Zeichen der Ehrfurcht ein und spieen es wieder in den Fluß. Büßer, in weiße Tücher gehüllt, kauerten auf kleinen, vorgebauten Brücken unter großen Zeltschirmen im Gebet versunken. —

Unterhalb der Moschee Aurangzebs lag das Manikarnika Ghat, eines der fünf größten Heiligtümer von Benares. Auf seinen Stufen rauchten Scheiterhaufen. Hindus trugen frisches Holz herab und weiß gekleidete Gestalten hockten im Kreise um die schwehlenden Feuer. Die Leichenverbrenner werden reiche Leute, denn sie erhalten für eine Verbrennung bis zu 1400 Mark. Zuerst wird der Tote ans Ufer gelegt, sodaß seine Füße noch vom Wasser des Ganges bespült werden. Ein Hindu flößt ihm dort den letzten Trunk heiligen Wassers ein. Dann wird er auf den Scheiterhaufen aufgebahrt und dieser entzündet. Nach Bedarf werden während der Verbrennung die Leichenteile ins Feuer gestoßen und schließlich die Asche oft auch nur halb verkohlter Leichenteile in den Ganges geworfen. So treiben Arme und Beine an den Badenden vorüber, die sich aber dadurch keineswegs abhalten lassen, in dem Flusse zu baden und zu gurgeln. Die schädlichen Stoffe scheinen schnell im Wasser zu versinken, denn nur so läßt es sich erklären, daß die Frommen der Pest entgehen. – Merkwürdig ist auch das Sindhia Ghat. Seine Treppenflucht ist in der Mitte durchgebrochen und versinkt allmählich in den Fluß. Dem weltflüchtigen Hindu fällt es gar nicht ein, die einstürzenden und zerfallenden Stufen auszubessern. Der Mangel an Tatkraft und die sprichwörtliche Gleichgültigkeit tritt hier deutlich zu Tage. — Am „Mir-Ghat" verließen wir die Fähre und stiegen auf schmalen Stufen zum Nepalese-Tempel hinauf. Das deutsche Gretchen tut besser, dieses Heiligtum zu meiden. Der Tempel, ein kleiner alter

Holzbau, steht im Schatten hoher Bäume. Seinen oberen Rand umzieht ein Fries mit „derb naturalistischen" Schnitzereien. Ich gestehe, daß dieser Ausdruck mir noch zu zahm erscheint für die drastische Sinnlichkeit der Gruppen, welche hier der Hindu verehrt.

In engen Gassen zwischen den hohen Mauern und Häusern, wohin sich nie ein Sonnenstrahl verirrt, saßen Blumen- und Gemüseverkäufer. Durch das Volksgewühl trotteten eckigplumpe graue Kälber uns entgegen. Die Tiere laufen frei und unbewacht umher. Scheu macht ihnen das Volk Platz. Heilige Blumen und saftige Gemüse dienen ihnen zur Nahrung, und wenn solch ein heiliges Vieh an einem Gemüse- oder Blumenstande nascht, fühlt sich der Krämer aufs Äußerste götterbegünstigt, und neiderfüllt bringen die Nachbarn dem Geschädigten ihre Glückwünsche dar. Aus dumpfen, wassertriefenden Löchern in den Straßenmauern blickt das rot bemalte, dickbäuchige Ungetüm Ganesha hervor, Pilger machen davor Halt, legen ihre Blumen vor dem häßlichen Götzen nieder und bespritzen ihn mit einigen Tropfen mitgeführten Gangeswassers. Langsam schoben wir uns durch dieses beengende Gassengewirr zum goldenen Tempel, der dem Herrn der Welt Bisheshwar geweiht, einer der ältesten und wichtigsten Verehrungsstätten des Lingam ist. In den umgitterten, kleinen Hallen seines untern Stockwerkes lagen Tausende der kleinen Lingam Altärchen aus Marmor. Vom ersten Stockwerk aus waren die Kuppeltürme sichtbar. Ihr Belag besteht aus reinen Goldplatten. Wir besuchten nun die Moschee Aurangzebs, von deren Plattform der Blick über das Treiben unzähliger, weißgekleideter brauner Menschen am untern Ufer des Ganges schweifte, und gingen dann zum Manikarnika-Brunnen, einem uralten Gemäuer mit aufgesetzten Pagodentürmen. Fromme warfen in seinen Brunnenschacht ihre weißen Blumen, die darin verwesen und modrigen Geruch verbreiten. Dann blickten wir in Tempelhöfe, die mit ihrer Streu für die heiligen Kälber und den zerstreuten Futterresten schon mehr einem Kuhstall glichen.

Wir hatten genug bekommen von Benares, „dem Rom Indiens". Die religiösen Äußerungen des Brahmanismus sind im Grunde abstoßend und in jedem Sinne unsauber, eine Abirrung des Menschengeistes von dem Pfade zur Erkenntnis des Schönen. —

XIX.

Kalkutta, Darjeeling, der Dalai Lama von Lascha auf der Flucht.

Der Zug nach Kalkutta hatte Verspätung. Während wir ihn auf dem Bahnhof erwarteten, boten uns kleine Hindus Schmuck der Eingeborenen und kleine Holzbüchsen mit glasdünner Wandung zum Kaufe, die zehnfach in einander geschachtelt waren, von welchen das innerste so klein war, daß ein Stecknadelknopf grade darin Platz fand; andere verkauften kunstvoll gearbeitete Messinggefäße, kleine indische Menschen- und Tierfiguren aus Ton und anderes Spielzeug. — Ein netter, brauner Junge schlängelte sich mit einem Tragbrett voll gewöhnlichen Glasschmucks zwischen die Reisenden und suchte unter anderm einen Stein an den Mann zu bringen. Dieser Stein war höchst eigenartig; er besaß die Form eines Wetzsteines, flach und lang, seine Masse schien aus graurotem Sandstein zu bestehen. Der Junge hielt ihn hoch in der Hand und wippte ihn hin und her: der Stein wackelte, als sei er aus Kautschuk. — Diese Erscheinung soll auf besonderer Art und Lagerung der Moleküle beruhen, die man sich ziegelförmig, lose neben und über einander gelagert und mit Häkchen versehen denken muß, sodaß eine Verschiebung bis zu einem gewissen Grade möglich ist. Ein Herr kramte so lange unter dem Glasschmuck auf dem Tragbrett herum, bis ein Nasenring zu Boden fiel und die grünen, roten und weißen Glasstücke auf den Steinfließen zerbrachen. Weinend suchte der kleine braune Mann seine Schätze zusammen und bot dann dem Weißen den Wackelstein an, in der Hoffnung, für den Verlust des Ringes entschädigt zu werden. In kläglichem Englisch fragte ihn nun der Europäer nach dem Preis des Steines. Der Junge verlangte drei Rupee; man bot ihm aber nur eine halbe. Da richtete sich der Kleine mit tränenschimmernden Augen auf, sah dem Zerstörer seines Schmuckes kalt und groß in die Augen, hob den Stein wie einen Degen zur Stirn, salutierte leicht damit und drehte dem verblüfften Weißen stolz den Rücken. —

Auf der Fahrt nach Kalkutta wechselten wir in Mogul Serail den Zug und erhielten ein Luxuskoupee zugewiesen mit Wänden aus Mahagoniholz, stilvoller Decke und acht elektrischen

Lampen. Auch der Speisewagen, in dem wir abends das Diner nahmen, glich dem Eßraum eines vornehmen Hotels. Als wir die elektrischen Lampen gelöscht und uns auf die langen Polster ausgestreckt hatten, zog mich das Mondlicht noch einmal ans Fenster. Schon bei Anbruch des Abends hatte uns die hastende Bahn in palmenreiche Lande geführt, parkartig gruppierten sich jetzt Laub- und Palmenbäume und Strauch und Gebüsch mit reizvollen Durchblicken in die abendlichen Fernen. Der Vollmond goß sein helles Silberlicht über das Land, ein feiner Nebelduft lag zwischen den hochragenden Palmen. Lange sah ich hinaus in diese Märchennacht, die geschaffen schien für Reigen duftiger Elfen, Tiger und Schakale. —

Um 8 Uhr morgens trafen wir nach achtstündiger Bahnfahrt in Kalkutta auf der „Howrah-Station" ein. Als ich durch das Gedränge der Ankommenden zum Wagen hinüber ging, schlenderte ein Sohn Albions vorüber. Ein Hindu stand ihm im Wege, und haste nicht gesehen, zog der Brite dem Braunen mit dem Spazierknüppel eins über die Rückengegend, daß der Beturbante mit beiden Händen nach rückwärts fuhr und eilends das Weite suchte. Diese ein wenig gewaltsame Tat, sich den Weg zu bahnen, überraschte mich vorläufig noch. Ich habe mir jedoch grade in Kalkutta jede Verwunderung in dieser Hinsicht abgewöhnt. Der braune oder schwarze Mann ist in den Augen des Engländers nur ein halber Mensch, so eine Art Bindeglied zwischen Tier und homo sapiens. Unser François sagte mir eines Tags, daß er mit seinem Schicksal zufrieden sein müsse, weil ihm Gott eine schwarze Haut gegeben und ihn somit unter den weißen Menschen gestellt habe. Ich gewann oft den Eindruck, daß nicht nur unser François derart dachte. —

Der Bahnhof liegt unmittelbar am Hugli, dem westlichsten Seitenarm des Gangesdeltas. Der Fluß ist hier durchschnittlich 500 Meter breit, eine Brücke quert ihn an seiner schmalsten Stelle.

Kalkutta wird das London Indiens genannt und in der Tat verdient es diesen Namen. Mit seinen Vorstädten zählte es im Jahre 1906 1 106 000 Einwohner, darunter 5300 Europäer. Auffallend ist das Zahlenverhältnis der Geschlechter; die Stadt beherbergt 560 000 Männer und nur 280 000 Frauen. — Dicht unterhalb der Hugli-Brücke dehnt sich der Einfuhrhafen am Flußufer aus, vom offenen Meere noch etwa 100 km entfernt.

Große Schiffe können nur bei Hochwasser über die Barren nach Kalkutta herauffahren; aber trotzdem lagen Hochseedampfer von erheblicher Größe im Hugli vor Anker. Reges Leben herrschte auf der Wasserfläche, kleine Dampfer und Motorboote sausten von einem Ufer zum andern, Schlepper zogen große Kähne den Fluß herauf und Personendampfer glitten in vorsichtiger Fahrt in der Mitte des Flusses stromab dem Meere zu: das Bild eines bedeutenden, überseeischen Hafenplatzes.

Im Great Eastern Hotel fanden wir keine Unterkunft. Auch im Continental-Hotel war schon alles besetzt und nur mit Schwierigkeit errangen wir im Grand Hotel eine Stube unter dem Dach, die an Dürftigkeit alles bisherige tief in den Schatten stellte. Die Anstrengungen der letzten Wochen und die Nachtfahrten hatten uns indes mürbe gemacht und Leib und Seele verlangte derart gebieterisch nach Ruhe, daß wir die Räume annahmen. Zudem beabsichtigten wir sobald als möglich nach Darjeeling hinauf zu fahren und dort im kühlen Gebirgsklima einige ausgiebige Ruhetage zu verbringen.

Die etwa 150 m lange Front unseres Hotels lag am Maiden-Platz, der großen Esplanade Kalkuttas. Auf der Terrasse des ersten Stocks frühstückten wir. Der Blick weidete sich an der schönen Anlage des Maiden mit den scharfgeschnittenen Linien des Forts William, dem großen Leuchtturm und an dem großstädtischen Verkehr eleganter Wagen, Autos und elektrischer Straßenbahnen. So waren wir urplötzlich wieder in europäische Kultur versetzt, die uns seit 14 Tagen fern geblieben war. Zwei Stunden nach uns traf auch die deutsche Reisegesellschaft in unserm Hotel ein.

Ein vorzüglicher Wagen führte uns zu Cook, wohin wir unsere Briefschaften bestellt hatte. Wir fanden einen Stoß heimatlicher Zeitungen vor, deren jüngste schon vier Wochen alt war; aber welche Freude sie uns trotzdem schufen, kann nur der ermessen, welcher wie wir schon acht Wochen der Heimat fern sich auf der andern Seite der Erde herumgetrieben hat.

Unser Genosse von der Lützow, Herr Hasenbalg aus Kalkutta, hatte uns im Hotel aufgesucht, während wir ihn zur gleichen Zeit in seinen Geschäftsräumen zu begrüßen gedachten. Wir trafen also zunächst seinen Teilhaber Herrn Hadenfeld, der uns mit gewinnender Freundlichkeit empfing. Als dann auch Herr

Hasenbalg auftauchte, fühlten wir uns wie unter alten Freunden.

Die Wetternachrichten aus Darjeeling lauteten recht ungünstig: Schneetreiben, kalter Nebel und Eis. Herr Hasenbalg schlug nun in dankenswerter Weise eine unseren Wünschen nach Ruhe angemessene Zeiteinteilung vor, an die wir uns im Allgemeinen hielten. Da wir uns gezwungen sahen, länger in Kalkutta zu verweilen, forderten wir im Hotel nachdrücklich ein besseres Unterkommen und erhielten in einem dreistöckigem villenartigen Neubau endlich eine vorteilhafte Wohnung mit luxuriösem Salon, Schlaf- und Badezimmer, ein unbeschreiblicher Genuß nach all den Entbehrungen der letzten Tage.

In der Erinnerung muß ich stets zweier bezeichnender Eigentümlichkeiten Kalkuttas gedenken; des unaufhörlichen Geschreis Hunderter von Bussarden und des Glockenschlagens der Free Church of Scotland. Die Bussarde, große, schöne Raubvögel mit braunem Gefieder, weißer Brust und gelbem Schnabel, sind in Kalkutta so zahlreich und frech wie bei uns die Spatzen. Sie sitzen auf allen Dächern, Schornsteinen, Balkonbrüstungen und Bäumen und vertreten als Hauptbeschäftigung die Straßenreiniger. Ihr abscheulicher Schrei, ein hoher pfeifender Ton mit nachfolgendem etwas tiefem, langen Triller, störte mich anfangs sehr, bis ich mich auch daran gewöhnt hatte. Die Turmuhr der Free Church schlug die Viertelstunden nicht mit einem oder zwei Tönen, sondern mit einer Tongruppe aus vier Schlägen, dem tiefen g und dem hohen c, e und d. Bei den einzelnen Viertelstunden wechselten diese vier Klänge unter einander ab. Also klang z. B. die volle Stunde e c d g, d g e c, g e d g, c d e g, mit nachfolgendem tiefen f als Stundenzahl.

Am Nachmittag führte uns Herr Hasenbalg in den Deutschen Klub ein. Das Gebäude liegt in einem prachtvollen, tropischen Park und ist zweistöckig, massiv und luftig gebaut. Seine Einrichtung gibt seiner schönen Lage nichts nach. In dem großen Speisesaal hing an der Wand im schlichten Rahmen eine Depesche, Absender „Wilhelm"; es war ein Glückwunschtelegramm Kaiser Wilhelm I. war zur Eröffnung des Deutschen Klubs am 1. 1. 1873.

In den Speisesälen unseres Hotels erklangen nicht nur von den Tischen unserer deutschen Reisegesellschaft deutsche Worte, auch von andern Tischen drang deutsch zu uns herüber. Wir lernten auch einige deutsche Herren kennen, junge Kaufleute, die teils in Kalkutta ansäßig, teils im Auftrage deutscher Firmen den Osten bereisten. Mit den Herren Edebüttel und Ammann verbrachten wir den Abend und ich erinnere mich, wie mich die Betrachtungen des einen Herrn, welcher Java genauer kannte, über die englische und holländische Regierungsform interressierte. Es ist schwer, die Vorzüge grundverschiedener Formen abzuwägen und ein Urteil zu fällen.

Am 23. Februar, 8 Uhr vormittags, holte uns Herr Hasenbalg zu dem Besuche des botanischen Gartens ab. Die Flußfähre war bereits abgefahren, sodaß wir uns einem schmalen, wackligen Hindubootanvertrauen mußten, welches uns am botanischen Garten auslud. Der Hugli in der Ebbe bot interessanten Blick auf den Hafen. Unter den überseeischen Frachtdampfern leuchteten die schwarz-weiß-roten Schornsteine der Hansa mit dem eisernen Kreuz in der Mitte hervor. —

Herr Hasenbalg als Kenner und Liebhaber tropischer Natur war für uns ein Führer von unschätzbarem Wert, und rechne ich unsern gemeinsamen Spaziergang durch den prächtigen Garten zu einer meiner angenehmsten Erinnerungen. Etwa in der Mitte des Gartens steht der berühmte Banjantree. Eine Tafel enthält folgende Inschrift: „Der größte Banjanbaum, Ficus indica. Dieser Baum ist etwa 139 Jahre alt; der Umfang seines Hauptstammes in Manneshöhe gerechnet, beträgt 51 Fuß, er hat 562 Luftwurzeln, die tatsächlich im Boden wurzeln." Der Hauptstamm entsandte seine Zweige, von welchen die ersten Luftwurzeln senkrecht bis zum Boden herab wuchsen, dort Wurzel schlugen und nun einen neuen Baumstamm bildeten, der seine Nahrung von unten findend in der Nähe des Bodens sich verstärkte und neue Kraft den Zweigen oben zuführte. So wuchs sich der obere Zweig von der ersten Luftwurzel ab stärker aus als der vom Hauptstamm zur Wurzel reichende Teil des Astes, der teilweise verkümmert oder ganz abstirbt, so daß jetzt Teile des Baumes mit dem Urstamm oder Mittelbaum nicht mehr im Zusammenhang stehen. Die ersten Luftwurzeln haben sich nun als starker Stamm selbst ausgebildet; rechtwinklich wuchs der alte Ast nach außen weiter und sandte andere Luftwurzeln herab zur Erde Die Äste gleichen langen Masten, welche auf senkrechten Pfosten ruhen. So ging es rings um den Stammbaum, dessen Riesenkrone in dichter Blätterpracht einen Wald für sich darstellte, gestützt von unzähligen Säulen und Säulchen. Zarte, junge Luftwurzeln werden in Bambusröhren vorsichtig zur Erde herabgeleitet. Welch' reiches Feld der Tätigkeit ist doch dieser Baum für jene Menschen, die mit dem Gedanken und dem gewetzten Messer in der Hand herumirren und singen: „Ich schnitt es gern in alle Rinden ein." Die Verwaltung des Gartens hat vorausahnend kleine Tafeln um den Baum angebracht mit der Bitte, nichts in die Rinde zu schneiden. Mit Vergnügen habe ich festgestellt, daß der Baum unberührt war.

Am Abend folgten wir der liebenswürdigen Einladung Herrn Hasenbalgs und lernten bei dieser Gelegenheit auch die Familie des Herrn Hadenfeld kennen. Ihre Villa unter den Palmen bleibt mir unvergeßlich, sowohl durch die Schönheit der Lage, als auch durch die Liebenswürdigkeit ihrer Bewohner. Herr Hadenfeld führte mich auf die obere Plattform des Hauses und zeigte mir Kalkutta im Lichte des Vollmondes.

Am 24. Februar vormittags besuchten Freund Pfeil und ich zunächst die große Markthalle, ein Besuch, der sich wie ich schon früher bemerkte, in den Tropen stets lohnen wird. Zur Vollständigkeit unserer Ausrüstung machten wir dann noch einige Einkäufe im „Navy and Army Marchant House", dem englischen Armee- und Marinekaufhaus, das in keiner Weise sich von dem Verkaufshause des Deutschen Offiziersvereins in Berlin unterscheidet, ein Warenhaus elegantester Art. Bei Cook holten wir dann unsere Fahrscheine für Darjeeling ab und erfuhren, daß am 6. März die „Lunka", ein Turbinendampfer von 2800 Tons, uns hinaustragen werde nach Rangoon. Nachmittags machten wir eine Rundfahrt durch die Stadt und endeten im großen, allabendlichen Korso an der Strandstraße. Die feine Welt und Halbwelt bewegte sich hier ungezwungen in tadellosen Gefährten mit brillanten Pferden, Turbanträgern auf dem Bock und Boys auf dem Rücksitz mit Fliegenwedeln. Elegante Damen kutschierten vielfach selbst oder steuerten ihre Automobile geschickt durch die Wagenreihen, deren sich oft 5 bis 6 neben einander bewegten. Am Edengarten hielten wir inmitten anderer Wagen und lauschten den Klängen einer Kapelle. Die Besucher des Gartens promenierten auf den weichen Rasenflächen, ein elegantes Bild, das in seinem europäischen Anstrich fast vergessen ließ, daß wir fern an den Fluten des Ganges weilten. Der Mond ging auf, braunrot und riesengroß, als wir heimfuhren.

Am folgenden Tage schieden wir das Entbehrliche unseres Gepäcks vom Unentbehrlichen, da wir uns darüber klar geworden waren, daß wir viel zu viel mit uns geschleppt hatten. Eingekaufte Erinnerungen und sonst Entbehrliches hatte François mit nach Colombo zurückzubringen, wo es im Gewahrsam des Herrn Redemann unserer Rückkehr harren mochte. Die Tropensachen verstauten wir im Hotel und waren nun frei und frank bereit zur Übersiedelung nach Darjeeling. François bekam zum Abschied außer seinem Gehalt ein Geld-Geschenk und dazu eine Uhr mit Kette, die Freund Pfeil schon in München zu diesem Zwecke gekauft hatte, und weitere acht Rupee für seinen Aufenthalt in der Quarantaine-Station in Tuticorin, wo er als Eingeborener vor Verlassen Indiens zehn Tage beobachtet werden mußte. Ferner erhielt er zwölf Rupee für die Reise und ein von mir geschriebenes Zeugnis in deutscher Sprache.

Um ½4 Uhr nachmittags fuhren wir durch die Eingeborenenstadt nach der Sealdah-Station. Die Straßen besaßen jene offenen Läden und die malerischen braunen Gestalten mit ihrer gleichgültigen Ruhe, wie wir sie tief in Indien in gleicher Weise gesehen. Immerhin gaben die breiten, chaussierten Straßen, elektrischen Bahnen, unzählige öffentliche Wasserbrunnen und die neuzeitliche Beleuchtung auf den Eingeborenen-Straßen ein europäisches Gepräge. Der Sealdah-Bahnhof ist zwar nicht groß, aber recht vornehm und hübsch gebaut. François richtete unser Kupee ein, so gut es eben ging, und nahm dann Abschied. Wir gaben ihm die Hand und er legte seine schwarzbraunen Hände an die Stirn, verbeugte sich und ging in seinem wiegenden Gange davon. Sein „very well, Sir" klingt mir noch immer in die Ohren.

Die vier Franzosen wimmelten auch am Zuge herum und wir feierten Wiedersehen. Um 5 Uhr abends fuhren wir nach Darjeeling ab. Der Europäer spricht dort zwar nur von einem Ausflug nach Dorjeeling, wie etwa der Berliner von einer Tagestour nach dem Harz. Der kleine Unterschied ist nur der, daß man von Kalkutta nach Darjeeling etwa 20 Stunden mit der Bahn fährt. Die Fahrt ging an Eingeborenen-Dörfern vorüber, die sich zwischen Palmengruppen, fruchtbeladenen

Bananen und heiligen Teichen hinzogen. Wir berührten die berüchtigte Patronenfabrik Dum-Dum und fuhren dann in die abendliche weite Ebene des Ganges. Die Sonne ging unter in tropischer Pracht. Über uns wölbte sich der Himmel in türkistiefem Blau und ging dann der Sonne zu in violett, purpur, rosa und rot über bis zu dem blutroten Feuerball, der drüben schnell hinter den Horizont hinabsank. Zu dieser Zeit leuchtet dieselbe Sonne in der Heimat als Kündigerin der Mittagzeit. Aus der Dämmerung ragten im Westen qualmende Schornsteine einer Fabrikgegend. Dichter und wilder wird der Bambusbusch und schnell hastet der Zug hinein in die Dschungeln und in die Nacht.

Gegen 8 Uhr erreichten wir Damukdia Gaht am Ganges. Hier mußten wir mit Sack und Pack auf eine Dampffähre umziehen. Auf das Hauptdeck war noch ein Oberdeck gebaut. Der untere Raum nahm das Gepäck auf. Auf der oberen Terrasse standen Tische und Stühle, sauber gedeckt unser wartend. Die Überfahrt währte etwa dreiviertel Stunden, da die Fähre noch ein gut Stück stromauf bis Saragaht dampfen mußte. Die dunkle Nacht verbarg uns die Ufer. Während des vortrefflichen Abendessens im Freien unter den weit gespannten Sonnensegeln tönten rings um uns die eigenartigen Rufe der braunen Matrosen, welche unausgesetzt die Wassertiefe mit dem Lotblei maßen. In Saragaht bestiegen wir wieder den Zug, machten unser einfaches Lager zurecht, schlossen Fenster und Läden und schliefen bis zum nächsten Morgen.

Am 26. Februar morgens ½7 Uhr erreichten wir Siliguri und tauschten hier unsern Zug mit einer schmalspurigen Gebirgsbahn. Über den vorderen Puffern der kleinen Maschine hatten zwei braune Streckenwächter Platz genommen, deren Gesichtszüge mit den Schlitzaugen schon den tibetanischen Einschlag der Rasse erkennen ließ. Diese beiden Außenposten sollten im Urwald wilde Tiere scheuchen und den Führer rechtzeitig vor Gefahren warnen. Schwarzblau türmte sich vor uns das Vorgebirge des Himalaja. Die Stimme des Urwaldes verstummte vor dem keuchenden Atem unsers kleinen Kulturschleppers. Der Zug fuhr größtenteils neben der uralten Völkerstraße, die in tausend Windungen das Gebirge erklimmt und dann über die Paßhöhen nach Tibet hineinführt. Dicht türmten sich rechts und links Strauch und

Stamm, Winde und Liane zu undurchdringlichem Dickicht. Äste, Zweige und Gräser nickten durch die offene Tür herein, so daß ich sie greifen und brechen konnte. Sonnenlichter spielen zitternd um die Bäume, während breite Kronen Schattenbaldachine spannen. Jetzt fahren wir an einer kahlen Felswand entlang, schwindelnd tief öffnet sich der Abgrund und der Blick schweift frei über die dunkelgrünen, wilden Talhänge ins tiefe, weite Flachland. Vereinzelte Baumriesen recken ihre Stämme und weit verzweigten Kronen aus dem dichten, saftigen Teppich der Rododendronwälder. Wie Schlangen schaukeln sich die langen Arme der Liane im Winde oder schwingen sich, Schwebebrücken bildend, von Baum zu Baum über tief eingeschnittene, schmale Rinnsale. Überall wuchert das Leben im wilden brutalem Schmarotzertum. Moose bedecken die Stämme und Äste wie feines Pelzwerk. Ihre silberglänzenden Fäden hängen von dürren, erstickten Zweigen herab. Große, lanzenförmige Blätter eines anderen Parasiten umgürten die schlanken Stämme buchenartiger Riesen gleich Königskronen. Vereinzelt blüht noch die Banane.

Unvermerkt steigen wir zur Höhe. Die letzten Blumenkinder der Tropen sind verschwunden, Farrenbäume treten an die Stelle der Palmen, in Form und Größe ihnen ähnlich. Ihr Anblick läßt die Gedanken zurückschweifen in jene Zeit, da der Farrenbaum auch in deutschen Landen grünte in Gemeinschaft mit haushohen Schachtelhalmen, Lepidodendron und Sigilarien. Tief unter der Erdoberfläche wohnen sie heute als unsere Kohle.

An einigen Stellen beschreibt unsere Bahn eine Schleife. Auf einer Brücke fahren wir über unsern vorigen Weg. Einmal sogar schlängeln wir uns spiralförmig nach oben. An steiler Felswand wird dieser technische Kunstgriff zur Unmöglichkeit. Statt zu ziehen, schiebt unser kleines Dampfroß den Zug rückwärts bergauf; nach einigen hundert Metern zieht es wieder, dann drückt es, und so gewinnen wir die Höhe der Felswand. Mit Staunen folgt unser Auge den Umrissen des Bahnkörpers, die sich hier tief im Grund und dort wieder auf schwindelnder Höhe als weiße Linien erkennen lassen. Nach stundenlanger, mühsamer Kletterfahrt hält der Zug auf einer kleinen Station. Kinder eilen an unsere Türen und reichen Blumensträußchen herauf, schlichte, gelbe Blümchen. Die Kinder haben Schlitzaugen, ihre Haut ist noch braun, aber das lange schwarze Haar ist dick und struppig — die ersten Typen der mongolischen Rasse. Aber etwas haben sie mit den Hindus gemeinsam, und wenn es auch nur das Einzige ist: Sie betteln mit jenen weich klingenden Worten Indiens: „Sahib, baksis"!

Menschenhand ward wirksam, der Urwald tritt zurück. Auf sanften Hügeln und Hängen dehnen sich üppige Teekulturen aus. Wie ein schmaler, wagerechter Streifen leuchtet aus dem Teebusche hier und dort das weiße Haus des Europäers hervor; holzbedeckte Lehmhütten herbergen die eingeborenen Teearbeiter. Es wird kühl. Dicht hüllen wir uns in unsere Mäntel und Decken. Der rasche Wechsel aus sumpftropischer Hitze Kalkuttas zum kalten Klima des Hochgebirges macht sich bemerkbar. In Kurseong hielten wir eine halbe Stunde, um auf dem Bahnhof zu frühstücken, umgeben von ausgedehnten Teeplantagen. Nun befanden wir uns inmitten echt mongolischer Menschen und Wohnstätten. Männer und Weiber trugen dicke, hohe Wollstiefel, gefütterte Röcke mit langen, weiten Ärmeln und ein sackartiges Tuch, das vom Halse über die Brust herabhing bis zur Hüfte; es vertritt die Stelle eines Korbes. Die Männer trugen pelzverbrämte Mützen, deren Zipfel vorne, hinten, rechts und links schräg nach oben abstanden. Die Frauen kennen keinen Hut, ein Idealzustand für jeden Ehemann. Das schwarze, schlichte Haar ist in der Mitte sauber gescheitelt, legt sich flach über beide Ohren und endet in einem kräftigen Knoten. Auch diese Halbwilden lieben den Schmuck. Ringe aus Messing mit Steinen und Glasstückchen besetzt, bedecken die Hände, an langen Halskettchen hangen kunstvolle Amulette und kleine Messingbüchsen mit einliegenden Papierstreifchen, auf welchen das unumgängliche Gebet des Tibetaners steht: „O mani patme hum!" „O du Geheimnis im Lotos. Amen!" Sauberkeit wäre noch eine ganz besonders wünschenswerte Zier. — Die hölzernen Häuser sind einstöckig und warm gebaut. An hohen Masten hängen lange Tücher mit rotem Rand und aufgemalten Zeichen; es sind Gebetsfahnen, die im Winde bewegt, dem Gotte die Gebete der Flaggenbesitzer zuflattern sollen.

Das Volk machte einen durchaus harmlosen, vergnügten Eindruck. Sobald du einem Männlein oder Weiblein in die Augen schaust, überzieht ein freundliches Lächeln die fremdartigen, gutmütigen Züge. Auch unter sich scheinen sie nur Witze und Kalauer zu berichten. Das ist ein Erzählen, Tuscheln und Kichern, daß man die Brüder um ihr Vergnügen beneiden möchte.

Weiter klettert das Bähnlein; links fällt der Berg ab zu viel hundert Meter tiefen Schluchten. Drüben ragen steile, kahle Gebirgszüge. Ein scharfer Nordwest pfeift und treibt den Qualm der Maschine in unsere Augen. Wir schützen uns dagegen durch die Tropenbrillen. Nun ist Ghoom erreicht, der höchste Punkt der Bahn, 2500 Meter über dem Meere. Emsig rollte der kleine Zug abwärts, biegt jetzt rechts um einen Bergrücken, und dann sehen wir hinüber mit überraschten, erfreuten Augen. Dort liegt Darjeelin, ganz anders als wir gewähnt. Man könnte es mit einer Hälfte von Baden-Baden vergleichen. Unten liegt die Geschäftsstadt, amphiteatralisch umringt von reizenden Villen und Schlößchen in hübschen Gärten. Saubere Fahrstraßen, Fußwege und Treppen verbinden die Wohnstätten der Europäer mit der Eingeborenenstadt und nächsten Umgebung. Gegen zwei Uhr nachmittags fuhren wir in den Bahnhof von Darjeeling ein. Die Rickschas waren dem bergischen Gelände angepaßt, schwer und plump. Vier Tibetaner zogen und schoben jeden von uns bergan, im Trabe gings über einen hübschen Platz, in dessen Mitte ein Musik-Kiosk prangte, dann zwischen Felsen-Anlagen auf einem breiten Fußwege hinauf nach dem Rockville-Grand-Hotel.

Unsere Stuben mit Glasveranda nahmen das nördliche Ende des ersten Stockwerkes ein und waren bei ihrer freien Lage von drei Seiten den kalten Winden ausgesetzt, die von den Schneebergen herüberwehten. Aber die Aussicht wog alle Kälte auf. Von der Veranda überblickten wir die Stadt und ihren Villenkranz und allmorgendlich schauten wir von hier im stummen Betrachten hinauf zu den Firnen des gewaltigen Kanchinjanka. Von der Wohnstube fiel der Blick hinab in eine wilde Felsschlucht und hinüber zu dem 3000 m hohen Tiger-Hügel mit seinen bewaldeten, felsbesäten Ausläufern.

Nachmittags gingen wir in die Stadt unters Volk. Darjeeling ist international. Da wandeln Chinesen mit langen Zöpfen und runden Mützen, mit Pelz behangene Tibetaner und Nepalesen, turbantragende Hindus, kräftige Bengalen und Vertreter der weißen Rasse in buntem Gemisch. —

Vier schlitzäugige Mädchen folgten uns wie die Schatten. Wenn wir uns umwandten, lachten sie uns an und boten ihre seltsamen Schmucksachen, Gebetsmühlen, Talisman, Dolche und Götzen zum Kauf. Jede plapperte dazu in unverständlichem Mongolisch und wenn sie ihre Reichtümer genügend gepriesen, folgte ein noch intensiveres Lächeln und Kichern und dann zog die braune Schöne die Luft zwischen Oberzähnen und Unterlippe ein zu jenem langen „ffff", welches den Ausdruck aller Glückseligkeit darstellt. —

Auf dem Marktplatz saßen etwa 20 Braune auf Matten in engem Kreis um einen Indier, der ganz abscheulich von rotem Betel triefte. Dieses Rotmaul sang; der Rhythmus seines Liedes glich flottem Marschtempo. Nach jedem Verse wiederholten seine Zuschauer den Schlußgesang und schlugen mit kleinen Blechtrommeln den Takt dazu; das klang recht fidel. Nach besonders schönen Versen erscholl ein maßloses Hallo und man freute sich des Witzes, bis der Sängerdichter einen neuen Spaß heruntersang. Es wird wohl so eine Art „Hobelbank" gewesen sein.

Hier oben setzte die Dämmerung weit früher ein, als im südlichen Flachland. Nach dem Fünf-Uhr-Tee hüllten wir uns warm in Mäntel und Tücher und nahmen im Garten auf Stühlen Platz, wo auf einem Rasen die eigenartigen „Lamatänze" vorgeführt werden sollten. Auf einem hohen Balken mit Querstange flackerten fünf Petroleumsfackeln und erleuchteten die Naturbühne nur spärlich; dem gespensterischen Teufelstanz war indes diese Beleuchtung trefflich angepaßt. Ohne jede Ordnung kamen um sechs Uhr die Lamatänzer daher, wild phantastische Gestalten mit schauerlichen Gesichtsmasken. Die Tänze sollten den Kampf des Menschen mit den bösen Geistern versinnbildlichen. Im Hintergrunde hockten vier Tibetaner in Zivil und schlugen auf kleinen Pauken jenen Rhythmus, der unausgesetzt auf großen Pauken getrommelt, aus den Tempeln der Eingeborenenstadt zu uns herauf dröhnte. Nun traten zwei Gestalten in die Mitte des Zuschauerkreises. Ihre Kleidung war eine angenehme Mischung von Clown und Balleteuse. Von den Hüften hing ein kurzes Netz herab mit Klunkern an langen Bändern. Wie unsere alte Mutter Erde sich um sich selbst und um die Sonne dreht so rasten die beiden im Kreise herum und um sich selbst, wobei die fliegenden Klunkern das Netz aufhoben, wie ein Ballettkleidchen. Dazu schrie der eine

Tänzer in höchsten Tönen, und wenn ihm die Luft ausging, setzte sofort der andere ein, daß die lieblichen Klänge nicht ein einziges Mal abbrachen. Ich bewunderte die Körpergewandtheit, das wirbelnde Drehen, bei dem ich nach kurzer Zeit totschwindelig auf den Rasen gesunken wäre, und schließlich die ungeheure Kraft der Lungen und Herzmuskeln.

Zwei andere Tänzer lösten die menschlichen Brummkreisel ab. Sie waren nicht minder aufgeputzt und trugen Schwerter und Dolche in den Händen. Nun sprangen sie auf einander los, genau wie die Ersten, nur vollführten sie dabei rasende Ausfälle nach allen Seiten mit ihren stumpfen Waffen, und schrien dazu fürchterliche Klagelaute. Sie schienen Beifall zu erwarten, aber der Engländer applaudiert dem anders farbigen Manne nicht, es sei den höchstens ein Japaner. Da rafften sich die zwei noch einmal auf und tanzten und stachen bis sie der Auflösung nahe kamen. Ein schwaches Murmeln lief durch die Zuschauerreihen und befriedigt zogen sich die Tänzer ins Dunkel zurück.

Aber nun — o Schreck! jagten zwei leibhaftige, vierbeinige Drachen in das rötliche Lichtfeld der Fackeln; die großen Augen schillerten grün, das riesige rote Maul klappte auf und zu und der lange Schwanz mit Löwenquaste schlug mächtig die Flanken. Ein Höcker zierte das Nasenbein und ein Stachelkranz die Stirnseiten. Unschwer erkannte man, daß ein Tibetanerjüngling Kopf und Vorderhand, ein anderer die Hinterhand mit Anhängsel meisterte. Die beiden Tiere führten einen wilden Kampf auf, packten sich gegenseitig mit aufgerissenem Rachen, zausten sich gewaltig hin und her, schossen wieder auseinander, machten sich riesengroß, duckten sich zwergklein wie zum Ansprung, bis endlich ein kleiner behender Junge in Clownkostüm erschien und die Bestien neckte. Nach mancherlei glücklichem Entrinnen wurde der Kleine doch das Opfer seines Übermuts und schwebte zum Entsetzen der Damen hoch im Rachen des einen Lindwurms, während der andere ihn an Bein und Armen riß, bis die Herren Akteurs den Zuschauern Genüge getan zu haben glaubten. Aber was rutscht denn dort auf der Erde heran? Das ist ja eine veritable Schildkröte! Wütend stürzen sich die Saurier auf die runde Halbkugel, diese hebt sich ein wenig und ein niedliches, kleines Mädchen schlüpft unter ihr hervor, trippelt nach dem rechten Flügel der Stuhlreihen und hebt uns ein Blechtellerchen entgegen.

Dieser Schluß und Übergang zum „Backschischsammeln" war entschieden zartsinnig!

Am Abendessen im Speisesaal nahmen etwa 30 Gäste teil, darunter über 20 Deutsche und unter diesen wieder drei aktive und drei inaktive Offiziere aus Preußen, Bayern und Sachsen. Ein bekanntes deutschfeindliches Hetzblatt Indiens fand ob dieser Erscheinung keine Ruhe mehr, bis ein Leitartikel mit der Überschrift „Die deutsche Invasion in Indien", das harmlose Volk auf die teutonische Gefahr aufmerksam gemacht hatte, wobei dieses Blatt noch so geschmackvoll war, die Namen deutscher Offiziere zu nennen, die schon längst den Soldatenrock mit dem nicht minder kleidsamen Gewande des friedlichen Bürgers vertauscht hatten.

Lustig und gemütlich knisterte und prasselte ein Feuerchen für teueres Geld im Kamin, als wir zur Ruhe gingen; aber schon eine Stunde später erloschen die letzten Funken und eisige Kälte überzog uns. Reisedecken, Mäntel, Badetücher und hochaufgetürmte Röcke vermochten kaum die Kälte zu bannen. Durchfroren stellten wir uns am nächsten Morgen vor den Kamin im Speisesaal und ließen uns auftauen, wobei man sich um seine Axe drehen mußte wie ein Braten am Spieß, weil man sonst an der einen Seite anbrannte und auf der andern in Eiseskälte beharrte.

Am Nachmittag hatte uns Oberst Splinter begrüßt und gefragt, wo wir wohl die Höhen des Kanchinjanka vermuteten, der sich in ein dichtes Nebelkleid geborgen hatte. Unsere Antwort, daß die Bergspitzen jedenfalls dort drüben hinter den zerklüfteten Höhenzügen zu suchen seien, rangen ihm ein Lächeln ab: Dort, wo die hohen Wolken schweben, hoch am Firmament, dort werden morgen früh die weißschimmernden Bergmassen im Sonnenglanz erstrahlen!

Während unseres Aufenthalts in Darjeeling schenkte uns der gnädige Wettergott täglich den großartigen, überwältigenden Anblick des Schneegebirges. Bald nach Sonnenaufgang zerstreuten sich die Nebelschwaden und in scharfen Umrissen traten alle Linien des Gebirges hervor. Tiefschwarze Schatten lagen auf Schluchten und Abhängen und bläuliches und rosafarbiges Licht spielte auf den Gletschern und Schneefeldern. Wie ein weißer, unbeweglicher Wimpel schwebte eine kleine Wolke am Gipfel des Kanchinjanka, die Schneefahne, gewaltige Schneemassen, welche der Höhensturm über den Gipfel fegt. Gegen Mittag stiegen dann wieder Wolkenwände aus den Tälern langsam wie kriechende Lebewesen herauf in die Regionen des ewigen Schnees, bis die letzten Zacken verschwanden wie forteilende Wanderer.

Unter Spaziergängen und Gelegenheitseinkäufen verging der erste Tag. Am Nachmittag verbreitete sich die Nachricht, der „Dalai Lama" aus Lassa werde in den nächsten Tagen, vor den Chinesen flüchtend, nach Darjeeling kommen, jenes Fabelwesen, das niemals ein Europäer, auch Sven-Hedin nicht, gesehen, der fleischgewordene Buddha, der höchste Priester oder Papst der Buddhisten. Im großen Klosterpalast in Lassa regierte er, umgeben von einem Stabe fein gebildeter Priester unter Tausenden von Mönchen. Aber nur die höchsten Würdenträger des Kirchenstaates wurden des Anblicks des Lama teilhaftig. Auch nicht für hohe Geldsummen war es anderen Sterblichen gestattet, dem heiligen Wesen persönlich ihre Ehrfurcht und Anbetung zu erweisen. Natürlich spielt hierbei das Machtgefühl der Priester die Hauptrolle. Das Kardinalkollegium wählt nach dem Tode des Dalai-Lama einen Nachfolger im Kindesalter, in welchem nach dem Glauben an die Seelenwanderung Buddhas Seele wohnen soll. In strenger Abgeschlossenheit wächst dann der Knabe auf, meist ein willenloses Werkzeug in den Händen seiner Umgebung. —

Tibet ist eine Provinz Chinas. Aber es liegt zwischen russisch Sibirien und englisch Indien. Vergeblich hatte England bisher Einfluß zu gewinnen versucht. Eine militärische Unternehmung gegen Lassa war gescheitert. Nach diesem gewaltsamen Annäherungsversuch der Engländer neigte die Diplomatie des tibetanischen Kirchenstaates zu Rußland. Die Verhandlungen blieben in Peking nicht unbekannt und am 25. Februar 1910 hatten 25000 chinesische Truppen die Grenze Tibets überschritten und rückten auf Lassa vor, um den ränkevollen Dalai-Lama in der Mitte seiner Anhänger gefangen zu nehmen. Vier Stunden nach Eintreffen dieser Hiobsbotschaft verließ der heilige Mann in überstürzter Flucht seine Residenz. Die Not zwang ihn sich den Engländern auszuliefern, die in ihm einen kostbaren Trumpf im diplomatischen Kartenspiel gewannen. Wir entschlossen uns, den Aufenthalt in Darjeeling bis zur Ankunft des Dalai-Lama auszudehnen.

Gegen Abend trabte eine Schar Tibetaner an uns vorüber und stieg vor Woodlands Hotel ab. Unterwürfige Kulis hielten die kleinen, struppigen Steppenpferde, während zwei Mongolen mit interessanten, charaktervollen Zügen das Hotel betraten. Der Jüngere der beiden vornehmen Männer war der Prinz von Sikim, der ältere der Quartiermeister des Dalai-Lama. In Gewaltmärschen war der alte Herr durch die Schnee- und Eispässe des hohen Gebirgs seinem Gebieter vorausgeeilt und hatte in Sikim die erste Zuflucht und Hilfe gefunden. Jetzt erholte sich dort auch der Dalai-Lama von den Strapazen der Flucht, auf der er einen Teil seines Trosses eingebüßt hatte um nun, vom Fürsten von Sikim mit frischen Reit- und Lasttieren versehen, Darjeeling und später mit der Bahn Kalkutta zu erreichen. —

Am Abend nach dem Essen hielt der junge Manager des Hotels einen Vortrag mit Lichtbildern über eine Expedition in Tibetanisches Gebiet, die im Gegensatz zu Sven Hedins Naturforscherdrang den Zweck verfolgte, „für eine Zigarettenfirma" neue Absatzgebiete zu suchen. Ohne jenem äußerst gewandten Manager Unrecht tun zu wollen, will mir das harmlose Mäntelchen, das man der Expedition umhängte, doch verdächtig erscheinen. Jedenfalls wäre es kein Fehler gewesen, gelegentlich solcher Zigarettenreklame-Reise fremdes Land und Volk zu erkunden und mit einflußreichen Männern ein wenig zu konspirieren.—

Am 28. Februar, 4 Uhr früh, ritten wir in Begleitung zweier mongolischer Kulis auf kleinen tibetanischen Pferden ab, um bei Tages-Anbruch vom Tigerhill die Aussicht auf das Hochgebirge des Himalaja zu genießen. An steilen Abgründen auf schmalen Pfaden entlang reitend, erreichten wir Ghoom. Dann stieg der Gebirgspfad im Urwald bergan. Die Ponys gingen ausgezeichnet, sicher und willig.

Als es zu dämmern begann, hatten wir eine freie Halde erreicht. Links oben ragten einige Gebäude, die „Senchalstation", die noch etwa drei Kilometer vom Gipfel des 3000 Meter hohen Tigerhill entfernt war. Im scharfen Galopp ging es hinauf durch dichten Urwald. Unsere Kulis liefen tapfer mit. Jetzt wurden Baum und Sträucher spärlicher, verkrüppelte Tannen und niedere Dornsträucher kündeten die kalten Regionen an.

Des Berges Spitze war errungen
Der trotzig in die Tiefe schaut,

Natur, von deinem Reiz bezwungen,
Wie schlug mein Herz so frei, so laut!
Grauweiße Nebel wogten noch in der Tiefe, blutigrot entstieg ihrer Wand die Sonne. Mit zunehmendem Tageslicht klärte sich der westliche Himmel und enthüllte die Hochgipfelkette des Himalaja vom Gaurisankar im Nordwesten im riesigen Bogen über den Kanchinjanka und Donkia Ri bis im Osten an die Grenze von Bhutan und Tibet.

Bald hing mein Auge freudetrunken,
Hier an dem Felsen schroff und wild,
Bald war die Seele still versunken,
Dort in der Ferne Rätselbild."

Dieses erhabene Rätselbild vermag ich nicht mit Worten zu schildern. — Zwei Stunden weilten wir dort oben im majestätischen Bann des höchsten Gebirges der Erde. — Langsam ritten wir wieder zu Tal. Zwischen Ghoom und Darjeeling am schmalen Felsenpfad trugen die Steinwände fromme Sprüche auf englisch und tibetanisch in großen weißen Lettern, so z. B. „Christus, bitte für mich" und „die Gottlosen kommen in die Hölle und alle Völker, die nicht an Gott glauben."

Am Nachmittag erstiegen wir den nahen Observatory-Hill, eine alte buddhistische Gebetsstätte. Promenadenwege leiteten zwischen wohlgepflegten Rasen-, Baum- und Blumenanlagen hinauf zwischen eigenartigem Schmuck kleiner Ruinen. Auf des Anhöhe führte der Weg im Kreise um eine kleine Kuppe, die über und über mit hohen Gebetsfahnen besteckt war. Ein holperiger Fußpfad ging in der Mitte hinauf. Hier stand ein altes Heiligtum in einer Grotte aus rohen Steinen gefügt, welche das rot bemalte Steinbild des sitzenden Buddha barg. Vor dem Götzenbild lagen und knieten Vertreter aller Rassen Indiens. Einige rannten zwischen den Gebetsfahnen um die Kuppe herum und mußten sich fortwährend unter quer gespannte, papierbehangene Stricke beugen, die von der Buddhagrotte aus etwa ½ Meter über dem Erdboden nach den äußeren Gebetsfahnen gespannt waren, eine recht bedeutende Bußübung. Dazu sangen und murmelten sie Gebete. Vor Betreten der Grottenkuppe hatten sich die Beter der Schuhe entledigt. Die vielformigen Bekleidungsstücke standen in zwei Gliedern am Rande des Promenadenweges. Nach Erledigung der Gebete und

Rundläufe fiel jeder Fromme in seiner ganzen Länge vor dem roten Götzen nieder und rutschte dann rückwärts, den Blick unverwandt auf den Buddha gerichtet, den Hügel herunter nach seinem Schuhpaar. An den Gebüschen hingen weiße Papierstreifen; es sind dieses Wunschzettel. Wenn ein Blatt von dem Baum verschwunden ist, hat Gott das Gebet erhört. Der Wind hilft leicht nach; auch ich tat es!

Am Abendessen nahmen heute auch der Prinz von Sikim und der Gouvernementsresident Mr. Bell teil. Die Gesichtszüge des Prinzen waren fein und verrieten Rasse. Er trug einen grünen, chinesischen Rock aus Seide mit lilafarbigen Ärmeln, aber keinen Zopf. Die Unterhaltung der beiden Herren bewegte sich in geläufigem Englisch. Die deutsche Reisegesellschaft, die an ihr Reiseprogramm gebunden war, hatte heute Darjeeling verlassen müssen ohne den Dalai-Lama abwarten zu können. Freund Pfeil und ich freuten uns unserer Freiheit der Entschließung.

Frühzeitig begaben wir uns am 1. März nach der Hauptstraße „The Mall", wo fieberhaftes Treiben herrschte. Vorläufer des Dalai-Lama tränkten in dem großen Brunnen vor dem Musikpavillon ihre kleinen Pferde und Neugierige drängten sich um das einfache Hotel, in welchem für den Heiligen Wohnung bereitet war. Auf dem Saumpfade von Bhudje Busti nahte der Lama von Darjeeling und ritt mit seinem Gefolge an uns vorüber nach Ghoom. Der große, kräftige Mongolenpriester besaß die zufriedenen, rundlichen Züge eines deutschen, katholischen Dorfgeistlichen. Sein Haar war kurz geschnitten und von einem flachen Mützchen bedeckt, das einen großen, roten Korallenknopf trug.

Die drei jungen Franzosen und wir bestellten uns Pferde und Kulis und ritten um 11 Uhr ab nach Ghoom, dem Dalai-Lama entgegen. Die Gebirgsstraße von Ghoom nach der Grenze zu war dicht belagert von wartendem Volk. Die Kugeln der Gebetsmühlen wirbelten im sausenden Schwung. Gläubige häuften Tannenreiser am Wegerande, aber auch in dieser Stimmung verließ ein gemütliches Lächeln die meisten der braunen Menschen nicht. Nach kurzer Zeit führte der schmale Pfad in den hochstämmigen, verworrenen Urwald. Auf schmalen Brücken überschritten wir steile Wasserrinnen. Vereinzelte Trupps zogen vorüber, abgerissene Tibetaner trieben Maultiere, Esel und Ponys vor sich her, schwer bepackt mit Koffern, Kisten und Säcken, die teilweise aus Leopardenfellen bestanden. Schellen oder Kuhglocken läuteten am Halse der Tiere schwermütig die Flucht des Dalai-Lama ein. Oft drückten wir uns an die Felswand, um den Vorübergehenden Platz zu machen. Für manches Schlitzauge waren wir wohl die ersten weißen Männer, die es geschaut. Nun traten wir aus dem Wald. Der Pfad führte im spitzen Bogen um eine Felsschlucht. Etwa ein Kilometer entfernt standen die spärlichen Hütten eines kleinen Dorfes. Am Waldrande, wo der Pfad bis zur Grenze zu übersehen war, rastete der Lama von Darjeeling und seine Eskorte mit Gebetsfahnen, Pfeifen, Flöten, Klarinetten, Trommeln und Pauken. Sie kochten manövermäßig ab.

In der Nähe dieser Gesellschaft stiegen wir vom Pferde. Die Musikanten trugen rote Spitzmützen mit herunterhängenden Ohrenklappen; ihre Instrumente waren nicht minder absonderlich. Besonders fielen die etwa drei Meter langen Posaunen ins Auge, welche von zwei Männern getragen werden, und dann die Pauken auf hohem Stiele, deren lange Paukenschlegel einem riesigen Fragezeichen glichen.

Die tiefe, von Wind und Wetter zerfressene Schlucht wurde von Felsen und Geröll überragt, um welche sich die dornigen Arme dunkelgrüner Stauden schlangen. Jenseits des Felstales türmten sich die Berge empor, die tieferen bewaldet, die höheren steinkahl, dann weiß, schneebedeckt. Ihre Kämme verloren sich in den Wolken, ein Bild von gewaltiger Naturgröße.

Im Gänse-Marsch ritten fünf Tibetaner vorüber. Der Vorderste trug querüber dem Rücken einen mächtigen Regenschirm mit silbernem Griff, der sich wie ein Schießprügel ausnahm. Der mittlere Reiter fiel uns auf, weil er ein so netter, feiner Kerl war und eine so kostbare Pelzmütze mit Korallen trug. Den Schluß bildete ein bewaffneter Tibetaner. Wir riefen ihm auf deutsch zu: „Kommt denn der Dalai bald?" worauf er verständnisinnig mit dem Kopf nickte und mit dem Daumen nach der nahen Grenze wies.

Nach einiger Zeit kam ein schwerbepackter Mann mit Weib und Kind daher. Ich stand gerade auf der Straße.

Der Mann hielt einige Schritte vor mir an und hob die geballten Fäuste vor das Gesicht, berührte dann mit den Fingerspitzen die Lippen und machte eine tiefe Verbeugung. Freund Pfeil saß oben auf einem Felsen, wo der Photo auf den Dalai lauerte. Auch ihm führte der brave Mann seinen Gruß vor.

Gegen 3 Uhr mittags näherten sich vier gut gekleidete Tibetaner, deren Anblick die Kapelle am Waldrande in erschreckende Tätigkeit versetzte. Ein wüster, melodieloser Lärm ohne Rhythmus zerriß die Stille der einsamen Wildnis.

Der denkwürdige Zug des flüchtigen Dalai-Lama trat jetzt drüben aus den Hütten des Grenzdorfes hervor. Voraus schritten zwei eingeborene englische Soldaten eines Gurkaregiments in knapper, dunkler Uniform. Einzeln und zu zweien reitend folgten Priester und Würdenträger in langen, dickgefütterten Seidenröcken und pelzverbrämten Mützen. Dann kam eine Gruppe Infanterie von einem englischen Offizier geführt als Ehrenwache des Dalai-Lama. Der asiatische Papst ritt einen prächtigen Apfelschimmel-Pony. Ein roter Überwurf fiel über sein gelbseidenes Gewand, ein kleiner, gelber Hut mit breiter Krämpe deckte die kurz geschnittenen Haare; eine große Schneebrille verbarg die Augen. Ob die Anstrengung der Flucht oder seelische Abspannung seine mongolischen Gesichtszüge so müde und ausdruckslos erscheinen ließ? Die Gestalt schien schlank und ebenmäßig. Der Dalai-Lama war 34 Jahre alt. —

Es ist ein packender Augenblick, wenn man einem Manne gegenüber steht, der Millionen von Menschen beherrscht und von ihnen abgöttisch verehrt wird, höher als heute der römische Papst von seinen Anhängern. Wieder trat uns hier ein Stück Menschheit entgegen, das uns unendlich fremd und weltfern ist in seiner geistigen, körperlichen und geschichtlichen Entwickelung. —

Neben dem Dalai-Lama ritten der Prinz von Sikim und Mr. Bell. Acht Kulis, barhäuptige, schlichte Leute, trugen die gelbseidene Sänfte hinterher. Dann folgten wieder hohe Tibetaner auf strammen Pferdchen und zum Schluß eine Gruppe englischer Infanterie. Einzelne Trupps mit schwer beladenen Pferden trotteten hinterdrein.

Wir stiegen zu Pferde und ritten bis zur Sänfte vor. Neben mir murmelte der behäbige Lama von Darjeeling unentwegt sein „O mani patme hum". Freund Pfeil kam dem schneidigen

Pony eines vornehm gekleideten Tibetaners mit besonders großem Korallenknopf zu nahe. Das Tier keilte sofort ganz gehörig aus, worauf der Gelbbraune in bestem Englisch Pfeil um Verzeihung bat. So entstand eine Bekanntschaft, die interressant und angenehm war. Alte und junge Männer aus Ghoom begleiteten den Zug auf dem Gebirgspfad und kletterten oft halsbrecherisch außerhalb des Weges über Felsen und überragende Balken der Brücken oder am Rande des Abgrundes entlang, wo sich gewöhnlich der Pfad verengte und der Zug staute und nachdrängend aufrannte. Kurz vor Ghoom, als wir uns dem dicht gedrängten Volk näherten, stieg der Dalai-Lama in seine Sänfte. Tannenreisig qualmt zu beiden Seiten des Weges. Durch den Rauch konnte ich kaum die Umrisse der Menschen sehen, wie sie fieberhaft die Gebetsmühlen schwangen, sich zur Erde warfen oder hereilten, um das Tuch der Sänfte und die staubigen zerrissenen Stiefel der Priester zu küssen. Dann legten sie wieder die Hände zum Gebet und murmelten: „O mani patme hum". Frauen weinten in heftiger Erregung.

Ein Vertreter der kinematographischen Gesellschaft Pathé frères aus Paris nahm in Ghoom den ganzen Zug kinematographisch auf. Pfeils Pferd scheute und stieg vor dem merkwürdigen Kasten, wobei Pfeils Reitkünste sich im glänzendsten Lichte zu zeigen vermochten. So sind wir fünf Europäer im Zuge des flüchtigen Dalai-Lama später in den großen Städten der Erde an der Menschheit vorübergeritten.

Am Eingang von Darjeeling waren aus weißem Sande tibetanische Begrüßungszeichen quer über den Weg geschrieben; in gleicher Weise liefen Striche zu beiden Seiten des Weges bis zum Hotel des Dalai-Lama, als Abgrenzung für die Wartenden. Freund Pfeil und ich ritten dem Zug voraus und sahen von unserm Hotel aus noch einmal das seltsame Bild an uns vorüberziehen. Unermüdlich lärmten die vorausschreitenden Musikanten. Der Dalai-Lama lehnte tief in seiner Sänfte, nur seine schmalen Hände ruhten auf der äußeren Lehne. Welche Gedanken mögen diesen Mann bestürmt haben, jetzt beim ersten Zusammentreffen mit europäischer Kultur!? —

Der Höhepunkt unseres Verweilens war überschritten; wir rüsteten uns zur Abreise. Am 2. März genossen wir zum letzten Male den Anblick der Schneeberge des Himalaja. Als gegen Mittag die weißen Riesen in Nebel und Wolken verschwanden, nahte die Abschiedsstunde. Vier junge Weiber holten unser Gepäck zum Bahnhof, darunter ein etwa 13 jähriges Hindumädchen von überraschender Schönheit und Anmut. Nach tibetanischer Art trugen sie die schweren Koffer auf dem Rücken; ein Gurt hielt unten die Last fest und legte sich oben über die Stirn. So schleppten die kleinen Frauen unglaubliches Gewicht bergauf und -ab. Die zierliche Figur des Hindumädchens beugte sich unter der schweren Bürde weit vornüber, aber die klaren braunen Augen lachten aus dem entzückenden Gesichtchen. Den Fußpfad, den wir nachher vorsichtig hinabkletterten, nahmen die Trägerinnen spielend. Am Bahnhof bestürmten uns noch einmal unsere bekannten Verkäufer und Verkäuferinnen nicht ohne Erfolg. Nach hartnäckigem Ringen hatte ich schließlich doch alle Taschen voll von Buddhas, Messingdolchen und Amuletten. Um ½ 2 Uhr nachmittags fuhren wir in der kleinen Gebirgsbahn von Darjeeling ab. Graf Nikolai, einer unserer drei Franzosen, war bei uns ins Abteil gestiegen. Kurz vor der Abfahrt hatte er noch Gelegenheit gefunden, den Empfangssaal des Dalai-Lama zu sehen. In der mit gelbem Papier ausgeschlagenen Stube stand auf einem Tische ein Stuhl. Auf diesem Thron hat dann täglich der entthronte Buddha die Gläubigen an sich vorüber ziehen lassen. — Einsam hing in dieser Stube ein Bild: „Das Abendmahl" von Leonardo da Vinci.

Eilig rollte unser Bähnlein bergab durch den Urwald, wand sich wie eine Schlange über den kreisenden Windungen der Loops und führte uns bald an Talrändern entlang, aus denen schon der warme Atem des Tieflandes wie aus einem tiefen Ofen zu uns heraufwehte. Gegen 8 Uhr abends bestiegen wir in Siliguri den Schnellzug und schlummerten in unsere Reisebetten gehüllt dem nächsten Morgen entgegen.

Am 3. März weckte uns in Nattore anhaltendes Läuten. Nach einer halben Stunde waren wir in Saragaht und wechselten bei strömendem Regen auf die große Gangesfähre über, die im fahlen Frühlicht auf uns wartete. Während der Überfahrt wurde es hell. Auf den breiten Wassern des Ganges trieben schwere, seltsame Segelboote, hier und dort ragten lange Sandbänke aus den Fluten, kahl und still zogen die flachen sandigen Ufer vorüber. Dann kam die Sonne und senkte ihre Glut auf uns hernieder. Nach mehrstündiger Bahnfahrt langten wir mehr tot als lebendig um ½10 Uhr vormittags in unserm Hotel in Kalkutta wieder an.

Mit den Herren Edebüttel und Amann gingen wir abends in das Teehaus von Pelitti, das neben Thomas Cook lag. Später kam auch noch Herr Hasenbalg. Wir saßen und schwitzten und schwatzten auf dem langen Balkon und sahen auf das bunte Treiben der Menschen und hellerleuchtete Autos, Equipagen und elektrischen Bahnen hinab. Über der strahlenden Großstadt breitete sich der heiße, tief blaue Himmel der Tropen mit seinen flimmernden Sternen, unter denen wir vergeblich nach einem Sternbilde ausspähten, das unserer Kasiopeia oder dem Orion gleich schön wäre.

Am Vormittag des 4. März besuchten wir den zoologischen Garten, der sein Entstehen Deutschen verdankt. Prächtige Hallen und Käfige beherbergten Prachtexemplare von Königstigern, Löwen, Orangutangs, schwarze Panter, Silber- und Goldfasanen, Zebras, Hirsche und Strauße. Auf einem Baumstumpf ruhten wir uns vor dem großen, umgitterten Hofe der Strauße aus. Einer dieser großen Vögel rannte wie besessen hin und her. Freund Pfeil vermutete, daß dieses Tier binnen kurzer Frist eines seiner berühmten Eier zu legen gedachte, wobei er nicht ohne Scharfsinn kund tat, daß ein Strauß höchstwahrscheinlich das Gackern durch heftiges Laufen zu ersetzen sich bestrebte. Geduldig erwarteten wir das Ergebnis. Leider fehlte aber dem bekanntlich maßlos dummen Tiere jedes Verständnis für die Situation; es tat Pfeil den Gefallen nicht.

Aus einer hohen Halle, die besonders lebhaften Zulauf von Eingeborenen aufwies, schallte fürchterliches Gebrüll herüber; es war das Affenhaus und der Schreier niemand anderes, als der schwarze Brüllaffe, ein höchst gewandter Bursche. Von der erhabenen Höhe seines Baumes schrie er in entsetzlichen Lauten durch den Affensaal. Die anderen Vierhänder hörten aufmerksam zu; endlich schrieen und quieckten sie auch mit, dann hörten sie wieder zu und so ad in finitum. Recht prosaischer Weise ist der Brüllaffe auch Predigeraffe genannt worden. Die Hindus hatten Bananen und andere Leckereien mitgebracht und traulten und fütterten die Äffchen unter freundlichen Ansprachen. Die Affen schälten die Bananen mit der Grazie einer Lady.

In Ermangelung eines Wagens gingen wir bei schrecklicher Mittagshitze zu Fuß nach der Stadt zurück. Endlich kam uns ein kleiner Hindujunge zu Hilfe, der mit scharfen Augen unsere Bedrängnis erkannt hatte. Durstgepeinigt trank ich im Hotel ein Glas Wasser aus der Wasserleitung. Abends erzählte ich davon Herrn Edebüttel, der mir die üblen Folgen wie Cholera oder Pest so deutlich vormalte, daß ich augenblicklich Leibschmerzen bekam. —

Der Vormittag des 5. März galt dem Besuch des indischen Museums. Der schroffe Gegensatz zwischen dem kühlen Gebirgsklima und der Gluthitze der Tiefebene wirkte noch heute auf Geist und Körper. Freund Pfeil klagte über Schwindel und Mattigkeit. Auf den Mittag waren wir von Herrn Helms in den Deutschen Klub eingeladen. Die noch übrige Zeit benutzten wir, um in einer guten Konditorei die Lebensgeister durch eisgekühlte Getränke wieder auf den Damm zu bringen. —

Nach vortrefflichem Mittagsmahl bei Herrn Helms auf der Veranda des Deutschen Klubs spielten wir seit langer Zeit zum ersten Male wieder einen deutschen Männerskat. Am Nachmittag fuhren wir dann im Wagen hinaus zur Besichtigung der Häutelager von Smith & Co., deren Teilhaber Herr Helms war. Der größte Teil der bedeutenden Ausfuhr an Fellen liegt in den Händen deutscher Firmen, welche ihre langen Lagerhallen längs des Flusses errichtet haben. Herr Helms zeigte uns etwa 50 000 Ziegen-, Kuh- und Büffelfelle und die Art ihrer Verarbeitung und Verwendung.

Im Auto der Firma fuhren wir dann zur Villa Hasenbalg. Der Chauffeur war ein Hindu. Ich saß bei der rasenden Fahrt neben ihm und bewunderte dabei die Ruhe und Geschicklichkeit des Braunen, der haarscharf an Hindernissen vorbei zu fahren wußte und sich ängstlich hütete, auch nur das kleinste Tier zu überfahren. Leichtsinnige Köter schienen sich dessen wohl bewußt zu sein und zottelten in aller Seelenruhe vor unserem Auto über die Straße. Dann stoppte unser Hindu. Konnte er denn ahnen, ob diese Hundeseele nicht früher in seiner Großmutter wohnte?

In dem liebenswürdigen Kreise der Familie Hadenfels und Hasenbalgs verbrachten wir den Abend im Park bei köstlichem Bier, wozu die Herren pflichtgemäß Zigarren zu rauchen hatten, als Abwehr gegen die schwärmenden Moskitos. Nach herzlichem Abschied begaben wir uns ins Hotel zurück, packten und gingen frühzeitig zur Ruhe. —

Am 6. März standen wir um ½5 Uhr auf und fuhren um 6 Uhr zum Hafen. Unser Turbinendampfer, die Lunka, fuhr eben ein, ein elegantes neues Schiff der British Indian Steam Ship Navigation Co. Prof. Eckhardt und Frau aus San Franzisko die mit uns auf der Lützow gefahren, Oberst von Luttitz mit Gemahlin und Sohn, die Herren Edebüttel und Amann sowie der Holländer Herr Staring aus Soerabaja warteten bereits an der Anlegestelle. Den Abschied von Edebüttel und Amann feierten wir bei einer Flasche Cliko. Um ½8 Uhr lüftete die Lunka die Anker. Lange noch wehten die grüßenden Tücher vom Schiff zu unseren deutschen Landsleuten hinüber, die uns nach kurzer Bekanntschaft herzlich nahe getreten waren. — Die Ufer traten allmählich zurück, rote Leuchttürme ließen schließlich am Horizont das Land rechts und links nur noch erraten, bis gegen 2 Uhr nachmittags das braune Wasser des Ganges in scharfen Umrissen wechselte gegen die blaugrünen Wogen des Ozeans. Hiermit hatten wir das Gebiet Indiens verlassen.

XX.
Seefahrt von Kalkutta nach Rangoon.

> „Meeresstille! Ihre Strahlen
> Wirft die Sonne auf das Wasser,
> Und in wogendem Geschmeide
> Zieht das Schiff die grünen Furchen."
>
> H. Heine.

Die zweitägige Seefahrt bis zum Festlande Hinterindiens ging ruhig von statten. Herr Staring legte mit Leidenschaft Patience und fesselte Pfeil gänzlich. So saßen die beiden Unermüdlichen stundenlang über ein kleines Tischchen gebeugt, schoben die Karten bald hier, bald dort hin und sprachen dazu kluge, bedeutsame Worte. —

Am Morgen des zweiten Tages fühlte ich nach dem Bade am ganzen Leibe ein Prickeln und Kribbeln, welches ich zunächst der Einwirkung des salzigen Seewassers zuschrieb. Nach einer Stunde entdeckte ich einige weiße Ameisen, die zur Menschette heraustürmten: meine Kleider wimmelten von diesen

Tierchen, bei deren Erinnerung mich noch jetzt ein leiser Schauer überrieselt. Die weißen Ameisen der Tropen sind gefürchtet, weil sie in **einer** Nacht einen ganzen Stiefel aufzufressen vermögen und sich in Tische, Stühle und Schränke einnisten und sie hohlnagen, bis solch' ein Möbel wie ein Kartenhaus in sich zusammenfällt. Zum Schutze gegen die Insekten hatten wir in alle Koffer Kampfer eingelegt; nun füllte ich auch die Taschen meines Anzuges mit Kampferduft und schlug so meine Peiniger glänzend in die Flucht.

Beim Abendessen fehlte Frau Professor Eckhardt, die Gemahlin unseres Kabinennachbarn. Meine Ameisen waren nämlich ausgewandert und hatten die fröhliche Amerikanerin attakiert. Jetzt schmollte sie mir, weil ich diese lieben Tierchen nicht bei mir behalten hatte. —

Bei Annäherung an die Küste Birmas änderte sich das Wetter. Bleigraues, zitterndes Gewölk überzog den Himmel und schwere Hitze legte sich auf das Meer. Kreischend umkreisten Möven das Schiff. Zwischen roten Feuerschiffen hindurch führte uns der Lotse in das Delta des Irawadi. Tropischer Wald und kleine Hütten begleiteten die Ufer. Wolkenbruchartig brach plötzlich ein Tropenregen los; die Ufer verschwanden hinter den Wasserschleiern und kaum zehn Schritte weit reichte der Blick. Vorsichtig tastend steuerte der Lotse mit Hilfe fortgesetzter Lotungen den Fluß hinauf und das Nebelhorn brummte in kurzen Pausen seinen mahnenden Ruf. Der Regen verbreitete ansehnliche Kühle, so daß die Hindus im Zwischendeck schnatterten und schlotterten.

Die Heftigkeit tropischer Regengüsse hält nicht lange an. Nach einer Stunde war auch hier die Kraft gebrochen, nur stoßweise Böen huschten noch zuweilen über uns hinweg. Fremdartige Schiffe mit Segeln aus dunkelbraunem Öltuche trieben vor dem Winde stromauf. Jetzt erschienen links hohe Türme und weiße Gebäude im üppigen Pflanzenwuchs; die Sonne vertrieb die letzten Wolkenfetzen und kleidete Rangoon in ihr strahlendes Goldgewand.

Mitten im Strome warf die Lunka Anker. Ein kleiner Dampfer mit gelber Flagge brachte den Arzt an Bord, der die Braunen aus Indien untersuchte. Die Weißen blieben noch von einer ärztlichen Untersuchung verschont. Nach hitzigen

Kämpfen um unser Gepäck, das zum Umladen abseits verstaut worden war, sanken wir endlich in eine enge, elende Holzdroschke. Der Kutscher war ein Schuft, wie man mir sofort zugestehen wird. Mit frechem Grinsen streckte er seinen braunen Malayenkopf zum Fenster herein und flüsterte: „Zwei Rupee!" Das sind 2.80 Mk. für eine Fahrt von 15 Minuten, die uns bis zum „Minto-Mansion-Hotel" bevorstand. Das erschien denn doch zu dumm. Ich sprang aus dem Wagen und winkte einen Schutzmann herbei. Höflich hörte mich der braune Jünger Hermandads an und zog dann dem Gauner von Kutscher kurzerhand mit dem Holzknüppel einige von denen über das nichtsnutzige Fell, die nichts kosten, wobei er ihm eindringlich ein Privatissimum über Innehalten des Tarifs las. Der Versuch, uns ums Dreifache zu prellen, war also gescheitert und so mußte er denn empfinden, „daß zuletzt die böse Tat für den Übeltäter selber unbequeme Folgen hat". Nach wenigen Schritten vollführte der zornerfüllte Kuli mit unserm Wagen eine derart heftige Schwankung, daß nur ein Haar fehlte und wir wären mit samt dem Gepäck umgefallen. Da zogen wir zu einem andern Kutscher um, in dessen Brust mehr Sanftmut wohnte.

Die Hauptstraßen von Rangoon sind breit und schön. Alleen bekleiden die geräumigen Bürgersteige. Da wandeln bezopfte Chinesen in schwarzglänzenden, weiten Gewändern unter braunen Schirmen aus Ölpapier; sie gehen meistens auf X-Beinen. Graziöse, kleine Birmesinnen kommen vergnügt und selbstbewußt daher; sie tragen kurze, blumengestickte Jacken mit weiten Ärmeln, ein eng anliegendes, seidenes Hüfttuch in zarten Farben, Halskettchen, Armringe und Sandalen. Das schwarze Haar ist sorgsam zu einem breiten, flachen Knoten auf dem Kopfe gebunden und meist mit weißen Blumen geschmückt. Sie sind eitel wie Japanerinnen. Kokett nippen sie an wahren Ungeheuern von Zigarren, deren Mundstück so groß ist, daß es kaum zwischen den zarten Lippen Platz findet. Der Birmatabak ist dunkelbraun und schwer.

Verkaufsläden und Handwerksstätten birmesischer Holzschnitzer standen weit offen und gestatteten Einblick in das Leben und Treiben im Hause. Zwischen der Menge klingelte die elektrische Bahn, töffte das Auto und rollte lautlos die elegante Gig auf Gummirädern; leere Dog-carts werden vom Boy, der neben dem Pferde geht, nach Hause geführt. — Vier niedliche Japanerinnen saßen vor ihrem Laden im Kreise und besahen sich in ihren Handspiegelchen und zupften und lupften ihre kunstvolle Frisur zurecht. Birmesische Männer traten weniger in die Erscheinung. Sie sind noch weit fauler als die Hindus und wissen das Dasein noch mehr als jene Künstler sorgloser Beschaulichkeit im süßen Nichtstun zu vertrödeln. In erster Linie scheint neben dem Weißen der Chinese den Handel in Händen zu haben, fleißige Singhalesen und Muhammedaner teilen sich in das Übrige. —

Die Bahnlinie trennt die Geschäfts- und Eingeborenenstadt von den Kantonnements, dem Villenviertel Rongoons. Hier lag unser neues Hotel mit so ziemlich aller Behaglichkeit der Neuzeit.

Herr Starings Geschäftsfreund Mahomed Ismail Mohamedy hatte seinen eleganten Landauer zur Verfügung gestellt: auf dem Bock zwei Indier mit Spitzturbanen, auf der Rückseite zwei Boy's mit großmächtigen Fliegenwedeln, in der kleidsamen Livree der Diener indischer Großen, — eine höchst fendale Sache.

Gegen Abend fuhren wir durch die Anlagen der weißen Ansiedler mit den reizenden Villen, die so schmuck und sauber und einladend sind. Hie und da standen unter Palmen hölzerne Blockhäuser birmesischer Familien. Sie sind auf Pfählen über dem Erdboden erbaut, wohl wie in Indien gegen die ungesunden Bodendünste. Die Dächer bestehen aus mehreren Etagen und erinnern schon an chinesische Bauart.

Die Fahrstraße führte nahe an einem Hügel entlang, aus dessen Baumwipfeln die goldene, schlanke Spitze der Shwe-Dagon Pagode, des heiligsten Buddhatempels Hinterindiens, hervorschaute. Dann bogen wir rechts in den Viktoria-Park ein, und erstiegen einen Rasenhügel. Auf bequemer Bank konnten wir die prächtige, künstlerische Anlage mit ihren Wegen, Rasenflächen und Baumgruppen übersehen; in sauberen Seen spiegelte sich dunkelrot die untergehende Sonne. Der Europäer und Engländer sucht hier nach arbeitsreichem Tagewerk seine Erholung. Prunkvolle Karossen fuhren im Schritt vorüber; junge Damen im knappen Reitdreß galoppierten heran und feierten Begrüßung mit Bekannten.

Nach dem Abendessen gedachten wir Rongoon bei Nacht zu besichtigen. In einem Wagen des Hotels holten wir den jungen Herrn v. Luttitz im Strandhotel ab, schworen uns zu, den Wagen keinenfalls zu verlassen und ließen den Kutscher ohne Ziel losfahren. Wenn man einem Braunen, sei es im Wagen oder in der Riksah, keine Adresse angibt, fährt er ohne Zögern, — ich will mich mal auf japanisch ausdrücken, — nach der „Yoshiwara", dem lebenslustigsten Teile der jeweiligen Stadt. Ein neues Bild ostasiatischen Lebens entrollte sich. In den schmalen Straßen liefen vor den Häuserreihen Säulengänge. Durchsichtige Vorhänge aus Perlen und Bambus schieden die Wohnräume von der Außenwelt, japanische Ampeln erleuchteten das Innere. Zwei Säulen am Wege begrenzen jede Behausung. An diesen Pfeilern hängen kleine Lampen mit Scheinwerfern; ihr Lichtkegel fiel auf die Figürchen junger Japanerinnen, die kaum dem Kindesalter entwachsen, zierlich und niedlich auf den Stufen hockten und den Fremdlingen keineswegs Abneigung bezeugten. Unter der kunstvollen Haarfülle leuchteten die kleinen Gesichtchen von weißem Reismehl bepudert und die rotgefärbten Lippen wie Kirschen; die schwarzen Schlitzäugelchen blitzten kokett und lächelnd herüber, wenn es deren Besitzerin vorzog, auf ihrem Platze zu verweilen. Manch Mägdelein kam hingegen zutraulich an unsern Wagen und kicherte silberhell und pipste in den höchsten Tönen Unverständliches. — Unser Schwur bannte uns in den Wagen, wie einst den Odisseus die Fesseln an den Mast seines Schiffes, als er bei den Sirenen vorübersegelte.

Wohlbehalten brachten wir nach schier endlosen Irrfahrten Herrn v. Luttitz nach Hause und fuhren dann zum deutschen Klub, um die Adresse des jungen Herrn Pattenhausen zu erfragen, dem ich Grüße zu überbringen hatte. Auf der Terrasse des Klubs traf ich mehrere deutsche Herren, die sich vom Kegelspiel erholten. Herr König, an den ich mich wandte, duldete nicht, daß Pfeil und Staring im Wagen warteten und bald saßen wir drei Fremden unter den uns bisher gänzlich unbekannten deutschen Landsleuten hinter perlendem Wisky und Soda, als gehörten wir schon längst zu ihrem Kreise. Die herzliche, frischfrohe Aufnahme rief die Erinnerung an den gleichen Empfang in Colombo in uns wach; überall, wo wir draußen deutsche Kaufleute antrafen, dieselben frohen, festen, hilfreichen Männer. — Unser deutscher Kaufmann im Auslande ist ein Prachtmensch. Der Ernst des Lebens und das harte Ringen ums Dasein bleibt ihm nicht fremd, aber trotzdem bewahrt er sich einen sonnigen Frohsinn und sein kerndeutsches Gemüt. — An jenem Abend lernten wir auch Herrn Reinecke kennen, der bald nach der deutschen Heimat zu reisen gedachte, um seine Braut heimzuführen. Der liebenswürdige Zufall ließ uns in Colombo als Passagiere der Kleist wieder zusammentreffen. Wir haben dann noch schöne Tage auf der Heimfahrt mit einander verlebt.

Der nächste Morgen brachte wieder tropischen Regenguß. In dem Wagen Mohamedys fuhren wir zu den Geschäftsräumen der Koninklijken Paketvaart Maatschappij, um Plätze für die Fahrt von Singapore nach Batavia zu sichern. Der junge Holländer sprach tadellos deutsch, wie überhaupt jeder gebildete Niederländer die deutsche Sprache beherrscht, und versah uns freundlich mit einem Stoß von Büchern, Heften und Karten Javas. — Später besuchte ich Herrn Pattenhausen bei „Mohr Brothers" und verplauderte ein Viertelstündchen mit ihm auf der luftigen Veranda seines alten Geschäftshauses.

Am Nachmittag fuhren wir an kleineren Pagoden und 5 m hohen Drachen und uralten Heiligtümern vorüber hinaus zur „Shwe Dagon Pagode". Sie ist etwa 2500 Jahre alt und steht mitten auf befestigten Terrassen auf einem Hügel des Pegu-Jama-Gebirges. Ein Gang durch das Heiligtum ist unbeschreiblich eindruckreich. Die Frontbreite der viereckigen Umfassung beträgt 500 Meter, die Tiefe etwa 700 Meter. Und doch schrumpft die große Ausdehnung unter der Fülle der Bauwerke zusammen, so daß das Innere fast eng erscheinen möchte.

Als wir vor dem Eingang den Wagen verließen, umringte uns eine Schar Kinder, und ein etwa zehnjähriger, gelber Jüngling begann energisch in geläufigem Englisch die Pagode zu erklären. Dabei erwies er sich geweckt und lachte so verschmitzt, daß wir uns seine Führerschaft gerne gefallen ließen. Seine Weisheiten stammten von einem „Clergyman", wie er sagte, also seinem Priester. Der heutige Eingang mit seinen weißen Säulen und Spitzen und vergoldeten Holztürmchen ist dem alten vorgebaut. Zwei märchenhafte Hunde aus weißem Stein mit rotem Maul und fürchterlichen Zähnen bewachen ihn.

Eine breite Treppe führt steil in seiner Halle den Berg hinauf, beiderseits Verkaufsstände mit großen Zigarren, Tempelblumen, Bildern Buddhas und Ansichtspostkarten. Hinter den Tischen stehen Frauen; sogar zum Verkaufen scheint der Birmese zu faul zu sein. — Der Eingang in die alte, umfassende Festungsmauer kann durch Eisenplatten abgeschlossen werden, Schießscharten blicken rechts und links ins Freie. Die oberen hölzernen Querbalken der Treppenhalle und die Seitenwände sind reich und kunstvoll in Holz geschnitzt und mit Darstellungen aus der Göttergeschichte bemalt.

Der Blick auf diese geradlinige, breite Treppenflucht mit der fremd anmutenden Architektur und den kommenden und gehenden Andächtigen aller Klassen in farbenreichen, originellen Kostümen ist äußerst anziehend. Auf den einzelnen Absätzen verweilten wir lange, gefesselt von dem wechselvollen Bilde.

Oben angelangt öffnete sich vor uns der farbenprächtige Tempelplatz, ein neuer überraschender Anblick. Die Pagode ist über und über mit dicken Goldplatten belegt. Ihre achteckige Grundfläche mißt über 400 Meter im Umfang, in vielen Abstufungen erhebt sie sich glockenförmig zu einer Höhe von fast 100 Metern. Ihre Spitze trägt ein goldenes Schirmgestell, reich mit Edelsteinen geziert und mit goldenen Glöckchen behängt. Jeder Aufsatz ist „Ti" genannt, der oberste Ti von 14 Meter Höhe und 4 Meter Durchmesser wurde 1871 vom König Mindun Min für 1,2 Millionen Mark gestiftet. Tempel mit vergoldeten Dächern, hohe Masten mit edelsteingeschmückten Gebetsfahnen, Säulen offener Tempel mit Glasmosaik belegt, verschnörkelt geschnitzte Holzfriese, Buddhastatuen sitzend und liegend, oft zwanzig riesige Figuren in einer Halle, das alles stürmte in massenhafter Fülle sinnverwirrend auf unser Auge ein. Saubere Malayinnen, Chinesinnen und Japanerinnen knieten vor den heiligen Statuen Buddhas, ihre zum Gebet zusammengelegten Händchen trugen einen Strauß duftender Blumen. Inbrünstig erhoben sie mit flehenden Blicken die weißen Blüten zu dem kalten, schlitzäugigen Steinbild. Gelbgekleidete, kurzgeschorene Priester winden sich durch die Menge. Sie nehmen Opferkerzen in Empfang, entzünden sie und stellen die Lichter zur Seite eines Altars; es ist viel Ähnlichkeit dabei mit den Gebräuchen der katholischen Kirche. An einzelnen Ecken sitzen

Männer und schlagen an eine dicke Messingplatte, die frei an einem Faden schwebt. Das Metall dreht sich und gibt einen weichen, schwingenden Glockenklang. Auf einem Glaskasten am Fuße der großen Pagode reißen zwei Kröten aus Stein ihre Mäuler auf. Fromme opfern hier ihre Münzen, ein Priester steht daneben und beäugt, was in den Glaskasten hineingefallen. Auf den Steinfliesen knieen alte Frauen, der Pagode zugewandt, wo „acht Haare Buddhas" in goldenem Schreine ruhen. Um den Stamm alter, hoher Bäume sind heilige Grotten gruppiert mit großen und kleinen Statuen. Unermeßlicher Reichtum an reinem Gold und Edelsteinen lastet auf all' den Wohnräumen der Götterbilder. Und doch wirkt der Anblick freundlich und wohltuend, denn überall findet das Auge frisches Grün der Laubbäume und die graziösen Fächerkronen der Palmyra- und Kokospalmen. —

Auf dem höchsten Punkte des Hügels, beschattet von Palmen und Bobäumen, thront das älteste Standbild Buddhas; es ist 10 Meter hoch.

Unser kleiner Führer drängte dem Ostausgang zu. Dort stand in offener Tempelhalle die 40 Tons schwere, alte Glocke, die in den Fluß gefallen war, als die Engländer sie einst als Beute mitnehmen wollten. Später haben die Birmesen das Ungetüm wieder aus dem Wasser gefischt und zum Tempel gebracht. Mit dem stereotypen verschmitzten Lächeln schlich der Kleine hinter die Glocke und bummerte mit den Ellbogen dagegen, daß es dröhnte. Aber der Klang war blechern. Die Glocke wird sich bei den Strapazen ihrer unfreiwilligen Reise einen Schaden geholt haben.

Ein Goldschmied hämmerte daneben in seiner Werkstätte; er hatte ein dickes, großes Stück Gold unter dem Hammer, aus dem man gut 5000 Mark hätte prägen können. — Den obern Teil der großen Pagode umzog ein Gitterwerk aus Bambus, ein Kunstwerk in seiner Art. An Hanfseilen lief ein leichter Wagen hinauf zur Spitze, wo die Goldplatten aufgelegt wurden. Als ich im Klub davon sprach, suchte mir ein Spaßvogel mit lustigen Augen klar zu machen, die Luftbahn diene den Priestern, um zur Zeit des Vollmondes hinauf zu gondeln und von der Spitze der Pagode aus den Mond anzubeten. Ein harmloseres Gemüt bringt solche Scherze allen Ernstes in Reisebücher und so mag manch Absonderliches schon in die „Führer" hineingekommen sein.

Im Begriff, die Shwe Dagon Pagode zu verlassen, wurden wir von einem älteren Herrn auf englisch angesprochen; er bat um Auskunft und bedauerte das Fehlen einer gedruckten Erklärung des Heiligtums. Als Pfeil und ich dann mit einander deutsch sprachen, trat der Fremde nochmals heran und stellte sich als Herr Schellenberger aus Nordamerika vor. Er bediente sich jetzt der deutschen Sprache mit unverkennbaren Anklängen an bayerischen Dialekt. Das wäre an sich nichts wunderbares, wenn der biedere Deutschamerikaner nicht berichtet hätte, daß seine Vorfahren bereits vor 180 Jahren die bayerische Heimat verlassen hätten. Dieses zähe Festhalten am Deutschtum wird leider unter den jungen Deutschen Amerikas immer seltener. Schon die zweite Generation versinkt im Amerikanertum und immer loser werden die Beziehungen zum großen, deutschen Vaterland. Wann war es schwerer, die deutsche Heimat zu lieben, früher zu Zeiten der Kleinstaaterei und gänzlichen Ohnmacht des deutschen Volkes, oder heute, wo der Deutsche sich stolz seiner Zugehörigkeit zum starken, geeinten Vaterlande bekennen kann? — —

Der Kutscher unseres Wagens verstand kein Wort englisch; das wußten wir aber noch nicht. Unser nächstes Ziel war der deutsche Klub. Die Fahrt ging also los, nachdem der Braune auf dem Bock vertrauenerweckend genickt hatte. Wir kamen an luftigen Baracken eines schottischen Infanterie-Regiments vorüber, wo die Mannschaften Fußball und Krickett, oder in der schottischen Halle unter dem Hause Karten spielten. Die Fahrt war recht unterhaltsam; nun ging es kreuz und quer, am Rennplatz vorüber, dann durch volksbelebte Straßen mit Moscheen, Kaufhäusern und chinesischen Tempeln mit scheußlichen Drachen, schließlich jagten wir schnurstracks dem Hafen zu. Alle Beteuerungen, wir wollten doch nach dem Klub gelangen, prallten an unserm Lenker ab, als sei er taub; es ging immer weiter. Als Gefahr eintrat, daß uns der Mann ins Meer hineinfahre, stocherten wir ihn etwas unsanft mit den Stockspitzen und riefen: „Stopp!" So haben wir uns gerettet und sind dann in einen andern Kasten geklettert. Ob andere Weltbummler auch derart unter den Kutschern zu leiden hatten? ich möchte es gerne glauben.

Im Kreise unserer freundlichen Deutschen verging die Zeit schnell. Herr Pattenhausen aß mit uns im Hotel zu Abend und erzählte Interressantes und Ergötzliches aus seinen bisherigen Erlebnissen in Rongoon. Wie in Kalkutta die deutschen Kaufleute die Hauptausfuhr in Häuten beherrschen, so haben in Rongoon deutsche Firmen den größten Anteil an der Reisausfuhr. Pattenhausen konnte über die Kutscher auch ein Liedlein singen, die fremder Sprache durchaus abhold sind. Der deutsche Kaufmann ist gezwungen, in Birma nicht nur englisch zu sprechen, er muß auch Malayisch und Hindostanisch können. Das sind Anforderungen, die neben der beruflichen Arbeit noch ernstes Privatstudium bedingen.

Am Vormittag des 10. März holte Mohamedys Wagen uns ab zum Hafen. Die Dunera lag noch draußen im Fluß. Unheimliche Gerüchte gingen über das Schiff um: es sei ein alter Kasten, der seine letzte Fahrt antrete, und wenn es unterginge, sei dem Reeder nur ein Gefallen geschehen. —

Eine kleine Dampfbarkasse hielt an der Landungsbrücke, die wir einzeln betreten durften, nachdem der Hafenarzt einem jeden den Puls gefühlt. Drei Stunden mußten wir hier warten, bis die Ladung auf der Dunera beendet war und sie längsseits des Dampferchens anlegte. Auf dem Hauptdeck lag in buntem Wirrsal das Gepäck der Passagiere. Ich kletterte wie eine Gemse darauf umher und bezeichnete den Kulis unsere Koffer. Freund Pfeils Handkoffer mit den Ringen vom Dalai Lama schien verloren, eine Tatsache, die nicht wenig Bestürzung hervorrief. Später fand sich aber der Vermißte im Speisesaal; er war in eine fremde Kabine verbracht und von dem ehrlichen Finder wieder hinausgeworfen worden.

XXI.

Von Rangoon über Penang nach Singapore.

Der Dunera vermag ich kein Loblied nachzusingen. Sie fuhr im Schneckengang, stündlich etwa neun Knoten; ihre Einrichtung ähnelte der kleinen Palitana, die Kabinen mündeten in den Eßsaal, auch sonst gebrach es an Platz. Herr Reinders, ein Deutschamerikaner aus St. Louis, teilte mit uns die Kabine.

In der Nacht wüteten Sturm und Wogen auf dem Meere. Der Hitze wegen hatten wir die Bullaugen geöffnet, nun jagte Regengischt herein und befeuchtete mich angenehm, Herrn Reinders höchst unangenehm. Freund Pfeil zog sich dabei regelrechten Rheumatismus zu.

Wir hatten, wie gewöhnlich, Indier im Zwischendeck. Am Nachmittag des 11. März trat einer von ihnen als Gaukler auf. Unter seinen herkömmlichen Kunststückchen ist nur eines erwähnenswert, der Trick mit dem Korb. Ein Hindu wurde in ein Netz gelegt und dieses fest zugeschnürt. Auf den Planken des Promenadendecks stand ein großer, runder, ziemlich flacher Korb mit Deckel. In diesen Korb wurde der Mann im Netz versenkt, der Korb mit dem Deckel geschlossen. Nun machte der Gaukler über dem Korb Lirum Larum, öffnete ihn, tat erstaunt und entnahm ihm das leere Netz. Wütend warf er den Deckel wieder zu und stach mit einem langen Degen kreuz und quer durch den Korb, daß auch kein Fleckchen darin unberührt bleiben konnte. Darnach rief er dem Hindu, der vorher in dem Netz gesteckt hatte und siehe da, der Gerufene kroch seelenvergnügt aus dem zerstochenen Korbe heraus.

Im sanften Wiegen glitt die Dunera in die warmen Gewässer des indischen Ozean, der reich ist an Seegetier aller Art. Als wir abends an der Reeling lehnten, sahen wir zum ersten Male leuchtende Medusen auf dem Meere treiben. Der untere Teil ihres Körpers fluoresziert. Der Strudel des Exhaustors wirft die Quallen auf den Rücken und so schwimmen sie eine Zeit lang wie große, leuchtende Sterne neben dem Schiffe, bis sie sich von ihrem Schreck erholt haben und in altgewohnter Weise auf dem Meere weitersegeln. Dieses wunderhübsche Naturspiel begleitete uns in der Gegend des Äquators fast ständig. Später trat das Meerleuchten hinzu und fesselte uns mit seinem gespenstigen, zauberhaften Glanze manche Abendstunde an den Bug unseres Schiffes, wo die rauschenden Wellen sich brachen, deren lange, verklingenden Kämme die Millionen kleiner Lichtträger empor wirbelten und wie huschende Lichtstreifen hinaustrugen in die schwarze Nacht des Meeres.

Der folgende Tag führte uns durch den Mergur-Archipel mit seinen zahlreichen Inseln. Frei über dem Horizont erschienen zuerst die Spitzen der Berge, zuweilen auch nur einzelne Bäume. Mit der Annäherung senkte sich Berg und Baum und dann dehnte sich rechts und links das Festland der Insel, bis in angemessener Entfernung die Mitte den Meeresspiegel zu berühren schien. Die Enden zu beiden Seiten hingen nach oben gebogen in der Luft und näherten sich allmählich auch der Horizontalen. Diese Erscheinung wurde durch Refraktion der Strahlen über dem Meere erklärt.

War die Dunera ein gebrechlich langsam Ding, so ersetzte der Kapitän durch sein herkulisches Wesen ihre Schwäche. Dieser Herr war ein Enaksohn mit Boxerfäusten und Fußballfüßen. Früh am Morgen erwachten die Passagiere durch den kräftigen Gesang seiner Kehle und besorgten ihre Toilette unter den Klängen einer Geige, die unser Kapitän gefühlvoll strich. Die ersten Nachmittagsstunden vergingen damit, daß die eine Seite des kargen Promenadendecks mit engmaschigen Netzen vergittert wurde, worauf der Kapitän mit seinen Offizieren Krickett spielte. Er war ein mächtiger „Bowler". Ein knappes Jägerhemd umhüllte die breite Brust und ließ den Stiernacken und die Athletenarme frei. Dann schritt er in ungeheuerlichem Bewußtsein eigner Kraft einher und warf den Ball, daß die Netze rissen und die Kugel ins Meer oder in ein offenes Kabinenfenster sauste. — Oft traf er den Dreistab oder das Schienbein des Verteidigers. Wenn er aber selbst den Dreistab zu schützen hatte, entging seinem geübten Auge der kommende Ball nie. Mit der Kraft eines hundertpferdigen Motors schlug er ihn zurück in die verzagte Schar seiner bowlenden Offiziere oder über ihre Köpfe hinweg hinaus ins unendliche Meer. Abends war er dann der Charmante und spielte mit den Herzen der Damen. Manchmal fehlte er auch bei Tisch. —

Ein alter Franzose und seine junge, korpulente Gattin trugen wesentlich zur Unterhaltung bei. Der alte Herr hatte schon einmal in jungen Jahren Indien besucht und erzählte mit interessanten Vergleichen von seinen ersten Eindrücken. Die Französin hingegen machte ihrem Herrn und Gebieter sichtlich Kummer, der ihn zuweilen aufs Krankenlager warf. Dann nutzte die zärtliche Gattin erst recht die Zeit im Flirt mit dem Kapitän oder pflog wichtige, geheimnisvolle Unterhaltung mit einem jungen Russen, den sie als natürlichen und politischen Bundesgenossen längst ins Herz geschlossen hatte. In unbewachten Augenblicken durchbrach sie aber auch das politische Konzert der Mächte und näherte sich dem Dreibunde, als dessen anziehender Vertreter unser unbesieglicher Freund Pfeil die diplomatischen Fäden in feste Hand nahm. Manchmal fehlte auch sie bei Tisch; dann hatte sie Migräne. —

Der junge Russe kümmerte sich um keinen Menschen oder umgekehrt. Er kam selten zu Tisch. Auch sonst stiegen Zweifel auf in meinem Herzen; es ging hier anders zu, als auf unserer soliden deutschen Lützow.

Unsere Kabinennachbarin, die Gräfin Hamilton, rief noch spät abends aufgeregt ihre Zofe zu: „A strom is coming!"

Die Nacht war unruhig, aber nicht gefährlich. Der folgende Morgen fand uns dicht nördlich der Insel Penang, die sich mit mächtigen, waldreichen Höhen aus dem Meere erhebt. Links säumte, so weit das Auge reichte, ein Palmengürtel das Festland der langgestreckten Halbinsel Malakka; in massiger Größe türmten sich dahinter hohe Gebirgszüge, deren Gipfel in den Wolken verschwanden. Langsam näherte sich die Dunera dem Hafen von Penang, der auf der Ostküste der Insel in der schmalen Meeresstraße zwischen ihr und dem Festland gelegen ist. Alle großen Ozeandampfer auf dem Wege nach Ostasien gehen hier vor Anker.

Unser Schiff führte zum ersten Male die gelbe Flagge am Vordermast als Ankündigung, daß wir aus verseuchtem Hafen kamen. Dieser ominöse Wimpel begleitete uns hartnäckig bis zur Rückkehr aus Java, als wir in Singapore wieder deutschen Schiffsboden betraten. Der englische Hafenarzt kam endlich von einem andern Dampfer zu uns herüber, ließ sich im Rauchzimmer nieder und rief uns einzeln nach der Schiffsliste auf; eine Untersuchung unterblieb.

Das Geschäft der Geldwechsler blühte. Wir mußten unser indisches Geld umtauschen; für 15 Rupies erhielt ich 8½ Straits-Dollars und fuhr dann, da Freund Pfeil sich vom Rheuma noch nicht erholt, allein an's Land. Die Rikschah-Kulis, hier schon Chinesen, waren kräftige, muskulöse Gestalten. Mein Sehnen war, den gepriesenen botanischen Garten zu sehen, der etwa 5 km vom Hafen entfernt, am Fuße der Berge lag. Der Chinese vor meinem Wagen lief tadellos. In einer halben Stunde legte er die Strecke zurück. — Penang ist ganz reizend. Hinter dem sauberen Geschäftsviertel dehnt sich hochstämmiger Palm-

wald aus von herrlichen Chausseen durchzogen; hübsche, kleine
Villen, umgeben von der ganzen Pracht tropischer Vegetation,
sind zahlreich zerstreut. Wie riesige Sonnenfächer breiten sich
die Arme der Wanderpalme über den Eingang zum Hause;
die Palmira und Talipotpalme, der Brotbaum und der Jakbaum,
die Banane und Kokospalme, alles gedeiht auf dem fruchtbaren
Tropeneiland wie unter der Pflege eines Treibhauses. In den
Palmenhainen wohnten einzelne Hindufamilien. Ihre Häuser
sind aus Bambus errichtet, Bastdecken bekleiden die Wände, Palmblätter das Dach. Ein hübscher Weg hieß Gottlieb-Straße,
ein lauschiges Häuschen Villa Uhlenhorst. Neben flotten
Zweispännern mit weißen Insassen begegneten wir vielen
Chinesenjünglingen auf dem Zweirade. Diese Herren kleideten
sich nach der neuesten Mode, ohne indes sich des langen Zopfes
zu entäußern, den sie entweder in der einen Hand am Griff der
Lenkstange festhielten, oder zur Hälfte in eine Rocktasche gesteckt
hatten. Der Zopf ist ja so lang, daß er freihängend in die Speichen
des Hinterrades geraten würde.

Zu Fuß ging ich in den paradiesischen, einsamen Garten
Penangs. Ein Wasserfall rauschte aus hoher Ferne silbern herab
zwischen dem üppigen Grün prächtiger Baumkronen, Vögel
sangen und flogen furchtlos in meine Nähe. Auf leicht gewelltem
Rasenteppich grünten und blühten seltene malayische Pflanzen in
lieblichen Gruppen, große und kleine Blüten in leuchtenden und
zarten Farben strömten feinen Dufthauch in die schwüle, wasser-
gesättigte Luft. Nach kurzem Steigen auf einem Fußweg überkam mich lähmende Müdigkeit; es war furchtbar heiß in dem
dampfigen Talkessel. Ein Indier und sein Junge kamen mir von
oben entgegen. Der Vater grüßte nach indischer Art im Vorüber-
gehen, der Kleine aber blieb stehen, verneigte sich und wies
hinauf zu den fallenden Wassern: „Waterfall!" Dann ging er
vor mir her, wie selbstverständlich, lachte vergnügt auf meine
Fragen und sagte hin und wieder: „Ija!" Das ist Malaisch und
heißt eben: „Ja!" Wir erstiegen den Fuß des Berges, wo sich
in einem klaren Reservoir ein hübscher Pavillon und die Talwand
mit ihrem grünen Blätterkleide spiegelt. Der Inder führte mich
dann links hinauf zu einem kleinen Tempel des häßlichen Ganescha
und hinüber zum Bach, über den einige Holzbohlen gelegt,
und ich sah hinauf in die Höhe, wo das Wasser schäumend und

brausend von Fels zu Fels herabstürzte. Sein kühlender Regen erfrischte mich unsäglich. Auf dem Talweg hüpfte der Kleine an den Straßenrand und berührte flink einige zartgefiederte Blätter und lachte; es war die schamhafte Mimose, eine fleischfressende Pflanze, die ihre Blätter bei Berührung mit bestimmten Organismen schließt und so manches Insekt festhält und tötet. — Ähnliche Pflanzen hatte uns Herr Hasenbalg in Kalkutta gezeigt, große, wundervolle, weiße Blüten, die wahrhaften Massenmord betreiben.

Nun flüsterte mein kleiner Führer so was wie „monkey" und deutete in die nahen Baumkronen. Richtig! dort hüpft und schlüpft im Grün ein Aff' herum, sogar deren drei; ich hätte sie allein nicht entdeckt. Das braune Bübchen ahmte das Keifen der Affen nach und jenes spaßige Kratzen, das uns stets ein Lächeln entlockt. Dann machte er Anstalten, sich zu verabschieden, hob mir mit bezeichnender Gebärde die Hand entgegen und äußerte: „Tschau, tschau!" genau wie der Chinaman in der „Geisha" und klopfte sich mit der andern Hand aufs Mäulchen und dann auf den Magen. Ich dachte aber gar nicht daran, den scherzhaften Gesellen zu entlassen und so trottete er neben mir weiter. Als ich dann über die Wiese ging, um eine mir unbekannte Pflanze, den rotstämmigen Penangbambus näher zu sehen, blieb der Kleine unschlüssig am Wege stehen und machte ein gar jämmerliches Schnutchen. Schließlich entlohnte ich ihn mit 5 Cents, das sind etwa 12 Pfennige. Zum Dank zog er wieder das Mäulchen schief und redete tausend Dinge. Nach Verabfolgung weiterer 5 Cents klärten sich die hübschen Augen auf und frohlächelnd marschierte er ab, ein ganz gewiegter kleiner Schlaumeier.

Langsam und müde pilgerte ich durch das Orchideenhaus voll prächtiger, blühender Pflanzen, ruhte auf einer Bank im Anblick des idyllischen Tales und wandte mich dann dem Ausgang zu. Ein Bach rieselte unter blütenumsponnener Brücke; sein Bett ist steinig, das Wasser klar. Weiße Calla blühen wild an seinen Ufern; Palmen, Blattgebüsch und Farrnbäume geben den Hintergrund. Man geht ungern fort von solch lieblicher Stätte.

Mein rasender Rikschakuli überholte zwei andere Rikschas. In der einen lehnte die korpulente Französin mit der Venustaille und ihr russischer Freund; in der vorderen saß der alte Eheherr. Sein Auge blickte düster. —

Um 6 Uhr abends lichtete die Dunera die Anker. Die Sonne versank hinter den Bergen Penangs und wob ein letztes, wundersames Glühen um die weichen Linien des Inselgebirges.

Am folgenden Morgen mußte ich, wie so oft, einen Kampf gegen die Tücke des Objekts ausfechten. Th. Vischer spricht nur von heimtückischen Knöpfen und Uhren, Brillen und Aktenstücken. Ich habe es immer mit den Schlüsseln zu tun. Eine ganze Stunde lang suchte ich nach dem Schlüsselbund; große Perlen rannen übers Antlitz, die ganze Kabine stellte ich auf den Kopf. Die Schlüssel hatten sich natürlich in den Kofferüberzug verkrochen, wo sie kein Mensch vermutete. — Aber sie haben mir später einen noch bösern Streich gespielt.

Mit dem Eintritt in die Straße von Malakka wurde es etwas kühler. Westwärts fahrende Dampfer in großer Zahl erinnerten, daß wir auf einer Hauptverkehrsstraße des überseeischen Weltverkehrs angelangt; fliegende Fische und spielende Delphine scheuchten uns zuweilen von eifrigem Skate auf, der durch bedeutsame Anteilnahme der Französin mit der Venustaille an Interesse gewann. Freund Pfeil hatte ihre Bekanntschaft zu machen nicht verabsäumt und zählte zu ihren Günstlingen. Südwärts tauchte auf kurze Zeit ein Baum aus dem Meere; dort lag Sumatra.

Am 15. März erwachten wir im Anblick Singapores. Unser Kapitän sang die Marseillaise als Morgengruß und zarte Huldigung an die Vertreterin jener Nation, mit welcher der Brite eine Entente cordiale geschlossen. Wie im Großen, so im Kleinen!

XXII.
In Singapore und Jahore.
15. bis 18. Februar 1910.

„Tiefblau der Himmel, tiefblau das Meer,
Die Küste bewaldet, im Vordergrunde
Die glänzende Stadt und die Häuser umher
Wie Blüten im Kranze der grünenden Runde."

J. Wolf.

Einige Stunden lagen wir in geduldiger Erwartung des Arztes außerhalb des Hafens. Links drüben erhob sich die Insel Pulo Brani; auf ihren grünen Hügeln standen Baracken mit flachen Dächern und Zelten. Die Linien einiger Befestigungswerke waren unschwer zu erkennen. Der Größe des Schiffsverkehrs entsprechend lagen an den Piers Singapores eine Masse großer Ozeandampfer, unter denen ich mit stets gleich bleibender Genugtuung die hellbraunen Schornsteine unseres Norddeutschen Lloyd herausfand.

Der Hafenarzt untersuchte uns wieder nicht, gab aber statt dessen jedem Reisenden einen Schein, der besagte, daß wir verpflichtet seien, uns täglich im Gesundheitsamt zu melden; auf einer Versäumnis stand 500 Straitsdollars Strafe. — Das war nun recht unangenehm, weil es uns an Singapore fesselte und den erhofften Ausflug nach Johore in Frage stellte.

Hotel de l'Europe und Ralffes Hotel waren überfüllt. So entschlossen wir uns zum Adelphihotel in der Colman Street und haben es damit recht gut getroffen. Herr Staring war aus Partikularismus, den ich ihm in diesem Falle nachfühlte, in's holländische Hotel van Wijk gegangen.

Die Hitze lähmte alle Unternehmungsgelüste. Am späten Nachmittag taten wir unsern Pflichtgang zum Gesundheitsamt. Vor dem Eingang lag ein Chinesenbaby mit dem Schnuller im Munde und schlief. Ärgerlich über den Zwang stellten wir uns dem „Healthofficer" vor; er notierte unsere Namen und erklärte dann mit feinem Lächeln, daß es ihm ein Vergnügen sei, uns hinfort nicht mehr zu sehen. Wir versicherten natürlich, dieses Vergnügen beruhe auf Gegenseitigkeit. Nun waren wir frei.

Mit Herrn Staring erfrischten wir uns dann im Hotel de l'Europe auf der hübschen Terrassenhalle mit dem Blick auf die belebte Esplanade. Später fuhren uns Chin-Rikhja Kulis ziellos spazieren über die Esplanade, die Raffles Squar am Meere entlang, durch die Malabar-Straße und eine Menge anderer Gassen und Gäßchen, die um kein Haar besser waren, als jene bei der Nachtfahrt in Rangoon gesehenen Stadtviertel. Auch hier überwog das japanische Element die anderen Rassen. Zwar nennt sich der Stadtteil das Europäische Viertel, aber die Hauptstraße, die North Bridge-Road, weist fast ausschließlich chinesische Firmen auf. Die Häuser sind zweistöckig, vor den offenen Läden stehen die Chinesen, nur eine weiße Hose kleidet ihren gelben, muskulösen Körper. Hier die Firmenschilder einiger nebeneinander liegender Häuser: Woo Sen, Schneider; Tong Cheong, Schneider;

Kat Chang, Schneider; Hee Coon, Schneider; Vee Long, Schneider; Wai Sun, Schneider; sie bauen in wenigen Stunden einen tadellosen weißen Anzug. Die Nähmaschinen rasseln Tag und Nacht in ihren Werkstätten. An einer Straßenmauer stand in Riesenlettern auf Deutsch: Jeden Abend großes Konzert. Hier treibt die österreichische Damenkapelle ihr Wesen; der östlichste Ausläufer gepriesener, europäischer Musikkultur. Welches Schicksal! als weiße Frau vor gelben Kerlen Trompete blasen zu müssen! Natürlich ist dieses Konzerthaus ein Tingeltangel; wir mieden seine Genüsse.

Französische Kolonialtruppen von Saigon oder Tonking heimfahrend, trieben sich in der Stadt umher. Ihre Haltung und Kleidung war gut, letztere sogar schick aus dunkelbraunem Kathistoff mit elegantem Schnitt, enger Taille der Jacke, und weiten Beinkleidern, die sich am Fuße plötzlich verengen. Die Metallknöpfe zierte ein Gewehr oder Kanonenrohr, den Kragen eine schwarze Litze mit rotem Anker. Dazu trugen sie eine hohe weiße Mütze. Englische Soldaten trugen eine Helmspitze auf dem Tropenhelm. Ein englischer Tropenhut mit der verhaßten preußischen Helmspitze? Ein wahrer Witz!

Mit Professor Eckhardt und Frau verbrachten wir den Abend nach Tisch. Frau Eckhardt erzählte über ihre Eindrücke in Europa. Die Franzosen hatten sie enttäuscht. Die Zuvorkommenheit der Dame gegenüber, der man seinen Platz in der Elektrischen anbietet und auch sonst den Vortritt läßt, hatte sie in Paris vermißt. In den Kaffees und ähnlichen Lokalen war zumeist der junge Mann mit seinem „sweet heart" anzutreffen. Anders in Deutschland. Dort saß „Papa" und „Mama" mit einander im Kreise ihrer Küchlein und bei allen Zeichen hoher Kultur erschien ihr das Familienleben solid und patriarchalisch. Möge sie Recht behalten!

Gewitter und Platzregen hatten die Hitze etwas gemildert: Freund Pfeil und ich besahen uns also noch die Läden in der nahen South-Bridge-Road. Schmale Kolonnaden sind den Läden vorgebaut. Offen liegen alle Dinge auf den Teken. In solchen Buden ist alles zu haben, von Marmelade, Pomade, Kimano und Stiefel bis zum Silberzeug und chinesischen Porzellan. Ein Schaufenster hatte chinesische Handstickereien ausgestellt, so fein gearbeitet und in den Farben gehalten, daß man Gemälde zu sehen glaubt. Als großes Mittelstück prangte der deutsche Reichsadler auf seidnem Grunde. Seine Fittige ruhten auf den Flaggen der Großstaaten der Erde. Wir waren natürlich nicht wenig überrascht, diese Allegorie des „Deutschland über Alles" in einer englischen Hafenstadt anzutreffen.

Angesichts der Wärme verschmäht das Hotel, seinem Gaste ein Linnen zum Bedecken während der Nacht zu geben. Dafür findet man eine lange Rolle auf seinem Lager, „dutsh wife" genannt; auf sie legt der Hitzgepeinigte die Beine, daß sie frei in die Luft ragen; das ist praktisch.

Der Morgen des 16. März war so herrlich kühl, daß wir das seltene Vergnügen genossen, zu frieren. Trotz der Nähe des Äquators, der nur noch 147 km südwärts lag, unternahmen wir am Vormittag einen munteren Spaziergang. Um die Esplanade und den Raffles Squar gruppierte sich das vornehme europäische Viertel. Nach Norden schlossen sich wieder wie im Süden chinesische Straßen an. Am Strande lagen chinesische Gasthäuser mit wenig traulichem Äußern; auch scheint es geraten, durch jene engen, dunklen Gassen nicht zur Nachtzeit zu wandern. Der harmlose Mitteleuropäer läuft Gefahr, sang- und klanglos von der Bildfläche zu verschwinden. In großen Zirkuszelten hausten zwei Kinematographentheater. Ihre Reklamebilder am Eingang trugen den stärkeren Nerven der Chinesen Rechnung und erregten in dem Beschauer womöglich noch größeres Gruseln als die Schauerbilder unserer Kintöppe.

Am Meere, teilweise ins Wasser gebaut, lag eine schöne große Markthalle. Die Fischer bringen ihren Fang im Boot und reichen die Fische noch lebend herauf zum Kauf. Die seltsamsten Tiere lagen schön sortiert auf sauberen Tischen, u. a. ein Hai von 2 m Länge. Unter den Früchten fehlte leider die seltene Mangustine. Ihre Zeit war für Singapore noch nicht gekommen. Dafür gab es Ananas wie bei uns Nüsse im Herbst. Große Exemplare kosteten 16—20 Pfennige. Eine Versendung der mannigfachen, herrlichen Früchte nach Europa ist nicht möglich, sie verderben unter der Hitze während der langen Fahrt.

Als der Mittag mit seiner Glut heranrückte, ließen wir uns in Ritschas heimfahren. Pfeils Gefährt hatte die Nummer 9483, woraus zu ersehen, wieviele dieser Wägelchen in Singapore laufen.

Nachmittags fuhren wir mit Eckhardts zum botanischen Garten, der nach dem bisher Gesehenen zwar nichts Neues bot, aber doch wieder durch die Schönheit und Geschicklichkeit seiner Anlage gefiel. Abends besuchten wir Herrn Staring in seinem holländischen Hotel. Pfeil und ich hatten der englischen Art entsprechend uns zum Diner in Smoking gequält, eine Tortur bei der Wärme. Nicht so die Holländer. Die saßen bequem in weißen Tropenkleidern im Freien, vergeblich suchte man nach Manschetten, die äußere und innere Bekleidung war eben auf das Notwendigste beschränkt. Im Stillen beneidete ich diese vorurteilsfreien Männer, die sich dem Zwange englischer Mode nicht beugten. Kaltlächelnd, — soweit die Hitze es zuließ, folgten wir später ihrem Beispiel. Auf dem Heimweg suchten wir am Meere vergeblich erfrischende Brise und gingen dann durch die Northern-Bridge-Straße heim. Der Blick auf diese Hauptverkehrsader ist bei Beleuchtung entzückend. Große Papierampeln hängen im Freien über allen Läden, die lange Reihe der obern Stockwerke flimmert im Lichte bunter Lampen. Die großen, blendenden Augen der elektrischen Bahnen eilen vorüber und wie Glühwürmchen huschen hunderte von Rikschas straßauf- und -ab. Kein Lärm; nur das Klingeln der Straßenbahn und der kurze Ruf der Rikschakulis dringt aus dem Straßengewühl. Die Wege sind asphaltiert, die Wagen laufen auf Gummi und die Menschen tragen zumeist keine Schuhe. Ausrufer gibt es nicht. Eine Automobilspritze saust klingelnd um die Ecke; die Glocke der nahen katholischen Kirche läutet Sturm; es brennt irgendwo. Aber Singapore ist viel zu sehr Großstadt, als daß auch nur irgend ein Mensch den Kopf darnach wendet.

Am nächsten Morgen verließen wir von der Tank Station aus Singapore zum Ausfluge nach Johore. Die Bahn fuhr durch das nordwestliche Villenviertel der Stadt, dann durch Malayendörfchen, Gärten, Ananasfelder und dichtes Dschungel an die Nordküste der Insel. Bei Kranje-Station wartete ein kleiner Dampfer und trug uns in wenigen Minuten über den kaum 1000 m breiten Wasserarm Selat Tabray nach dem Festland der Malakkahalbinsel.

Die Hauptstadt Johore, an deren primitivem Landungsplatz wir ausstiegen, ist nicht größer als ein kleines Landstädtchen, europäische Kultur ist nur spärlich gesät, Chinesen bilden den größeren Teil der Bevölkerung. Eckhardts und Staring und eine Anzahl Fremder beteiligten sich gleichfalls an der Partie. In langem Zuge rollten unsere Rikschas zu dem auf einem Hügel gelegenen Palast des Sultans. Dieser Palast ist nichts anderes als ein langes Landhaus mit flachem, rotem Ziegeldach, ein höchst nüchternes Gebäude. Im Speisesaal umgaben alte, vergoldete Stühle den langen Tisch; alles war in Rokokostil gehalten, nur große Vasen mit eigenartiger Malerei schienen einheimischer Kunst zu entstammen. Die Waffen- und Silberkammer reizte auch wenig; unwillkürlich schweiften die Gedanken nach Indien hinüber zu den unermeßlichen Reichtümern der Maharadschas und ihrer Prachtfreude. Auch der Park des Schlosses schien verwahrlost. Auf einem benachbarten Hügel lag die Moschee. Durch einen Tunnel führt der Eingang einige alten Stufen bergan vor ein dumpfes Wasserbecken aus Marmor, dann weiter hinauf vor den neuen Tempel; er ähnelt eher einem Palast oder einer Kathedrale im Stil der Renaissance. Keine Spur von indischer Eigenart.

„Im Park sind Käfige mit sehr schönen Tigern und Pantern" sagte unser Führerbuch. Als wir aber hinkamen, sonnte sich ein einziger, alter Tiger hinter seinen Gittern. Ein Großstädter reizte den greisen König der Wälder mit dem offenen Regenschirm. Natürlich fuhr der Tiger hoch und fauchte, daß der Schirmheld zurückprallte.

Schließlich besuchten wir im Chinesenviertel die Spielhölle. Die Räume waren leer, ein schwarzes Wachstuch bedeckte den langen Spieltisch. An bestimmten Tagen fröhnen hier reiche Chinesen und Malayen dem Glücksspiel. Dann sollen Autos die Ankömmlinge am Landungsplatze abholen und jeder Spieler erhält seine 2 Dollars für die Bahnfahrt zurück. Ob wahr? Ich entdeckte nirgends ein Auto.

Der nächste Tag begann mit Packen und Abschiednehmen von Herrn und Frau Eckhardts, die über China und Japan nach ihrer Heimat San Francisko zurückzukehren gedachten. Von Suez ab hatten wir einen Teil der Reise mit ihnen verlebt und sie durch ihr freundliches, vergnügtes Wesen gern gewonnen.

Während Freund Pfeil emsig packte, schlenderte ich nochmals durch die Hauptstraße. Zwei Kompagnieen englischer Infanterie marschierten vom Hafen zum Fort Canning, Musik voraus. Die

Leute trugen den Tropenhelm, offenes blaues Hemd, dessen Ärmel bis zum Ellenbogen hoch geschlagen, kurze Kakihbeinkleider mit Ledergurt, Gamaschen, wobei das Knie frei blieb, und Stiefel. Das Gewehr lag im Schwerpunkt wagerecht auf der Schulter. Die Leute waren wettergebräunt und kräftig, eine frische, gute Truppe.

Der holländische Dampfer „Rumphius" lag schon am Land, als wir um 10 Uhr vormittags zum Hafen fuhren. Stolz auf dieses schöne Schiff empfing uns Herr Staring auf der Brücke.

XXIII.
Auf dem „Rumphius" nach Java.

<blockquote>
Zum Aequator, zum Aequator, laß mich reisen, großer Vater,
Wo die schwarze Linie glüht, wo der Wüstenkönig schreitet,
Wo der Neger Unrecht leidet, wo der Mensch vor Götzen kniet;
Dahin, Alter, laß mich ziehn!
</blockquote>

„Der „Rumphius" trägt seinen Namen zu Ehren eines Deutschen, Namens Georg Eberhard Rumpf, der 1627 in Hanau geboren, später als Magister umsattelte, Soldat wurde und von seinem Landesherrn an die Engländer verkauft wurde. Das englische Schiff, auf dem er zum Kampf gegen Franzosen und Indianer nach Amerika segelte, wurde von Holländern gekapert; Rumpf trat in holländische Dienste, kam nach Java und studierte dort in seinen Mußestunden die Sprache des Volkes, die Pflanzen- und Tierwelt. Er gab eine Grammatik und ein Wörterbuch heraus und beschrieb in vielen Bänden fast alle Blumen des malayischen Archipels. Der Soldat Rumpf war und blieb Gelehrter, ausgerüstet mit aller Liebe zur Natur und unermüdlichem Forscherfleiße. Mit 40 Jahren erblindete der schwer geprüfte Mann, aber das tragische Schicksal vermochte ihn nicht zu zwingen, sein Werk über die tropischen Pflanzen aufzugeben; mit Hilfe des Sohnes, den ihm seine javanische Frau geschenkt, setzte er bis ins hohe Alter sein Lebenswerk fort. Er starb 1702 in Amboina. So trägt heute in Erinnerung an jenen Deutschen das schönste Schiff zwischen Singapore und Java des Mannes Namen, der noch jetzt in der Gelehrtenwelt als der „Plinius"

Indiens mit Achtung genannt wird. Den Lichtschacht des Speisesaals schmücken Glasmalereien, die schönsten Blumen darstellend, die er entdeckte unter Angabe des Jahres ihrer Beschreibung. Das große Brustbild des Soldaten-Gelehrten zierte den hellen Vorraum des Saales.

Wir fühlten uns wie auf einem deutschen Schiff. Überall herrschte Ordnung und Sauberkeit, die Passagiere und Schiffsoffiziere sprachen fast alle deutsch, auch die weißen Stuarts. Die holländische Küche sagte uns bei weitem mehr zu, als die englische mit ihren saft- und kraftlosen Gemüsen. Der Nachtisch brachte in Gestalt südländischer Früchte manche Überraschung, so u. a. die ersehnte Mangustine. Sie hat die Form eines kleinen Apfels, die Farbe der Pflaume und eine dünne, lederige Schale, welche sich nach einem Rundschnitt abheben läßt. Dann erscheint die Frucht in mehreren Schnitzen, zart und weiß wie Samt. Ihr Geschmack läßt sich mit europäischen Früchten nicht vergleichen, er ist äußerst fein. Vergeblich suchte man die Mangustine als edelstes Obst der englischen Kolonie Singapore auf die Tafel der Königin von England zu bringen; sie hielt den Transport nicht aus. Eine andere Frucht Javas hat Form und Farbe der Kartoffel. Wir schneiden sie durch, entfernen den Kern und entnehmen mit dem Löffel das saftige Fleisch; es ist wie dickflüssiger Honig. Übel berüchtigt ist die Jackfrucht; sie hat die Größe eines Kürbisses. In vielen Häusern erhält sie nicht Einlaß, weil ihre Düfte das ganze Haus verpesten. Aber Alteingesessene berichteten, daß sie nach langjährigem Sträuben endlich die Jack versucht und sie dann ohne alle Rücksicht mit Leidenschaft gegessen hätten.

Die Seefahrt von Singapore nach Batavia zählt zu den schönsten Meerreisen, die es geben mag. Deutsche, französische und englische Ozeanriesen dampften vor und hinter uns aus dem Hafen. Die See gleicht hier einem Binnenmeer. Das Auge folgte den Schiffen, bis sie hinter einer der vielen Inseln verschwanden. Überall grenzte Land den Horizont, von schmalen Wasserarmen durchbrochen. Die Inseln des Riouw-Lingga-Archipels und später die nahe Küste Sumatras und der langen Insel Banka verkörpern jene Bilder, die wir uns als Kinder beim Lesen von Robinson Crusoe von tropischen Eilanden gemacht. Schlanke Palmen säumen die Ufer, dahinter dehnt sich der Urwald wie ein unlösliches Rätsel und deckt die massigen blauen Bergzüge, hinter denen jetzt die Sonne untergeht in ungeahnter Schönheit. Bald blitzen auf allen Seiten die Blinkfeuer der Leuchttürme auf und sicher und sorglos gleiten wir in der Nacht an ihnen vorüber auf den schmalen Wasserwegen. Das Kreuz des Südens hebt sich mehr und mehr über den Horizont, im Norden flimmern noch die beiden untern, großen Sterne des Orion. Um ½12 Uhr nachts fuhren wir über den Äquator. Die Poesie der Segelschiffe mit ihrer Linientaufe war unter den wirbelnden Schrauben moderner Dampfer untergegangen. Nur selten, wenn z. B. Fürstlichkeiten an Bord, taucht noch einmal Gott Ägir aus den Fluten mit Neck und Nixe zur Feier der Taufe. Unser Rumphius quert alle acht Tage den Gleicher, seiner Mannschaft ist es nichts Neues mehr, den meisten der Mitfahrer auch nicht. Pfeil und Oberst v. Luttitz fühlen sich nicht ganz frisch, so ging das seltene Ereignis fast unbemerkt vorüber. Ich sah zum Fenster hinaus aufs Meer und nach dem Sternenhimmel. Wagrecht stand der Halbmond am Firmament und warf sein Licht auf die Wellen als goldene Straße, für das Auge eine prachtvolle Nacht. Der Wind folgte unserm Schiffe mit gleicher Schnelligkeit, der Rauch stieg kerzengerade aus dem Schornstein, kein Lüftchen regte sich um uns und drückende Hitze brütete in den Kabinen, der Schlaf floh uns und wie zerschlagen standen wir am andern Morgen auf. Lange noch in den Tag hinein trugen die holländischen Damen leichte, lichte Kleidung, die wir unbedingt als Negligee bezeichnen würden. Andere Länder, andere Sitten, man findet nichts dabei.

Gegen 10 Uhr vormittags fuhren wir in die Banka-Straße ein. Zur Rechten lag Sumatra. Hinter der waldreichen Ebene von Palimbang stieg das lange Gebirge der Südwestküste in rosa-bläulichem Duft empor. Schroff erheben sich aus dem Hochlande die Kegel vulkanischer Berge. Links erschien in freundlicher Bai das Städtchen Muntok auf der Insel Banka. Lustig flatterte die holländische Flagge am hohen Mast. Mancherlei Dinge trieben auf dem Meere, lange Palmwedel, Baumstämme und Wurzeln, die sich am Ufer gelöst. Zuweilen glaubte man Tierleichen zu erkennen, deren Beine aus dem Wasser ragten, aber dann entpuppten sie sich als Wurzel- und Baumstrunke. Schließlich achteten wir nicht mehr darauf.

Oberst v. Luttitz ging mit Gattin und Sohn zum

Kapitän hinauf und zeigte ihm seine Gewehre für die Tigerjagd. Dem Sohn wurde die Zeit dabei lang und er betrachtete durch das vorzügliche Fernglas des Kapitäns die Umgegend. Auf dem Meere trieb noch immer verworrenes Zeug. Flüchtig ging Luttitz darüber zunächst hinweg. Ein Ding sah doch zu merkwürdig aus; jetzt ist es wieder über dem Meere zu sehen, drei Punkte ragen aus den Wogen, nun verschwinden sie wieder. Was mag das sein? Einer der Punkte bewegt sich, ein Arm winkt, kein Zweifel, dort treiben Schiffbrüchige. Luttitz machte den Kapitän aufmerksam, und nach kurzem Beobachten ließ der Holländer linksumkehrt drehen und auf die drei Punkte zuhalten, die nördlich der Banka-Straße auf dem offenen Meere zeitweilig auftauchten. Schnell näherte sich unser Rumphius, jetzt erkannten auch wir die drei braunen Männer. Wenn sie im Wellental verschwanden, schwand auch unsere Hoffnung, sie noch zu retten. Doch nun wurden sie deutlich sichtbar: ein alter Mann im weißen Haar und zwei junge Malayen. Sie saßen in zusammengebundenen Matratzen, wie in Nußschalen, zusammengesunken und gleichgültig. Der eine umklammerte ein Holzkistchen. Wenige Meter von ihnen entfernt wurde flugs ein Rettungsboot zu Wasser gelassen, ein Offizier und sechs Matrosen ruderten hinüber und zogen die Unglücklichen nach einander ins Boot. Die Schiffstreppe rasselte hinunter. Von zwei Mann gestützt schleppte sich zuerst der Alte herauf, kaum fähig zu gehen. Der zweite mit dem Kistchen folgte. Dem letzten wurde ein Beinkleid hinunter geworfen, er war nackt. Oben an der Treppe fühlte der Schiffsarzt jedem den Puls, dann trat der Oberstewart vor und flößte den Ermatteten eine gehörige Dosis kräftigen Brandy in die Kehle. Rechts und links gestützt schwankten sie an uns vorüber in den Lazarettraum, voraus der Alte. Mit müdem, fragendem Blick wandte er sich noch einmal um, ob seine Gefährten ihm folgten. Als er sie gesehen hatte, stieg er ruhig die Treppe hinunter ins bergende Innere. Dort wurde ihnen alle Pflege zu teil mit Kleidung, Lager und kräftiger Nahrung.

Nach einer Stunde besuchte Luttitz und ich den Kapitän. Er erzählte, was die Schiffbrüchigen berichtet. Sie waren von Palimbang in dem üblichen, schmalen Malayenboot den Moësi-Fluß herabgefahren mit einer Ladung Matratzen, um sie an der Küste entlang nach Djambi zu bringen. Wie so oft hatten sie ihr schmales Boot zu hoch beladen. Als sie nördlich aus der Banka-Straße getreten, hatte ein Windstoß den Kahn umgeworfen und mit knapper Not retteten sie sich auf ihre Matratzen. So trieben sie nun schon drei Tage und drei Nächte auf dem Meer, den Hungertod vor Augen und um sich die Haifische, denen hier wenige Monate vorher 61 Passagiere des französischen Dampfers „Seine" zum Opfer gefallen waren. Tagelang blieb damals das Wasser an jener Stelle blutrot. Vergeblich hatten die drei Malayen vorüberziehenden Schiffen zugewinkt und gerufen, nachts waren hell erleuchtete Dampfer vorbei gekommen ohne Rettung für sie. Unserem jungen Herrn v. Luttitz dankten sie nun ihr Leben.

Am nächsten Tage stiegen Luttitz und ich hinab zu ihnen. Sie lagen noch entkräftet und apatisch auf den Betten. Der Alte hustete erbärmlich. Luttitz bat auf holländisch einen alten, schnautzbärtigen Kolonisten, den Dolmetsch zu machen. Der Schlüssel zum Holzkistchen war auf dem Meere verloren gegangen, und wir ließen es öffnen. Der kräftigste der Braunen stand auf und packte die Siebensachen aus; es waren kleine runde Mützen und malayische Tücher, Batiks genannt. Trotz dreitägiger Durchnässung im Meere hatten sie ihre bunten Malereien klar erhalten. Ich kaufte vier Holzbüchschen ab, von denen zwei in Form der Ananas, die andern von phantastischen Blumen oder Früchten geschnitzt waren. Für Luttitz mögen letztere eine eigenartige Erinnerung bleiben an die Fahrt über den Äquator und seine Geretteten.

Am Abend wurde bei Tisch für die Schiffbrüchigen gesammelt; es kamen etwa 150 Mark zusammen, die den Verlust der Braunen vielfach ersetzten und ihnen ihr Unglück mehr als ein Glück erscheinen lassen mochten. — Der alte Schnautzbart, der mit Luttitz holländisch und mit den Sumatranern malayisch gesprochen hatte, war übrigens ein Deutscher.

In der Nacht Wetterleuchten. Sein Feuerschein erhellte die laue Tropennacht und den schäumenden Gischt auf den rauschenden Wellen.

XXIV.

Weltevreden.

„Ein zaub'risch Bild ist's, das entzückt,
Von nah gesehen und von ferne;
Das Herz erhebt, den Sinn berückt
Im Sonnenlicht, im Glanz der Sterne."

Wolf.

Die Sonne des 21. März schien über die ruhige See, als wir uns den Tausend-Inseln näherten. Aus der duftigen Ferne traten allmählich die Umrisse der Vulkane Javas und bald auch die Ufer in unübertrefflicher Schönheit. Überschwänglich preisen dich die wenigen Weltreisenden, die dich gesehen, du Land des ewigen Sommers, königliches Eiland des Ostens, du Paradies im Traume des Globetrotters. Ich blicke heute zurück auf die Tage, da mich deine Lieblichkeit umfing und ich stimme ein in rückhaltloser Begeisterung, dich als unvergleichlichen Edelstein zu besingen.

Die Einfahrt in den Hafen Tandjong Priok ist so ganz anders als draußen an den Orten des hastenden Weltverkehrs, wo der Atem moderner Kultur aus tausend Schornsteinen die Ursprünglichkeit der prächtigen Tropenwelt so oft zurückdrängt. Jungfräulich scheint der Strand Batavias. Keine hohe Mole reckt ihre steinernen Arme ins blaue Meer heraus; saftiges Grün in stolzer Pracht umkränzte die wenigen Gebäude des Hafens; ein Idyll! Schlanke, weiße Dampfer lagen am Quai. Wir fuhren nahe an ihnen vorüber. Dicht drängte sich auf ihnen eine Schar Ausflügler in blendend weißen Kleidern. Schwarze Locken und große braune Augen junger Damen verraten sie als Mischlinge. Ihre Haut ist fast weiß mit einem kleinen Stich ins Bräunliche; ihre Gestalt schlank und doch von reizender Fülle. Eine Kapelle musizierte an Deck.

Der Abschied von Herrn Staring war herzlich, er ward um so bedeutungsvoller, als die Heimat Starings, Soerabaja, nach den neuesten Nachrichten schwer unter der Cholera zu leiden hatte. Ein Telegramm der Gattin begrüßte den Heimkehrenden schon im Hafen Batavias und fügte beruhigende Nachrichten über die Gesundheit der Kinder bei. Wenige Tage später starb dort der erste Europäer an der tötlichen Seuche, ein Umstand, der eine Reise ins östliche Java bedenklich erscheinen ließ. In Semarang fielen Kranke in Menge auf den Straßen um, der große Völkertot mähte unter den Menschen. So haben wir mit schwerem Herzen den Besuch Djokjakartas, Semarangs, Soerabajas und Tosaris aufgegeben.

Freund Pfeil erhielt an Land einen Brief von Herrn Pfarrer de Vries, den er in Europa kennen gelernt. Unpäßlichkeit hinderte ihn, uns zu empfangen. An seiner Statt nahm sich sein Schwiegersohn unser in aufmerksamster und liebenswürdigster Weise an.

In einer großen Halle ging die Zollrevision glatt und friedlich vorüber. Wir brauchten nur einen Koffer zu öffnen, der Beamte hob den Zipfel eines Rockes hoch und sagte dann höflich: „All right, Sir". Warum hielt er uns für Engländer?

Gleich hinter dem Zollhaus stand der Zug bereit. Im Erfrischungsraum des Bahnhofs löschten wir schnöden Durst mit kühlem Biere. O Labsal!

Die Bahn führte durch Dschungeln von bisher ungeahnter Üppigkeit. Auffallend reinliche Hütten der Eingeborenen lagen unter Palmen zerstreut; sie waren aus Bambusstäben, Palmblättern und hübsch geflochtenen Bastmatten gefügt. Viele malayische Häuschen besaßen wie hier so auch im Innern Javas vorgebaute, überdachte Veranden, mit hübschem Geländer. Auch die Zäune der Gärten verrieten freundlichen Sinn für einfache Kunst und Schönheitsfreude. Neben dem Bahnkörper lief ein Kanal. Der Holländer ist die Wasserstraßen aus seiner Heimat derart gewöhnt, daß er sie blindlings in seine Kolonien übertrug. In der ehemaligen holländischen Besitzung Ceylon bestehen noch heute nach hundert Jahren altholländische Kanäle; die Engländer wissen aber damit wenig anzufangen. Kanäle sind eben für holländische Ansiedler unentbehrlich geworden und ein Wahrzeichen ihrer Eigenart. Auf unserm Kanal fuhren lange, gedeckte Kähne, mit Palmblatthäusern in der Mitte, wie Hausboote. Fischer mit ungeheuern, flachen Basthüten saßen am Ufer; alles neu, fremdartig aber friedlich.

Ich gebrauche das Wort „friedlich" schon zum zweiten Male, es paßt auf Java überhaupt. Mit Bewunderung wird der Deutsche vernehmen, daß auf der Insel, die kaum 1000 km lang und 200 km breit ist, 35 Millionen Menschen wohnen, die von kaum 60000 Holländern, den Söhnen eines kleinen Fünfmillionenvolkes, regiert werden. Fast möchte man noch mehr in Nachsinnen verfallen, als im britischen Indien, wo das Verhältnis ein ähnliches ist. Aber der Hindu ist dort dem Engländer fremd, heute sogar geheim und offen feindlich gesinnt. In Java ist alles anders. Geschickt hat der Holländer eine neue Methode des Beherrschens ersonnen. Er gewann durch Gewalt oder List die Fürsten des Volkes, setzte ihnen holländische Residenten zur Seite und läßt nun durch sie die angestammten Herrscher und das Volk regieren wie durch ein Sprachrohr. Ich gedenke Multatullis und seines „Max Havelaars." Bitter klagt er, wie das harmlose, gutmütige Volk darunter leide, daß es seinen Fürsten die hohen Steuern und auch noch den Holländern Aufschlag zahlen müsse. Die Schilderung javanischen Volkscharakters ist bestrickend, rührend; Groll und Haß gegen den hartherzigen, heuchlerischen holländischen Kaufmann und Beamten senkt Multatulli in unsere Seele. Und doch! sähe er heute wieder sein geliebtes Java, sein Zorn würde verstummen!

Der Engländer ist in seinen Kolonien nicht heimisch. Sein Bestreben geht dahin, draußen Reichtümer zu sammeln und dann damit nach England zurückzukehren „for good", für immer. Im Gegensatz hierzu fand der holländische Ansiedler auf Java eine neue Heimat, mancher vermählte sich mit der Tochter eines angesehenen Eingeborenen, ohne gesellschaftlich Einbuße zu erleiden, und Europa sah seine holländischen Söhne nur noch als vorübergehende Besucher. Zäher hängt die Frau an ihrem alten Heimatlande. Ihrem Wunsche zuliebe, einem Kinde in Holland das Leben zu schenken, unternimmt sie die lange, bange Heimreise; die Engländerin desgleichen, aber nur weil der in England geborene Sohn als englischer Vollbürger gilt.

Ein vorzüglicher Zweispänner des Hotels des Indes holte uns am Bahnhof Weltevreden ab. Im flotten Trabe ging's unter den alten Bäumen des Schoolweges am Kanal entlang. Waschende Frauen belebten seine abschüssigen Rasenufer, bekleidet mit dem Sarong oder javanischen Rock aus hellen, bemalten Linnen; ihre bronzefarbene Haut ist noch brauner als das Wasser. Den lieben, langen Tag schwimmen neben diesen Gruppen von Waschweibern Kinder jeden Alters, vom Knäblein von drei oder vier Jahren bis zum Mädchen oder Jungen von zwölf Jahren. Von Zeit zu Zeit taucht eines der Weiber in den lehmfarbenen Kanal, schwimmt zur Erfrischung spazieren und macht sich dann wieder an die Arbeit.

Jeder Wohnraum unseres Hotels war eine kleine, einstöckige Villa für sich mit luftiger Veranda, die durch Vorhänge abgeschlossen werden konnte. So ist das Hotel eine Art kleiner Villenkolonie. Die Wohnhäuschen bildeten ein offenes Viereck um den großen Rasenplatz, in dessen Mitte ein gewaltiger Waringinbaum seine Äste reckte. Unweit des Eingangs steht ein einzelnes, ausgedehntes Gebäude mit Bureau, Schreib- und Lesehallen und dem riesigen Speisesaal. An einigen Tagen der Woche spielt hier eine gute Musikkapelle während des Essens.

Zu jedem Bungalo gehören zwei Diener; der eine bleibt stets in Rufweite. Man kann die Mahlzeiten in seinem Häuschen nehmen und leben, als sei man meilenweit vom Hotel entfernt zu Hause in seiner eigenen Villa. Auf der Veranda stand der Schreibtisch, zwei Eßtische, Stühle, auch ein bequemer Schaukelstuhl und ein Kleiderständer. Die kühle, hohe Schlafstube diente nur der Ruhe und dem Umkleiden. Der Baderaum hatte Marmor-Boden und -Wände. Ein großes Becken enthielt das Wasser, das man sich mit einem Handeimer übergoß. Auch eine kräftige Douche war da. In ganz Indien hatten wir nicht solch komfortabeln Unterschlupf gefunden.

Wir saßen im Vollgefühl aller Behaglichkeit auf der Veranda, als das Telephon in der Schlafstube klingelte. Der Schwiegersohn von Herrn de Vries, Oberleutnant Arntzenius, Adjutant beim kommandierenden Admiral, fragte nach unserm Befinden und unsern Wünschen. Freund Pfeil vereinbarte mit ihm ein Zusammentreffen beim Abendessen. Der Offizier kam dann auch mit seiner jungen, reizenden Gattin so frühzeitig, daß er uns noch in die nahe „Harmonie" führen konnte, das bürgerliche Klubhaus in prächtigem Park. Man konnte sich in ein deutsches Gartenrestaurant versetzt glauben. Die Stabskapelle trug nur deutsche Weisen vor nach einem deutschgedruckten Musikprogramm, unter dem „Deutsche Volkslieder" uns besonders warm ans Herz drangen. Elektrische Bogenlampen warfen ihre Lichtfülle auf die immergrünen Blätter alter Laubbäume und Palmen und auf den fröhlichen Schwarm der Gäste. „Weltevreden" heißt auf deutsch: „Wohl zufrieden". Ein Glanz der Wohlzufriedenheit lag auch auf jedem Antlitz dieser frohen Menschen, die sich in ihrer neuen Heimat so glücklich zu fühlen wissen.

Bei Tisch kam die Sprache auf Hollands Kolonialgeschichte. Mit schmerzlichem Lächeln wurde erzählt, wie vor 100 Jahren der Engländer, als Holland in Not war, die niederländischen Besitzungen mit seinem starken Schutze bedachte und bis heute vergessen hat, das altholländische Ceylon wieder seinen ehemaligen, rechtmäßigen Eignern zurück zu geben. Japanische Seeoffiziere waren in letzter Zeit ertappt worden, wie sie als Kulis verkleidet die Nordküste Javas erkundeten. Ein Unbehagen überkam die braven Holländer, und es hob sich erst dann, als die Flotte der vereinigten Staaten Batavia anlief und in den Ansiedlern die Erkenntnis erwachte, daß der Weg japanischer Eroberer nur über Manila nach Java führen könne. Die Niederlande sehen heute die große amerikanische Union als Beschützerin ihrer Kolonien im fernen Osten an.

Der Sado holte spät abends Herrn und Frau Arntzenius ab. Solch ein eigenartiger Wagen verdient beschrieben zu werden. Sein Name ist eine Verstümmelung von Dos-a-dos, weil Kutscher und Fahrgast Rücken an Rücken sitzen; er ist zweirädrig. Über der Achse schwebt auf Federn der Doppelsitz mit offenem Schutzdach, in der Deichselgabel hängt — oft buchstäblich — eine kleiner Javapony. Mit herzlichem Dank schieden wir von unseren liebenswürdigen neuen Bekannten in der Hoffnung, sie noch des öfteren zu sehen; es kam leider anders. Der Dampfer Ophir, der uns über Padang auf Sumatra nach Ceylon bringen sollte, hatte nicht eine Kabine mehr frei. Diese Kenntnis wurde uns am nächsten Morgen, als wir die Agentur der Paketfahrtgesellschaft aufsuchten. Ratlos fuhren wir nach Batavia hinunter zur Geschäftsstelle des Norddeutschen Lloyd bei der Firma Behn Meyer & Co.

Alt-Batavia trägt noch heute das Gepräge echt holländischer Bauart. Die Häuser mit ihren hohen Ziegeldächern stammen aus der ersten Zeit der Ansiedelung. Die inneren Räume sind groß und hoch, luftig und kühl. Breite, schwere Holztreppen führten zu den Geschäftsräumen der Lloydagentur, der Nebenstelle des großen deutschen Kaufhauses. Fässer, Kisten und Ballen lagen in großer Zahl in den Lagerräumen. Auf den Tischen der jungen Herren im Kontor waren Kaffeeproben und Tee, Kakaobohnen, Reis, Pfeffer u. a. m. ausgebreitet.

Herr Oberbeck, ein geborener Hamburger, nahm sich unserer an. Er riet, unter den obwaltenden Umständen am 26. März auf dem Rumphius wieder nach Singapore zurückzufahren, der dort Anschluß an die „Prinzeß Alice" des Norddeutschen Lloyd habe; er wolle telegraphisch in Honkong Plätze belegen lassen und die Rückkehr auf dem Rumphius regeln. Die uns übrige Zeit schlug er vor, in Garoet zu verbringen, und dann mit Wagen über Sindanglaja nach Buitenzorg zu fahren. Am 25. oder 26. März konnten wir nach schönen Erlebnissen wieder in Batavia sein. Dieser Rat war auch sehr gut.

Man kann auf Java nicht die Nacht zur Bahnfahrt ausnützen, der Bahnverkehr bricht mit Einbruch der Dunkelheit ab. Der Grund soll in der Unzuverlässigkeit der Javaner liegen, die nachts als Streckenwärter einfach unbrauchbar sind, weil sie sich nicht wachhalten können. Wenn wir so auch kostbare Zeit einbüßten, so entschädigte uns doch die Bahnfahrt durch das prächtige Gebirgsland bei Tag reichlich.

Im Hotel kann man zu Mittag europäisch essen oder die javanische Reistafel wählen. Interessehalber bestellten wir also das javanische Nationalgericht. Zunächst kam allerdings Reis, den man sich mit einer wahren Kohlenschippe auf den Teller ladet. Aber hinter dem Reisjungen stehen noch acht andere Javaner mit Schüsseln und Platten. Da ist Fleisch in scharfer Tunke, gebratenes Huhn, ein anderer Boy schleift Beefsteaks herbei, dann gebackene Ananas, nun duften zehn verschiedene Currys auf einer Platte; kaum haben wir genommen, rennt schon der sechste, siebte und achte Boy mit anderen Gerichten herbei; es schien, als nähme die Mästung kein Ende. Schließlich umringten uns Teller und Tellerchen mit Reis und ungezählten Zutaten: „O, ich will mir eine fürchterliche Zerstreuung machen", sagte Freund Pfeil und mengte, wie in Indien, alles zusammen, hatte aber zu viele scharfe Speisen erwischt und kehrte reumütig zur europäischen Kost zurück. Ein Holländer aus Batavia saß an dem kleinen Tisch uns gegenüber. Nachdem er schmunzelnd unsere Leistungen beobachtet hatte, ließ auch er die Reistafel kommen und zeigte uns, wie das Gericht zu bearbeiten sei. Er hielt alle Gerichte säuberlich getrennt, lud ein wenig Reis auf den Löffel und setzte ihm von den Currys nur molekülweise zu. So war jeder Löffel ein neues Gedicht, eine gastronomische Symphonie.

Am Vormittag war die Post mit Briefen und Zeitungen von der Heimat eingetroffen. Vor vielen Wochen waren sie abgesandt worden. Wie mag es heute dort stehen? „Hier in weiter, weiter Ferne, wies mich nach der Heimat zieht." —

Unser Kabinengenosse von der Dunera, Herr Reinders, wohnte auch im Hotel des Indes. Er schloß sich uns an, als wir gegen Abend eine kleine Entdeckungsreise antraten. Bei der Harmonie bestiegen wir die elektrische Straßenbahn, einen Zug mit mehreren hübschen Wagen. Auf der hintersten Plattform hatten wir freie Aussicht.

Prächtige Bäume beschatteten die breite Chaussee Tanah Abang, links lief ein Kanal, den drüben die palmgeschmückten Gärten und Villen von Europäern begleiteten. Dann bogen wir in die Kampoeng lima ein. Die Bahn nahm hier den schmalen Pfad durch saubere Ansiedelungen der Eingeborenen, die einen äußerst freundlichen Eindruck machten. Die Javaner, groß und klein, grüßten bescheiden herauf. Kokospalmen und Bananen und leuchtende Blumen umwoben die Hütten mit eigenem Reiz; wir passierten den breiten Tji Liwoeng dann die prächtige Matraman-Allee, Kali-Baroe-Kanal und bogen wieder links ab in die langen, gerade Goenoengosari-Straße, welche links der Kanal gleichen Namens begleitet. Reizende Villen in hohen, prachtvollen Parkanlagen zur Rechten. In den Gärten tollten weiße Kinder in voller Jugendlust, auf der kühlen Veranda des Hauses lag „Meenher" im Langstuhl und träumte. Die Eingeborenen reinen Blutes unterschieden sich von den Europäern und Mischlingen durch ein Hüfttuch, das sie auch über dem europäischen Beinkleid tragen; es entspricht dem Sarong der Weiber und ist meist braun, wie auch der Stoff des kleinen Turbans. Der Javaturban besitzt auch seine Eigenart. Vorn fällt ein kleiner, dreieckiger Zipfel auf die Stirn und hinten stehen zwei Tuchenden wie Hörnchen zur Seite. Er ist so klein, daß ein breiter Basthut mit mächtiger Wölbung noch auf ihm Platz findet. Dabei ist der Turban derart geschickt gelegt, daß man ihn wie einen Hut aufsetzen und abnehmen kann. Wenn die Männer vor uns ihre Riesenhüte zogen, schützte sie das gehörnte Kopftuch immer noch gegen die brennenden Sonnenstrahlen. Der Javaner trägt seine Lasten an einer zur Hälfte längs gespaltenen Bambuslatte auf der Schulter, vorn und hinten hängen Körbe oder Früchte oder Reis in Bündeln. Für die anstrengende Tätigkeit als Rikshaläufer scheint er zu schwächlich zu sein. Der Sado beherrschte in Java die Situation.

Durch einzig schöne Palmwaldungen fuhr unsere Bahn nach Batavia. Die kahlen Stämme verschwanden fast gänzlich in dem üppigen tropischen Unterholz. Jetzt queren wir die „Stads-Buitengracht", den alten Kanal zum nahen Meer und betreten den ältesten Teil Batavias. Hier haust der Europäer nur während der Geschäftsstunden. Im Jahre 1699 wurde durch ein Erdbeben die Mündung des Tji Liwoeng verschüttet und das Uferland im Laufe der Zeit sumpfig. 1809 verlegte dann der Generalgouverneur die Residenz nach Weltevreden. Auch die Kaufleute verließen das sumpfig-fiebrige Batavia, und so ist der neue, moderne Stadtteil entstanden. Die breiten Straßen der Altstadt werden belebt von Malayen, Javanern, Arabern und Mauren, Mischlingen und vielen Chinesen. Drachentempel und große Lampions in einzelnen Straßenzügen versetzen auch hier uns in das Reich der Mitte. Die Kaufläden bergen vor allem Früchte und Fische, letztere in schwindelnder Menge. Sie sind gedörrt und ihr Duft erfüllt die Luft, so daß ich froh aufatmete, als wir außer Riechweite waren. Links drüben, jenseits des Kali-Besar-Kanals dehnt sich der alte Stadtteil Kali Besar aus, wo die alten holländischen Handelsgesellschaften ihre Kontore und Faktoreien haben. Die lange Flucht der weißen hochgiebeligen Häuser hat etwas Ehrwürdiges.

Die Tropennacht brach rasch herein und wie die Staatsbahn, so gab auch die Elektrische auf halbem Wege der Rückfahrt den Verkehr auf. Wir standen in ägyptischer Dunkelheit mitten im Walde auf den Schienen, aus einigen Hütten fiel spärliches Licht, wir fühlten uns verlassen wie „Ännchen auf dem Balle". Der braune Schaffner riet, wir möchten immer weiter auf dem Bahndamm gehen, dann gelangen wir bald zur großen Chaussee. Zwar gestaltete sich der nächtliche Spaziergang zwischen den Hütten und dem Walde recht interessant und reizvoll, aber es ist ein übel Ding, wenn man gar keinen Anhaltspunkt hat, wo man sich eigentlich befindet. Endlich erreichten wir eine schöne, belebte Allee; es war die Kramat Salemba Matramanstraße.

Nach der Länge der Fahrt glaubten wir indessen schon an der Tanah Abang Straße angelangt zu sein und schritten rüstig fürbaß in der Hoffnung, alsbald am Hotel zu sein. Aber die Gegend wurde immer fremder und uns eigentümlicher. Als zum Glück ein Sado vorüberkam, nahmen wir von ihm Beschlag und rollten noch eine halbe Stunde bis zum Hotel. Freund Pfeil und Reinders hatten den Rücksitz inne, ich saß neben unserm kleinen Kutscher und begreife heute noch nicht, wie da der Pony noch die Füße auf der Erde behalten konnte.

XXV.

Garoet. Besteigung des Papandajan.

„Lebt es im Abgrund auch?
Wohnt unter der Lava verborgen
Noch ein neues Geschlecht?"

Schiller.

Am Morgen des 22. März um 10 Uhr Abfahrt nach Garoet. Die Fahrt auf der neu erbauten Bahn über Krawang, Poerwakarta nach Pandalarang war wundervoll. Leider erfuhr sie anfangs eine Trübung, weil Freund Pfeil infolge Genusses von köstlichem Obst am Abend vorher nun mit Cholerasorgen zu kämpfen hatte. Die prächtige Aussicht auf Berg und Tal und die immer kühlere, erfrischende Luft scheuchte aber bald alle peinigenden Empfindungen und ließ ihn wieder gesunden.

Rechts türmte sich das ferne Gebirge. In schroffen Massiven überragten die Kegel der Vulkane die Linien der Höhenzüge; wie ein Kranz schmiegten sich Palmenwälder um ihren Hang. Noch eilte der Zug in der ebenen, weiten Reisfelder; Hügel und Berghänge waren in Terrassen abgestuft und die Ränder mit niederen Wällen eingesäumt. Ein Gebirgbach überflutete die oberste Fläche wie einen See, dann rieselte das Wasser aus verschieden schmalen Durchlässen herab in die zweite Abstufung und so fort in unzähligen kleinen Fällen bis herab in das Flachland. Der ewige Sommer Javas gestattet ununterbrochene Reiskultur. Hier dehnt sich ein reifes Reisfeld wie ein üppiger grüner Teppich, dort sprossen die hellen Triebe junger Pflanzen aus dem Wasserspiegel, der in der Sonne golden leuchtet, und drüben pflügt ein Bauer ein leeres Feld um. Mensch und Tier waten bis zum Knie in dem braunen Morast. Auf einzelnen Feldern stehen halbwüchsige Pflänzchen in dichter Fülle; es sind Setzlinge. Einzeln pflanzt sie der fleißige Landmann in ihr feuchtes Bett. Das ist eine sauere Arbeit.

Langsamer wird die Fahrt, der Zug klettert an den Berghängen in zahlreichen Windungen hinauf. Brausende Bäche haben tiefe Schluchten ins Gestein genagt, wir fahren auf langen Brücken über sie hinweg. Tief unter uns springt und schäumt der Sturzbach über Felsen und Blöcke. Der Palmwuchs wird spärlicher, die Reisfelder verschwinden. An ihre Stelle tritt die Kultur des Tees und Gummibaumes. Gegen Mittag haben wir 850 Meter Höhe erklommen. Links dreut der Vulkan Tangtoeban-Prahoe 2000 Meter hoch. In Pandalarang stießen wir auf die alte Bahn, die von Batavia über Buitenzorg die ganze Insel bis zur Ostküste durchzieht. Nach Überschreiten der Paßhöhe des nördlichen Randgebirges senkte sich die Bahn wieder auf 200 Meter Meereshöhe herab. Im Süden erscheint der gewaltige Bergzug des Preanger Landes, bald hinter Bandoeng der massive Vulkan Goenoeng Goentoer. Immer prächtiger wird die Gebirgslandschaft; rasch führt die Bahn bergan. In Tjibatoe haben wir wieder 500 Meter Höhe erreicht und müssen umsteigen. Eine Zweigbahn mit Salonwagen bringt uns nach Garoet. — Die Fahrt von Bandoeng ab erinnerte mich lebhaft an die Strecke Appenweier-Baden-Baden, nur muß man sich Schwarzwald und Vogesen höher und von Vulkanmassiven überhöht denken. Die Strecke Tjibatoe-Garoet ähnelt derjenigen von Oos nach Baden ins Größere übertragen. Die Bahn führte zunächst im Tale durch Reisfelder und Palmhaine. Dann öffnete sich der mächtige von Vulkanen eingefaßte Talkessel. Hier in diesem Tale liegt Garoet, so lieblich und friedlich, als ob kein Feuerberg in seiner nächsten Nähe. Und doch wurde das Tal oft und schwer von den unterirdischen, feindlichen Gewalten heimgesucht.

Die Berge um Garoet erheben sich meist über 2300 Meter. Als wir ankamen, umhüllten Wolken ihre Gipfel. Am Bahnhof empfing uns ein Telegramm von Herrn Overbeck der in Hongkong für Alice Plätze belegt, ebenso auf dem Rumphius, nun war alles in bester Ordnung. Die Nachricht nahm uns die Sorge um das Ungewisse der nächsten Zukunft und fröhlich zogen wir in dem lieben Garoet ein. Fast wie in der Heimat: der Merkur, hier der Tjikoeraj, lag am rechten Fleck, die Badener Höhe fand ihr Gegenstück im Papandajan und Kawa Manoe, der Fremersberg im Goenoeng Goentoer und der Battert im Klaga Bodas.

Um 3 Uhr betraten wir das Hotel Papandajan, das uns von Deutschen rühmlich empfohlen worden war. Der Wirt ist ein Hamburger und war früher Küchenchef bei Kempinski in Berlin. Alles war sauber und bequem, der Wirt tüchtig und aufmerksam, die Küche vorzüglich. Jeder erhielt eine eigene Behausung mit Veranda in dem hübschen, großen Park, dessen Kieswege zwischen Boskets zur Hauptstraße führten. Nach kurzer Erquickung durch Bad und Speise machten wir gleich eine Ausfahrt nach dem See Sitoe Bagendit.

Garoet zählt 6000 Einwohner, zumeist Javaner. Das Volk wird als schönster malaiischer Menschenschlag gepriesen, und es mag auch wahr sein. Die Figur der Männer und Frauen ist mittelgroß und schlank, der Kopf oval. Die Augen stehen wagrecht. Der Mund ist klein, mit etwas aufgeworfenen, sinnlichen Lippen. Meist mindert die malayer Nase den guten Eindruck durch ihre flache Breite. Von vorn gesehen kann ein preanger Wesen dem weißen Manne wohl gefallen, aber von der Seite gewahrst du kaum das Nasenspitzchen. Über dem ganzen Volk scheint etwas Weiches, Mildes, Sinnliches zu liegen. Religiös steht es tief; es betet natürlich seine Feuerberge an, deren Groll es zu beschwichtigen sucht. Die Moral ist nach unsern Begriffen locker, dort mutet sie an wie paradiesische Unschuld. Es kommt eben immer darauf an, w a s man Sünde nennt.

Auf unserer Fahrt zum See begegnete uns viel Volk. Von weitem schon zogen die Männer ihre großen Hüte, Frauen und Kinder traten hinter Bäume am Wege und kamen erst wieder hervor, als wir vorüber. Alte Männer blieben ehrfürchtig mit dem Hut in der Hand am Wegrande stehen. Ich glaubte anfangs, die flüchtigen Frauen scheuten wie ihre muhammedanischen Genossinnen unsern Schatten, wurde aber belehrt, daß diese Scheu ihrer Ehrfurcht vor dem Weißen entspringe, dem sie die gleiche Ehrenbezeugung erweisen, wie ihren einheimischen Fürsten. Das niedere Landvolk steht eben noch ganz knechtisch unter dem

Despotismus der Herrscher in hündischer Furcht, daß es nicht wagt, den Blick zu ihnen zu erheben.

Nach einer halben Stunde kamen wir am See an. In einem Palmenhain lagen einige Hütten armer Fischer. Kinder, teils nackt oder in ein Stück Sarong gehüllt, näherten sich scheu, knieten um uns nieder und hoben in den Händchen große, wundervolle Lotosblüten empor — ein ganz reizendes Bild. Nun kamen auch zwei Männer und einige üppige Mädchen und ein paar nette Bengelchen mit seltsamen Instrumenten herbei, vier Jungen und ein Mädchen knieten nieder und spielten ein recht eigenartiges Musikstück. Jeder der Künstler bearbeitete zwei Instrumente, „Anglung" genannt. Auf einer dicken Bambusröhre war ein Gestell angebracht, an dessen oberer Querstange drei verschieden lange Bambusröhren hingen, die bei jedem Anglung auf drei Oktaven abgestimmt waren. Die frei hängenden Röhren reichten durch eine Öffnung in die untere Resonnanzröhre. Rüttelte nun der Spieler sein Instrument, so schlugen die abgestimmten Bambusstäbe in der Öffnung gegen das Resonnanzrohr und gaben einen klaren, weichen, glockenartigen Klang. Das Mädchen spielte die Begleitung, die Jungen die Melodie. Wenn ihr Ton an die Reihe kam, rüttelten sie ihr Anglung und spielten ihr Stück sicher und im Takt. Die Melodie bewegte sich im Marschtempo in schwermütigem Moll.

Am Ufer lag eine Fähre. Über zwei lange, schmale Boote waren Bretter gelegt und auf ihnen ein offenes Häuschen gebaut. Wir nahmen auf bequemen Korbstühlen Platz, zwei schmucke Dirnen ergriffen vorn, zwei Männer hinten die kurzen Ruder und nun fuhren wir auf dem entzückenden See spazieren unter den schwebenden Klängen der Anglungmusik, die mit der Entfernung langsam erstarben.

Vor uns türmte sich der Vulkan Goenoeng Goentoer breit und unheimlich. Die Wolken jagten an seinen Hängen und umhüllten ihn schnell mehr und mehr. Auch der nahe Nachbarvulkan Klaga Bodas verschwand in dunkler Wolkenwand und nun zuckten dort die ersten Blitze und der Donner rollte über den See. An flachen Stellen ragten Felsblöcke aus dem Wasserspiegel; der Goentoer hatte sie 1884 herüber gesandt. Noch heute ist er der unruhigste Geselle der acht Vulkane, die Garoet umringen. Als das Gewitter an Heftigkeit zunahm, gingen wir an Land zurück. Freund Pfeils Fünfguldenschein vermochte der Fährmann nicht zu wechseln, er lief von Hütte zu Hütte, und es dauerte eine Ewigkeit, bis der Fischer so viel Geld bei seinen Freunden zusammengebracht. In der Zwischenzeit knieten wieder die Kleinen um uns mit ihren freundlichen Fürsprecherinnen, den Blumen, und die Anglungspieler läuteten ihre kurze Melodie, die sich immer wiederholte, ohne mich zu ermüden. „Anglung!" In dem Wort tönt der Klang der Instrumente. Der Malaye hat überhaupt Sinn für phonetische Ausdrucksweise. „Gamelang" heißt „Musik". Hörst du nicht in dem Worte „Krakatau" das Bersten und Toben des Vulkans? Im Goenoeng Goentoer („oe" — „u") das unterirdische Grollen des Donnerberges, und in „Tambangan" die Bewegung der „Ruder" am Bootsrande?

Auf der Rückfahrt kamen wir an Kakaopflanzungen vorüber. Der Kutscher brach von einem Baum die große Frucht, die ein Europäer nur selten oder nie zu Hause zu sehen bekommt. Ich versuchte sie wie so manches Interessante nach der Heimat mitzunehmen, schon im indischen Ozean flog sie über Bord.

Das Gewitter verflog so rasch, wie es gekommen. Zwar dämmerte es schon, aber der Himmel war noch so klar, daß die Fahrt nach den heißen Quellen von Tjipanas am Fuße des Goentoer getrost gewagt werden konnte. Der Weg im Tal war landschaftlich großartig. Hier unten noch alles im tropischen Schmuck, dort oben auf den Bergen dunkler Laubwald der gemäßigten Zone. Nun kamen wir an heißen Teichen vorbei: den Abflüssen der warmen Quellen des grollenden Goenoeng Goentoer. Auch hier lugten Steinblöcke aus dem Wasser und aus der Decke grüner Wasserpflanzen. Am nächsten Tage tischte unser Wirt einen Goldfisch auf, so groß wie ein Karpfen; das Fleisch war äußerst fein. Diese großen delikaten Goldfische gedeihen in den heißen Teichen von Tjipanas; könnten sie dort nicht gleich gekocht werden?!

Beim Schein zweier Lampen nahmen wir in der Badehalle am Fuße des Berges ein Schwimmbad. Das Wasser kommt aus Röhren unmittelbar aus dem Berge und ist 31° Celsius heiß. Ungemein erfrischt fuhren wir nach Garoet zurück. Der Mond überflutete das Tal mit ruhigem Silberlicht, regungslos hoben sich die graziösen Fächer der Palmen am Himmel ab und aus den Teichen und Reissümpfen klang der Gesang der Frösche so hell und rein, wie ein schöner Orgelton. Die waldigen Hänge der Vulkanberge lagen in friedlichem Schweigen. Das war eine Nacht voll sinnberückender Schönheit.

Nach dem Abendessen hatten wir beim Lampenschimmer auf der Veranda gesessen.

„Hör' ich das Pförtchen nicht geh'n?
Hat nicht der Riegel geklirrt?"

Da huschte es zwischen den Bosketts. Waren es javanische Elfen, die durch's Paradies schwebten? Der stille Mond allein weiß es.

Unser Wirt selbst weckte uns am andern Morgen um vier Uhr. Ein Sado mit drei kräftigen Ponys stand vor der Tür, und im warmen europäischen Reiseanzug, versehen mit allerhand Proviant, fuhren wir alsbald in die frische Nacht hinaus. Der Kutscher wog gar nichts; er saß vorn, Freund Pfeil hinten und ich zum Ausgleich in der Mitte, da der Platz neben dem Braunen von der Eßkiste eingenommen wurde.

Um 6 Uhr ging die Sonne auf, Tür und Tor der Hütten am Wege öffneten sich und bald wimmelte die Landstraße von fleißigen Bauern, die ihren Feldern zustrebten, und von Lastträgern mit Reis, Früchten und Bastmatten. Die Männer trugen meist nur ein Hüfttuch mit Gürtel und großer Schnalle, auf dem Kopf den breiten Hut, teils flach, teils mit mächtiger Wölbung.

Nach zweistündiger Wagenfahrt hielten wir vor der Villa Pauline in dem Bergstädtchen Tjiseroepan. Zwei Kulis führten unsere Reitpferdchen vor. Pfeil brauchte bei seiner Leibesgröße nur das rechte Bein zu heben, um in den Sattel zu steigen, so klein waren die Tiere, und ich zweifelte, daß sie uns bis auf die Höhe des Vulkans Papandajan bringen könnten, dessen Gipfel noch 1800 Meter über uns lag. Die Kulis bemächtigten sich der eisernen Portionen und trabten voraus. Unsere Ponys waren steinhart im Maul; es blieb absolut ausgeschlossen, mit dem Zügel, geschweige denn mit sonstigen Reiterhilfsmitteln die Richtung, anzudeuten. Die Kulis liefen über einen großen Platz mit alten, mächtigen Fikusbäumen, dann nahm uns ein Bergpfad auf, den beiderseits blühende Hecken säumten; dahinter grünte der Kaffeestrauch und die Äste des Kakaobaumes reichten ihre großen, dunkelroten Früchte aus dem Blattgewirr über die Hecke. Der

Pfad verwandelte sich in eine Treppe. Stufen waren in den Lehmboden geschlagen. Nun tritt der Weg in den hohen Urwald ein, wie ein Tunnel im tropischen Dickicht. Unsere Pferde bedürfen der Leitung nicht mehr, kein Pfad zweigt ab nach rechts und links. Geheimnisvoll rauscht und raunt es in den Wipfeln der Palmen und Lorbeerbäume, der Eichen und Akazien und im tropischen Tannengezweig. Leuchtende Malastomaceen übergießen das strotzende Unterholz mit ihrer Blütenpracht.

„Die Jaccabäume so riesengroß,
Euphorbien, Farne, gefiederte Palmen,
Mangrove-Dickichte, grenzenlos,
Und Bambusgebüsche mit schwankenden Halmen,
Des dunkeln Lorbeers stolzes Geschlecht,
Hellgrüne saftstrotzende Bananen,
Und undurchdringlich das Geflecht
Von krausverschlungenen Lianen."

Blau, goldgelb und rot wie Rosen schlingt sich wirres Geflecht von Orchideen und Bartflechten von Baum zu Baum. Dünne Laubstämmchen füllen die Zwischenräume und streben empor zu Licht und Leben. Dicke, unregelmäßig hin- und hergebogene, strickähnliche Lianen hängen von den hohen Baumkronen herab; an vielen Stellen wachsen zwischen dem Unterholz hohe, krautige Seitmineen wie undurchdringliche Mauern. Dazwischen schlängelt sich unser Weg, nun steil, dachjäh bergan, dann hinunter in eine Schlucht, wo der Bergbach rieselt. Auf Felsstufen klettern unsere Pferde emsig und sicher wieder zu Berge. Der Ritt gestaltet sich zu einem Zirkuskunststück. Zuweilen steigen wir ab, wenn der Pfad auf Geröll und über Felsböcke führend zu jach wird. Alte, gestorbene Urwaldriesen ruhen wie Tote im grünumsponnenen Bett. Im Sturze haben sie Nachbaräste und Stämme quetschend niedergestreift mit dumpfen hohlem Donnern. Die Wurzeln zerrissen das Erdreich und starren hinauf zum immer grünen Blätterdach des Walddomes. Schlanke Stämme umschlingen zartgefiederte Farrenparasiten wie Fürstenkronen. Die Palme ist hier oben nicht mehr heimisch. Aber wie am Hange des Himalaja, so treten die prächtigen Baumfarren jetzt an ihre Stelle in wuchernder Fülle. Wir mögen 2000 Meter Höhe erreicht haben. Baum und Strauch wird dürftiger, kleiner; die Himbeerstaude schaukelt ihre dornigen Äste über den Weg.

Mein Kuli pflückt ihre roten Früchte, die so groß sind wie Wallnüsse, aber ihr Geschmack ist ausdruckslos, wässerig. Wir steigen ununterbrochen. Jetzt rauscht links ein breiter Bach über gelbgrünes Geröll. Ich nehme einen Stein aus dem Wasser, Schwefel überzieht ihn, das Wasser ist heiß, — wir sind dem Krater nahe. Zwischen die Steine im Bache mischen sich Lavablöcke, gelbe Schwefelstücke ragen aus dem Wasser, noch wenige Schritte bergan und nun treten wir aus dem Walde. Wie ein gewaltiger Talkessel dehnt sich vor uns der Krater des Papandajan.

Auf drei Seiten ragen senkrecht die kahlen, öden Wände aus grauem Gestein, Lavageröll deckt Hang und Talsohle. Hinter einem Vorsprung steigen weiße Wolken empor, hoch in den Lüften mischen sie sich mit ihren flüchtigen Schwestern des Himmels und ziehen im Windeswehen davon. Ein schmaler Pfad schlängelt sich durch den Kessel. Lavablöcke grenzen ihn zu beiden Seiten; einen Schritt vom Weg entfernt lauert der Tod, der Boden ist dort hohl und brüchig. Mein Pferdchen stolpert plötzlich links über die Steine und bleibt vor einem Felsblock stehen. Ein Bach braust vorüber. Hier ist der gewohnheitsmäßige Rastplatz der Reittiere, meinem Pony wohl bekannt. Also runter vom Gaul und auf Schusters-Rappen den steilen Berg hinan. Wenige Schritte rechts von uns quillt Dampf aus der Erde. Nun biegt der Weg um den Felsvorsprung und offen vor uns brausen und zischen die Dampfventile aus dem erhitzten Erdinnern. Unheimlich leuchtet ein giftgelber Hügel, seiner Kuppe entsteigen breite, schwebende Wolken. Wenn der Wind sie scheucht, erscheint die Kuppe rötlich strahlend wie Feuer.

Die Kulis gingen rechts den Abhang hinauf zu einer Bretterhütte. Hier stärkten wir unsere Lebensgeister mit Hilfe des Inhaltes der Blechkiste; der Wirt hatte die Braunen nicht vergessen. Der Kistenträger schritt dann voran. „Und hohl und hohler hört man's brausen". Unter einem überhängenden Felsen kocht brodelnd und dampfend graue Lava. Daneben schießt zischend ein Schwefeldampfstrahl aus dem Boden; ich halte die Hand darüber und verbrenne sie mir natürlich. Nun hinüber zu dem Gifthügel. Schwefeldämpfe beklemmen die Brust. Wir pressen die Taschentücher vor Mund und Nase und gehen weiter. Der obere Teil des Hügels verschwindet in weißen Dämpfen. Gelbe Schwefelkrystalle überziehen ihn bis zum

Fuße. An einigen Stellen dringt glühende Hitze an die Oberfläche und röstet den Schwefel braun und schwarz. Unser Kuli holte eines der herumliegenden Bambusstücke und ich lud Schwefel und Lava aus der heißen Masse darauf. Sie sind wohlbehalten in der Heimat angelangt.

An einer andern Erdöffnung hatte sich der Schwefel krystallisierend angetürmt in Form eines Kopfes, aus dessen Munde nun der Dampf zischte. Ich erweiterte die Klappe, und der Mann mit dem Kopfe holte tief Atem. Hu! Das war ein böser Atem! Schwefelbrocken, die wir ihm in den Hals warfen, polterten wieder herauf und flogen aus dem fauchenden Höllenrachen.

Der Eindruck des Vulkankraters ist ganz schauerlich; diese stille Einöde in Stein, das Geheimnisvolle, Elementare der unterirdischen, immerwährenden Arbeit der Erde, das Zischen, Brodeln und Fauchen rund um wie in einer Dampffabrik, das abstoßende Gelbgrün des Schwefels, es ist wie ein Sinnbild feindlicher Gewalten und mir dämmerte die Entstehung des Begriffes Hölle und Teufel mit ihrem obligaten Feuer- und Schwefelgeruch.

Ganz benommen im Kopfe von den giftigen Dünsten und müde von der Kletterei stiegen wir wieder zur Hütte hinunter. Aber immer wieder zog der giftgelbe Hügel magnetisch die Blicke auf jene seltsame Erdwunde zurück.

Der Treppenritt bergab gestaltete sich zum Kunststück erster Ordnung auf den steilen, hohen Stufen. Aus Mitleid für mein Tier stieg ich zuweilen ab, obgleich uns versichert worden, den Pferdchen sei diese Leistung eine Kinderei. Freund Pfeil ritt munter fürbaß. Als der Pfad schön eben und weich wurde, stieg ich wieder auf, aber wo blieb Pfeil? Ich trabte hinter ihm her und holte ihn endlich am Beginn des Treppenaufstieges ein. Sein kleines Rößlein war nämlich mit ihm durchgegangen; da stieg ich auch nicht mehr ab; einer besseren Belehrung über die Zähigkeit der Javaponys bedurfte es nicht mehr.

Mein Pferdejunge hielt sich stets in meiner Nähe. Ich hatte ihn nach einigen Blumen gefragt und mir solche pflücken lassen. Nun war der Brave nicht mehr zu bändigen; er sprang und kletterte am Wege herum und holte, was farbig war.

Strahlend vor Vergnügen brachte er mir die Frucht einer Liane. Sie hatte die Form einer kleinen Vase mit flachem Deckelchen. Umständlich erklärte er mir, wie die Affen den Deckel öffnen und dann das klare Wasser austrinken, das die Vasenfrucht fast gänzlich anfüllt.

Nach zwei Stunden anstrengenden Rittes erreichten wir wieder die Villa Pauline, flößten unserm alten Adam Wisky und Soda ein und rollten dann halb schlafend, halb gerädert heimwärts; eine Wiege war unser Sado nicht.

Gegen Abend, als wir draußen auf unsern Langstühlen vor uns hindämmerten, entdeckten uns einige fliegende Händler. Sie verkauften alle das Gleiche, Sarongs, Kopftücher und Zigarrentaschen aus Bast. Endlich umknieten mich drei Männer, eine Frau und ein junges Mädchen. Sie bestürmten mich sanft ohne gegenseitigen Geschäftsneid, priesen auf javanisch ihre Tücher, breiteten sie vor mir aus, zum Teil sehr schöne Arbeit, und ließen mit sich handeln. Das Mädchen trug vorn am Hüftgurt eine jener großen, ovalen Schnallen, die ich schon oft gesehen und gerne gekauft hätte. Unsere Unterhaltung bewegte sich meist in der Zeichensprache. Als ich nun der Kleinen klar zu machen versuchte, ich wünsche ihre Gürtelschnalle zu erstehen, lächelte sie verschämt, schüttelte das Köpfchen und schlug die Augen nieder in rührender Verwirrung. Die Schnalle hält die ganze lockere Gewandung zusammen. Das junge Mädchen hatte mich falsch verstanden. Als ich den Kauf einiger Batiktücher bewerkstelligt und erklärt hatte, daß nun nichts mehr zu handeln sei, entfernten sich die braunen Menschen höflich und geräuschlos. Im Gegensatz zu den Hindus und Chinesen sind die Javaner äußerst bescheiden, fast zurückhaltend.

Nach dem Abendessen ging Freund Pfeil, Herr Reinders und ich in die nahe Straße der Eingeborenenstadt. Die offenen Verkaufsbuden waren hell erleuchtet, Männlein und noch mehr Mägdelein lustwandelten dazwischen auf und ab wie auf einem Jahrmarkt, so bunt und dichtgedrängt. Zu mehreren untergehakt flanierten die jungen Schönen vorüber, ihre Blicke wichen dem weißen Manne nicht aus. Wir stellten u. a. fest, daß sie leidenschaftlich Zigaretten rauchen und ihre Scheu verlieren können.

Am Morgen des 24. März fuhr ich mit Herrn Reinders noch einmal hinaus zum See Sidoe Bagendit. Von der kleinen Hügelinsel im See sah ich zum letzten Mal den Papandajan mit seiner Dampfwolke und die andern sechs Donnerberge rund im Kreise. Die Sonne leuchtete am tiefblauen Himmel in aller Pracht, vom Ufer drüben klangen die Weisen der Anglung spielenden Kinder aus dem Palmenhaine herüber, paradiesische Ruhe und Schönheit lag über allem. Wie lieblich ist jenes Fleckchen Erde, ich kann es nicht vergessen!

XXVI.

Wagenfahrt Tjiandoer=Sindanglaja, Buitenzorg.

> „Lebensodem, Himmelstau
> Strömt mir durch die Glieder.
> Morgenwolken rot und grau
> Zittern auf und nieder."
> J. C. Poppert.

Um 11 Uhr verließen wir Garoet, das Eden, wo Eva heute noch wandelt. Im Zuge lernten wir Herrn Honigmann aus Aachen kennen, mit dem wir später bis Colombo zurückreisten. In Padalarang nahmen wir den Zug der Staatsspoor bis Tjiandjoer und bestiegen hier jeder einen kleinen dreispännigen Sado zur Wagenfahrt nach Sindanglaja. Tjiandjoer liegt in einem heißen Talkessel voller Reisfelder. Üppig gedeihen hier alle Arten Palmen und die Banane erreicht solche Höhe, daß ihre Blätter das Dach der Hütten beschatten. Auf prachtvollem Wege eilten unsere Pferde bergan. Links lag der gewaltige Vulkan Gedeh, fast 3000 Meter hoch. Die kahlen grauen Kraterränder ragten über den dichten Urwald. Aus den Lichtungen der Teeplantagen blickten freundliche Hütten herunter, umrahmt von schlanken Palmen, Bananen und dunklen Tannengruppen. Nach mehrstündiger Fahrt an manch' malerischem Dörfchen vorüber, begegneten uns erst zerstreut dann dichter die Villen der Europäer. Zur Linken in prächtigem Park trat dann das Sommerschloß Tjipanas hervor, wo der General-Gouverneur von Insulinde die heißen Monate verbringt. Zehn Minuten später hielten wir in der gedeckten Halle des „Herstellingsoords Sindanglaja", auch „Gezondheids-Etablissement Leroux" genannt. Bei 1074 Meter Höhe herrschte hier köstliche, frische Luft. Der Regen, der während der Fahrt uns zeitweilig heimgesucht, hatte hier oben alles erfrischt. Unser Auge weidete sich an der Pracht und Größe der Vegetation, deren Formen sich ins Riesige steigern. Die Feuchtigkeit des Regengusses verdampfte wieder aus dem wärmeren Erdreich, der feine Nebelhauch über dem Park, von der untergehenden Sonne hellrosa durchleuchtet, umwob die hohen, alten Bäume mit zartem Lichtschleier. Nie wieder sah ich eine ähnliche, überraschende Naturerscheinung von gleicher Farbenwirkung.

Auch hier beim Volk die gleiche Ehrfurcht wie in Garoet. Zum mindesten nehmen die Männer ihre großen Hüte vor uns ab, dann kommt das zweizipfelige Kopftuch zum Vorschein; oft knieen sie am Wegerand schon von weitem nieder. Die Kinder lassen sich alle vor uns auf die Kniee sinken, ein rührendes Bild, diese kleinen, knieenden Figürchen mit ihren großen, braunen, guten Augen; die Frauen bleiben scheu am Wege stehen. Auf unser Lächeln lachen sie alle vergnügt und schauen uns lange nach.

Kein Tor schließt den Park gegen die Straßen ab, kein Riegel sperrt unsere Türen. So war es auch in Garoet und überall, wo nicht Hotels nach rein europäischer Art gebaut. Der Holländer schmückt seine offene Veranda mit kostbaren Bildern und Nipps, er braucht nicht zu fürchten, daß ein Eingeborener sie nächtlicherweile fortträgt. Gewohnheitsmäßig schlossen wir stets unsere Koffer ab, aber außer unserm Stubendiener betrat kein Mann unsere Behausung. Als ich zur Ruhe gegangen, vernahm ich leise Schritte auf der Veranda, die unser Schweizerhaus umringte. Ohne Sorge überließ ich mich dem Schlafe. Es konnte nur ein junges Weib sein, das in der frühlingsfrischen Nacht vorüberhuschte.

Klug und zierlich schlüpft sie vorbei, und kennt die Wege,
Wo sie der Liebste gewiß lauschend begierig empfängt.

Vor Sonnenaufgang stieg ich am nächsten Morgen in den Park hinab. In den Tälern und Schluchten unter mir lag grauer Nebel. Wie Inseln hoben sich hier und dort die Kuppen und Spitzen des tieferen Berglandes aus dem Nebelmeer. Die Felswand des Gedeh ragte dunkel in den dämmernden Morgen; im

Vordergrund die alten Laubbäume, Zedern, Farren, Palmen und Blumen auf taufrischem Rasen. Nun kommt die Sonne. Die Berge am Horizont überzieht

> Ein morgenrötlich trüber Schein;
> Und selbst bis in die tiefsten Schlünde
> Des Abgrunds wittert er hinein.

Hier steigt ein Dampf, dort ziehen Schwaden schwer aus den Tälern. — Das blutrote Morgenrot verblaßt und aus dem Gewölk über den Randbergen schimmern und schießen blendend silberhell die ersten Strahlenbänder der lieben Sonne, der hier die Natur alles Schöne dankt.

> Da sprühen Funken in der Nähe,
> Wie ausgestreuter, goldner Sand.
> Doch schau! in ihrer ganzen Höhe
> Entzündet sie die Felsenwand.

Der leitende Arzt des Sanatoriums war kein Frühaufsteher. Wir versäumten fast eine Stunde der Abfahrt, bis er endlich langsam den Hügel herabschlenderte.

In dem Sado fand Freund Pfeil und ich nur notdürftig Platz; seine drei mageren Ponys flößten mir mehr Mitleid als Zutrauen ein. Kurz hinter Sindanglaja erklimmt die Fahrstraße die Höhe des Poentjak-Passes, ein Knabe hielt unten am Wege mit einem klapperigen Schimmelchen. Mit diesem Vorspann ging es nun bergauf, zuweilen im Trabe; dann lief der Junge behend voraus, und der Kutscher rannte neben den Pferden her. Oben auf dem Poentjak Halt. Von einem Pavillon zur Seite der Straße blickten wir noch einmal zurück auf die Bergketten Mitteljavas und die großartige Preanger Landschaft. In scharfen Umrissen lag vor uns der große, massige Krater des Gedeh; deutlich hoben sich an seiner Wand die wagrechten Lavaschichten ab.

Auf der Landstraße herrschte eine wahre Völkerwanderung. Einige Hütten dienten als Rast- und Erfrischungsstätten. Eingeborene trugen Obst in Körben über die Höhe, oder Messer, die dolchartig in braunen oder schwarzen Holzscheiden steckten. Die Javaner tragen diese Messer im Gürtel, benützen sie aber kaum als Waffe. Nur wenn einen dieser sanften Menschen der Wahnsinn packt, fliegt der Kris aus der Scheide, dann rast der Amokläufer geradaus durch die Straßen und sticht blindwütend alles nieder, was ihm in den Weg tritt. Er darf erschossen werden wie ein toller Hund.

Die Paßstraße nach Buitenzorg hinunter gestaltete sich so steil, daß die Stangenpferde fast auf der Hinterhand saßen, die Vorderhand auf den abschüssigen Boden stemmten und sich gleiten ließen. Wir stiegen aus und gingen wohl eine halbe Stunde zu Fuß. Wie eine dichte grüne Wand begleitete der Urwald unsern Weg. Lianen flochten sich von Stamm zu Stamm, von Ast zu Ast. Baumfarren und große weiße Blüten einer Wasserschlingpflanze erfreuten das Auge. In dem ununterbrochenen Zuge der Braunen bemerkten wir Männer, die unter eigenartiger Bewegung des freien Armes unglaubliche Lasten trugen. Wir kauften unterwegs von den Vorübergehenden Früchte und Messer und ein Bündel Mangustinen. Unter Aufbietung aller Sorgfalt gelang es Pfeil, die Leckerbissen in bester Verfassung nach Colombo zu bringen und Freund Redemann damit eine Freude zu bereiten.

Mit dem Abstieg betraten wir wieder die Region der Palmen und Reisfelder. Fröhliche Ostertouristen in ihren weißen Anzügen riefen uns ein deutsches „Guten Morgen" zu; es waren junge deutsche Kaufleute aus Batavia. Den Rucksack auf dem Rücken machten sie ihren Osterausflug wie in der Heimat und sangen deutsche Lieder zu den Palmen hinauf und in den Urwald. Gegen 11 Uhr vormittags fuhren wir in Buitenzorg ein und gleich zum Bahnhof zur Weiterbeförderung des Gepäcks. Der Manager des Hotels Bellevue witterte in uns Fremde und nahm uns gleich in Beschlag. Das Hotel verdient seinen vielsagenden Namen. Von der Gartenterrasse aus genossen wir die prächtige Aussicht auf den Vulkan Salak und über das in Palmen gebettete Araberdorf. Die Fluten des Tji Sadane ziehen zu unsern Füßen vorüber und bahnen sich einen breiten Weg durch den üppigen Palmwald. Golden spiegelt sich die Sonne in den Wellen und die Jugend vergnügt sich im Bade, wo die rieselnden Wasser über ein Wehr herabgleiten.

Der berühmte botanische Garten war nicht fern. Ich muß es mir versagen, Einzelheiten unseres Besuches zu erwähnen. Im Vergleich zu dem botanischen Garten in Peradjenja auf Ceylon, den wir später aufsuchten, scheint der Garten Buiterzorgs mehr nach wissenschaftlichen Grundsätzen, der englische auf Schönheitswirkung angelegt zu sein. Das Bewußtsein, in dem wissenschaftlich wertvollsten, reichhaltigsten Tropengarten der Erde zu sein, ließ uns mit besonderem Interesse alle Dinge betrachten. Noch heute sehe ich im Geiste jene wundervollen Orchideen, die dort keines Treibhauses bedürfen. Ein kleiner Javaner zeigte uns den Weg, Gärtner kamen uns freundlich entgegen und erklärten uns ihre Lieblinge.

Zwei Stunden Rundgangs hatten uns gehörig ermüdet. Auf der Rückkehr zum Hotel fiel eine Chinesengesellschaft nicht wenig auf. Auf der Terrasse an der Straße spielten acht Musikanten auf europäischen Instrumenten einen Walzer, daß es einen Hund jammern konnte. Der chinesische Hausherr saß mit Freunden daneben an einem Tisch und jeute. Das Ganze machte den Eindruck eines Freudenfestes; jedoch feierte der Biedermann den Verlust seiner Ehegattin, wie uns glaubwürdig berichtet.

„Heißa!!" — rufet Sauerbrod
„Heißa! meine Frau ist tod!!
Heute stört sie uns nicht mehr,
Also Alter! setz' Dich her!"

Hier hatten wir den chinesischen Sauerbrod.

Im Hotel trafen wir Herrn Oberleutnant Findeis, der die wenigen Tage vor der Weiterfahrt nach Deutsch-Neu-Guinea zu einer Inlandsfahrt ausnützte. Mit ihm fuhren wir nachmittags über eine Bambusbrücke, die höchst unsicher zu sein schien; unser schwerer Wagen holperte aber sicher hinüber. — Der Besuch eines Buddha-Tempels brachte den deutlichen Beweis, daß einst die Hindus übers Meer gekommen sein mußten und Java beherrscht haben. Ihre großartigen Bauten, wie der Boro Boedoer-Tempel bei Djokjakarta auf Java zählen zu den bedeutendsten Werken nach Kunst und Größe der Anlage, die das Hinduvolk je geschaffen.

Auf der Wiese vor dem Palast des Generalgouverneurs grasten zahme Gazellen und Dammwild, die Viktoria Regia und Lotosblume hoben ihre großen Blütenkelche und Knospen aus den breiten, hochrandigen Blättern im Schloßteich und der Palast leuchtete aus dem Grünen in strahlendem Weiß. Auf seiner Kuppel flatterte die holländische Flagge.

Sehr interessant bleibt der Besuch der Versuchsgärten für Kaffee, Kakao und Gummi, wobei wir sahen wie der Gummi gezapft wird. Ein Pfund kostete zur Zeit etwa 0,40 Mk. Arbeitslohn, an der Börse zirka 12.— Mk.!

Oberleutnant Findeis geleitete uns noch zum Bahnhof. Unsere guten Wünsche, die ihn auf der Expedition begleiteten, erfüllten sich leider nicht. Fieber befiehl ihn und nach einem halben Jahr mußte er heimkehren.

Die Bahnfahrt aus dem kühlen Ober-Java hinunter in die Niederung Weltevredens wurde immer heißer. Holländische Farmer neben uns wuschen sich das bärtige Antlitz förmlich mit kölnischem Wasser zur Erfrischung.

Unsere alten Wohnräume im Hotel des Indes fanden wir für uns freigehalten, die äquatoriale Hitze und die immerhin etwas beschränkteren Verhältnisse und Anstrengungen der letzten Tage vermehrte unsere Freude an unserem großartigen bequemen Hotel;

Wie fröhlich ist der Wandersmann,
Zieht er das reine Hemde an,

ein unsäglicher Genuß nach dem Bade in unserer Marmorhalle.

Freund Pfeil hatte Herrn Overbeck zum Abendessen geladen. Höchstens Anfang der Zwanzig, besaß Overbeck eine Ruhe und Sicherheit und beherrschte spielend den großen überseeischen Verkehr, daß ich ihn im Stillen bewunderte. Die Fremde erzieht ihre Menschen und bildet sie schneller zu gereiften Männern als alle Schulkünste der Heimat. In angeregter Unterhaltung verbrachten wir den Abend auf der Veranda der Harmonie bei Brandy und Soda. — Die Nacht blieb so heiß wie der Tag. Vor dem Einschlafen tat eine kalte Tusche köstlich wohl.

Am 20. März, dem Ostersonntag, fuhren wir noch einmal mit der elektrischen Bahn nach Batavia. Unweit der Endstation in der Altstadt liegt im Grase halb versunken eine große alte Vorderlade-Kanone, die Mariam. Der Knauf des Bodenstückes hat die Form einer geballten Faust. In dem benachbarten Küstenort Solo ruht ein anderes Kanonenrohr. Die Sage berichtet, daß die Herrschaft der Holländer ihr Ende erreicht habe, wenn diese beiden Eisenrohre von selbst zusammenträfen. Bei der naturnotwendigen Unmöglichkeit der Voraussetzung will mir dünken, daß die schlauen Holländer die Legende selbst erfunden und im leichtgläubigen Volke verbreitet haben. Außer dieser gläubigen Betrachtung knüpft sich an die Faust der Mariam der Götzendienst. Die Hand in ihrer eigenartigen Haltung vertritt hier die Stelle des Lingam und wird von den Frauen angebetet, die sich Kindersegen wünschen. Eine junge, hübsche Malayin kniete dort im Grase, hatte ein wohlriechendes Feuerchen angezündet und mischte darüber die Karten, dann ließ sie eine Karte herausfallen, betrachtete sie, mischte wieder und wiederholte ihre Fragen ans Schicksal. Endlich verbeugte sie sich dreimal vor der Eisenfaust und ging langsam davon. Andere Frauen saßen in der Nähe und warteten, bis an sie die Reihe kam.

Bei Herrn Overbeck holten wir nun die Fahrkarten bis Colombo ab. Unser Schiff war schon so überfüllt, daß Pfeil und ich mit Unterkunft in der II. Kajüte vorlieb nehmen mußten.

Die Rückfahrt nach Weltevreden war merkwürdig. Der kleine Hengst vor dem Sado zeigte unausgesetzt Nebenabsichten. Manchmal blieb er hartnäckig stehen, dann jagte er von einer Straßenseite zur andern, immer hin und her, daß unser Weg einer Schlangenlinie ähnelte.

Nachmittags trafen wir mit Overbeck am Bahnhof Batavia wieder zur Fahrt nach Tandjoeng Priok zusammen. Der Rumphius lag schon am Land bereit. — Unsere Kabine teilten wir mit einem Deutschen und Franzosen. Wir hielten uns während des Tages in der Kajüte I. auf. Der Abschied der Reisenden gestaltete sich rührend, viele Tränen flossen und allerwärts hallten kräftige Abschiedsküsse. „Mit jeder Schraubendrehung kommst du der Heimat näher," sagte eine Stimme in mir und stimmte mich froh. In Weltevreden hatten wir auf der Post noch einen Stoß Zeitungen vor der Abfahrt abgeholt, ein reiches Lesefutter für die nächsten Tage der Seefahrt.

So lange noch Java zu sehen war, hingen unsere Blicke wie gebannt an seinen lieblichen Ufern und hohen Vulkangebirgen, bis sie im Dunste verschwanden. Meeresstille und ruhige Fahrt. Ade, Ade, du schönes Java, ich möchte dich wiedersehen!

XXVII.
Seefahrt von Batavia über Singapore nach Colombo.

Tausend Schiffe landen an und gehen;
Da ist jedes köstliche zu sehen,
Und es herrscht der Erde Gott, das Geld!
Schiller.

Der Rumphius kam aus Soerabaja. In Semarang hatte er der Pest wegen keine neuen Passagiere aufnehmen dürfen, aber doch wehte die unangenehme gelbe Flagge am Vortopp, als wir nach prächtiger Fahrt am Morgen des 28. März auf der Rhede von Singapore Anker warfen. — Eine Masse großer Dampfer lag in unserer Nähe, die größtenteils auch die Seuchenflagge trugen. So dauerte es beängstigend lang bis der Arzt an Bord kam. Ein anderer Holländer Dampfer, der Rochussen, war mit dem Rumphius zugleich eingetroffen. Da er Semarang berührt hatte, sollten seine Reisenden 24 Stunden unter Beobachtung bleiben. Auch uns dreute dieselbe Gefahr, wodurch der Anschluß an die „Prinzeß Alice" zweifelhaft geworden wäre. Auf dem Rochussen befand sich Herr Erdens mit Tochter aus Aachen. Groß war daher die Freude Honigmanns, als seine beiden Bekannten nun doch drüben vom Arzt freigelassen wurden und in einem Boot zu uns übersiedelten. Stunden verflossen in ungeduldigem Warten. Endlich kam der Doktor und gestattete unserem Schiffe die Einfahrt. Die „Prinzeß Alice" lag am Kai, das schönste Schiff in Singapores Hafen. Als wir die wenigen Schritte von dem kleinen, schmucken Rumphius hinübergingen nach der hohen Treppe des deutschen, überseeischen Schiffes, als wir dann wieder deutsche Schiffsplanken betraten und uns der vornehme, großzügige Betrieb umgab, da sagten wir uns wie der Reichskanzler in Heidelberg: das deutsche Reich ist eine Firma, zu der man sich mit Stolz bekennt!

Schiffe romanischer Nationen hatten wir so gut wie gar nicht zu Gesichte bekommen, die überseeischen Dampfer trugen größtenteils englische und deutsche, vereinzelt die japanische Flagge.

Wenn uns der Durst auch mächtig stört
Auf sonnenheißen Bahnen,
Wir drücken durch! die Welt gehört
Dem Volke der Germanen! — — —

Die Promenadendecks wimmelten von Menschen; die Meisten hatten Angehörige an Bord begleitet oder nahmen die Gelegenheit wahr, deutsches Bier vom Faß und Bremer Zigarren zu schlemmen; dazwischen konzertierte die Kapelle. Unter dem Trubel trafen wir einen jungen Kölner, Herrn Poblodt wieder, der auf der Lützow mit uns hinausgefahren war.

Im Interesse einer Gummifirma nach Hinterindien gesandt, hatte er die günstige Lage des Marktes erkannt und von Verwandten und Bekannten auf telegraphischem Wege einige Millionen in Rubber-shares angelegt. Mit doppeltem Gewinn reiste er nun heim. Daß er seiner Gattin ein kostbares Angebinde mitbrachte ist nicht verwunderlich, aber seine Erzählungen grenzten ans Fabelhafte. Die Spekulation feierte Triumphe und artete fast in Wahnwitz aus. Gummiaktien beherrschten die Gedanken aller Geldleute. Auch die meisten unserer Mitreisenden waren darin engagiert. Der junge Kaufmann schilderte den Stand der augenblicklichen Stimmung mit den Worten: „Stecken Sie Ihren Spazierstock in einen Blumentopf und verkaufen Sie beides als Rubber-Plantage, so verdienen Sie ein Vermögen!" Ein Deutscher, der schon oft mit den abenteuerlichsten Unternehmungen reingefallen war, hatte in Singapore und Java 80 000 Gulden zusammengepumpt und eine Gummifarm gekauft. Nach zwei Wochen verkaufte er sie wieder für 180 000 Gulden. — So wußten alle Verwunderliches zu berichten, auf den Langstühlen, an der Reeling, im Turnsaal und beim Bier und im Rauchsalon; überall wo zwei Herren die Köpfe zusammensteckten wurde während der Fahrt nach Colombo von den Aussichten des „Rubbermarktes" geredet. Als am 1. April hinter Penang sich das Gerücht verbreitete, soeben sei auf funkentelegraphischem Wege ein Börsentelegramm aus London eingegangen mit der Mitteilung, die Gummiaktien fielen rapid, ergriff alle Beteiligten die tiefste Bestürzung. — „Sieh' du nach deinen Rechnungen, ich fürchte, sie stehen übel." — Den ganzen Tag dauerte diese gedrückte Stimmung an bis der Spaßvogel verlauten ließ, daß an der gesamten Küste Indiens noch nicht eine Funkenstation bestehe und die Nachricht ein Aprilscherz war. Wie da alles aufatmete. Ausnahmsweise besaß unsere „Prinzeß Alice" eine Funkenstation, da sie im Sommer gewöhnlich zwischen Europa und Amerika fährt. Die meisten anderen Dampfer des Ostasiendienstes waren damit noch nicht ausgerüstet, die Kriegsschiffe ausgenommen.

In Penang fuhr Freund Pfeil, Herr Voltz aus Java, seiner Geburt nach ein Freiburger, Herr Baumann und ich zum Botanischen Garten. Ein tropischer Nachmittagsregen ließ uns schnell in ein Hotel am Meer flüchten, wo auch Herr Erkens mit Tochter und Herr Honigmann den Kaffee nahmen. Bei Tisch an Bord hatten wir gemeinsame Plätze an der Tafel und brachten auch tagsüber die Zeit viel mit einander zu. Mit Herrn Voltz saß ich gewöhnlich abends nach dem Essen vorn am Schiff, lang bis in die Nacht. Leuchtende Quallen trieben auf dem Meer, die Schaumkronen der Wellen erglänzten wieder im grünlichen Meerleuchten und auf der großen Seestraße blieben fast immer die Lichter mehrerer Dampfer in Sicht. Viel Interessantes und Wunderbares erzählte an jenen Abenden der deutsche Farmer, der auf seinen javanischen Plantagen immer der elegante Weltmann geblieben war. — Sein Herz sehnte sich nach einer Gefährtin, mit der er die Annehmlichkeiten des Lebens und seines erworbenen großen Vermögens teilen konnte. Aber die er im Stillen anbetete, ward ihm nicht.

Im Laufe des 3. April sollten wir Colombo anlaufen. Als es im Osten zu dämmern begann sah ich zum Fenster hinaus. Duftige Nebelschwaden lagen auf dem Meer und drüben am Horizont türmten sich bizzare Wolken. Doch nein, es waren schon die Berge Ceylons, der merkwürdige Adams-Peak und der massige Pedrotallagalla. — Nun kam die Sonne in rotglühender Pracht hinter den Bergen hervor und zeichnete die zackigen Umrisse des Gebirges an den Himmel. Emsig packten wir unsere Koffer und kamen noch gerade zur rechten Zeit zur Einfahrt in den Hafen von Colombo an Deck. Während wir von unserem turmhohen Bord hinabsahen und in den unzähligen Booten und Barkassen Herrn Redemann zu entdecken strebten, erklang hinter uns auch schon seine kräftige, lustige Stimme zum Willkomm. Bekannte vom Deutschen Klub hatten sich natürlich auch eingefunden.

Nach einigen „Drinks" im Rauchzimmer fuhren wir alle in Redemanns Dampfboot an Land. Noch 14 Tage, dann geht's der Heimat zu!

Herr Voltz tat die Absicht kund, bei einem Juwelier etwas „sehr Gutes" zu kaufen. Redemann wies ihn zu Ismail, einem ganz originellen Bruder. Ein feenhaft schönes Geschmeide aus edlen Steinen gefiel, es sollte 10 000 Mk. kosten. Voltz bot 5000 Mk. und erhielt auch den Schmuck zugestanden unter der Bedingung, daß er dem Ismail aus Europa einen seidenen Sonnenschirm sende als Entgeld für das große Entgegenkommen. Von diesem Singhalesen mit dem „Sonnenschirmvogel" hatte ich schon an Bord des Rumphius gehört; man sieht, die Idee war keine schlechte Reklame.

Am Nachmittag fuhren Freund Pfeil, Baumann und ich in Rikshas hinaus zum Gall Face Hotel, wo Familie Erkens und Herr Voltz den Tag verbrachten. Herr Maaßen saß auf der kühlen Veranda und begrüßte uns herzlich. Nach den ersten Worten versank er und Freund Pfeil in ein wichtiges Gespräch über Rubber, aus dem sie erst die Nachricht schreckte, daß eine junge Amerikanerin von „Mount Lavinia" kommend im Singhalesenboot dahersegelte. Wir eilten an den Strand hinunter. Richtig, dort draußen hüpfte und tanzte das schmale Holzboot auf den Wogen der Dünung. Geschickt rafften die zwei Schiffer die Segel und überließen das Schiffchen einer zu Land brausenden Welle. Nun schoß es durch die Brandung und setzte an Land in unsere Nähe auf. Die junge Dame trug nur einen Kimono und Beinkleider der Pyjamas. Lachend und durchnäßt kletterte sie von ihrer Hühnerstange herunter und lief vor der neuen Brandung flüchtend den Strand herauf:

Sie kletterte von Klipp zu Klipp
Ihr Haar das flog im Winde!

dann erklomm sie einige Felsen, wobei alle Grazie des Kimono in die Brüche ging und verschwand hinter den Palmen. —

Ein junger Gaukler saß vor uns auf der Erde, als wir uns zum Rückweg am Strande anschickten. Nachdem sein Mungo und die Schlangen sich produziert hatten und er unter ungeheuerlicher Geschwätzigkeit seine Triks mit Bechern und Wollkugeln erledigt, forderte er Geldstücke. Wir wußten, daß nach dem herkömmlichen Programm das Geld verschwinden werde; die Gaukler hatten es aber stets wieder zurückgegeben. Ich gab also 1 Mk., Freund Pfeil eine Rupie. Der Gauner wog die Mark in den Händen, erklärte sie als zu leicht und ich verabfolgte ein Zweimarkstück. Nun machte er Hokus und Pokus und bums! statt der Silbermünzen zeigte er Kupfergeld vor. Als ich meine drei Mark wieder haben wollte, sagte der freche Gauch: „Money is in London, Hamburg, Frankfurt, is no more here!" Auf deutsch: Das Geld war futsch! Besser in solchem Falle mitzulachen, als sich zu grämen, man erhält die Silberlinge doch nie wieder. Ich verschmerzte ihren Verlust um so leichter, als der Braune nun den Trick mit dem Mangokern vorführte, ein Kunststück, das in höchstem Grade interessant ist und worauf ich schon lange neugierig war.

Zunächst scharrte der Gaukler ein Loch in die Erde, zeigte den uns wohlbekannten Kern einer Mangofrucht herum und legte ihn in das Erdloch. Während ein herumstehender Bengel in einer alten Blechbüchse aus dem Meer Wasser holte, bedeckte er den Kern mit Erde und begoß dann die Stelle. Nun zeigte er eine braunes Tuch, wie es die Leute um die Lenden tragen, zeigte beide Seiten, es hatte keine Taschen. Dieses Tuch legte er über die Stelle, wo der Kern in der Erde lag, ging einigemale im Kreise herum und blies auf seiner Klarinette. Als er das Tuch aufhob, ragte eine zarte grüne Knospe aus der Erde wie ein Spargelköpfchen. Wieder wurde das Tuch darüber gedeckt und auf der Klarinette geblasen. Jetzt hatten sich schon junge Blätter vom Stiele gelöst; nach der dritten Bedeckung hatten sich Ästchen gebildet und schließlich stand ein Busch vor uns so groß wie ein Stachelbeerstrauch mit üppigen grünen Blättern. Der Braune zog ihn nun vorsichtig aus der Erde, die feinen Wurzeln hatten sich weit verzweigt, am Ende der Hauptwurzel hing die Schale des Kerns. Der Gaukler schüttelte die Erde von den Wurzeln, machte seine Verbeugung und ging zufrieden seines Weges. Ich habe keine Erklärung für diese wunderbare Sache, die an Zauberei grenzt; auch alle mir bekannten Deutungen trafen hier nicht zu. v. Hesse-Wartegg glaubt, die Indier holten aus Taschen im Tuch die neuen Pflanzen und manipulierten sie unbemerkt eine nach der anderen in die Erde. Wie gesagt, Taschen hatte das Tuch nicht, ich sah es von beiden Seiten; auch wenn die immer größeren Pflanzen aus den Falten des Brusttuches geholt werden sollten, so halte ich es für ausgeschlossen, daß schließlich die Wurzeln samt dem Kern so naturwahr in die Erde praktiziert werden können; die ganze Sache bleibt ein Rätsel, in dessen Besitz bis heute nur die Gaukler Indiens sind.

Zu unserm lebhaften Bedauern hatten wir Herrn Volz und Fräulein Erkens nicht mehr angetroffen, sie waren bereits zur „Prinzeß Alice" zurückgekehrt, die am Abend die Anker zur Heimfahrt lichtete. Herrn Erkens gaben wir unsere Grüße mit und fuhren dann zum deutschen Klub hinaus.

Freund Redemann empfing uns mit Halloh und nun saßen wir wieder zwischen unsern lieben Landsleuten in glücklichster Stimmung. Zum Abendessen waren wir von Redemann eingeladen. Herr Hinz stellte wieder sein Krokodil vor, das sich immer noch gleich heimtückisch und gehässig zeigte, die Äffchen im Garten waren äußerst zutraulich geworden und spaßig. Redemann berichtete spannend von dem Elefantenfang, der vor vier Wochen stattgefunden. In der Nähe einer wilden Elefantenherde war ein Kraal errichtet worden, eine runde Mauer aus kräftigen Palisaden. Eine schmale Öffnung hatte man freigelassen, nach der wie ein Trichter Pfahlwände hinführten. Die Jagd begann mit Einkreisen der Herde durch einige Tausend brauner Treiber, die mit alten Flinten und leichtbrennbaren Bündeln bewaffnet waren. Der Kreis zog sich immer enger. Wenn die Elefanten ihn zu durchbrechen suchten, feuerten die Treiber blinde Schüsse in die Luft und steckten das Reisig an, das soll ein wildes Geknatter abgegeben haben. Endlich hatte man die Herde in den Trichter und dann in den Kanal getrieben; das hatte Tage gedauert. Auf zahmen Elefanten ritten Singhalesen hinter der Herde drein und die zahmen Tiere knufften mit ihren Zähnen und stießen ihre wilden Brüder gehörig in die Rippen, wenn sie sich sträubten; zwei zahme nahmen dann im Kraal immer einen wilden in die Mitte und drängten ihn an einen Baum. Schnell sprangen Braune hinzu, schlangen Ketten und Hanfseile um die Füße der Eingekeilten und fingen so einen nach dem andern ein. Rund um den Kraal waren an den äußeren Wänden der Palisaden Tribünen errichtet, von wo viele hundert Europäer dem interessanten Schauspiel zusahen. Redemann zeigte uns Photographien aus den Zeltlagern der Zuschauer und vom

Fang im Kraale selbst, aus denen wir uns leicht ein Bild von der ganzen Veranstaltung machen konnten. Herr Maaßen war so freundlich, für uns in Nuwara Elija Quartier zu bestellen, wohin wir morgen zu fahren beschlossen. Spät rollten wir in den leichten, weichen Rickshas zum Hotel zurück nach einem Abend so nett, wie man ihn eben nur bei Redemann verleben konnte.

XXVIII.
Nuwara Eliya, Besteigung des Pedrotallagalla.

Drauf schießt die Sonne die Pfeile aus Licht,
Sie vergolden es nur und erwärmen es nicht.
Schiller.

Am 4. April fuhren wir um ½8 Uhr früh von Colombo ab. Nach der Eisenbahnfahrt nach Daarjeeling und Garoet bot die Strecke Colombo-Polgahawela-Peradeniya-Nanu-Oya nicht viel Neues mehr; wir hatten zudem die falsche Seite im Eisenbahnwagen erwischt. Auf der besseren hatten ein Herr und eine Dame Platz genommen, die entweder eine Hochzeitsreise machten oder gar nicht verheiratet waren.

In Nanu-Oya erwartete uns eine offene Kleinbahn. Außer zwei Engländern waren zwei deutsche Herren zu uns eingestiegen. Der ältere war Geheimrat Dr. Haidt aus Karlsruhe, den wir leider erst später auf der „Kleist" persönlich kennen lernten. Seine freundliche Güte, immer gleiche frohe Stimmung und große Liebe zur Natur hat viel dazu beigetragen, unsere gemeinsame Heimfahrt in lieber Erinnerung zu behalten.

In vielen Niederungen schlängelte sich die Bahn durch Teepflanzungen an den Hängen tiefeingeschnittener Täler und Schluchten mit fortwährender Steigung entlang. Nach kaum ³/₄ Stunden waren wir von 1600 Meter auf fast 1900 Meter Höhe gestiegen. Freier dehnte sich der Blick über das Gebirge und in die Schluchten mit heranbrausenden Sturzbächen. Farren- und Rhododondronbäume und dornige Schlinggewächse bedeckten die nahen Hänge. Nach kurzer Wendung um ein Felsmassiv öffnete sich ein Talkessel; hübsche Promenadenwege traten an den Bahnkörper heran, indische Ajas mit weißen Babys und Ponywagen von englischen Damen geleitet kündeten den Kurort an; nun hielten wir am Bahnhof Nuwara Eliya, vom Engländer kurz „Aurelia" genannt. Warm gekleidete Herren warteten auf dem Bahnsteig und eine Menge Indier, Abgesandte der Hotels. In Nanu-Oya hatte uns schon solch ein Subjekt einen Zettel unter die Nase gehalten: „Mr. Maaßens 2 friends." Hier oben stand der Wagen des Grand Hotels mit kräftigem australischem Pferd für uns bereit.

Unser zweistöckiges Hotel mit ziegelrot gestrichenem Wellblechdach lag in einem alten Park, herrliche Calla, gelbe Margueritten und rote rankende Rosen schmückten den Vorgarten. Hatten wir in den letzten Wochen uns nur mit Hilfe des Windfächers Erfrischung schaffen können, so empfanden wir hier oben die dauernde Kühle ganz besonders angenehm. In den Nächten mußten allerdings alle Decken heran, unsere wärmegewohnte Haut vor dem Frieren zu schützen. Freund Pfeils Rheuma aus dem indischen Ozean packte ihn bei dem schroffen Klimawechsel von neuem. So ging ich am andern Tage allein nach dem „One Tree Hill" hinauf. Aurelia ist weitläufig gebaut. Die breite Talsohle füllen weite Rasenflächen, die zur Zeit als Rennplatz, Promenaden- und Tennisplätze dienen. Vereinzelt blicken die Dächer europäischer Villen zwischen den Tannen am Abhang hervor, die umgebenden Höhen sind dicht mit hohen breitkronigen Rhododendronbäumen bewaldet. Der One Tree Hügel war von Teekulturen eingekleidet; auf seiner felsigen Kuppe stand ein Baum, der Baum, wonach der Berg seinen Namen hat. Auf dem Rennplatz bewegten Damen und Herren ihre Pferde, zumeist australische Tiere von edler Zucht. Am letzten Sonntag hatte der Gouverneur den Rennen beigewohnt. Eine Ehrenpforte am Sportsplatze war noch davon stehen geblieben. Auf zwei Holzpfosten ein Dreieck mit Lattenverstrebung, an den Verbindungslatten Ananasfrüchte. Das ginge immer noch, wenn die Ananas nicht mit Goldbronze bestrichen wären. Eine zweite hölzerne Triumpfpforte trug in verschiedenartigen Buchstaben die Worte: „A cordial Wellkome to their Excellency!" Geschmack war hier nicht verschwendet.

Lange suchte ich nach dem Ort Nuwara Eliya. Endlich entdeckte ich eine Straße mit 10 bis 15 Verkaufsbuden und den nötigen Hütten, violà tout. Die Villen sind ringsum zerstreut, als gehörten sie zu keinem Gemeinwesen. Oft sieht man sie erst, wenn man dicht davor steht, hohe dunkle Bäume und Sträucher verbergen sie.

Auf einer Bank der städtischen Anlagen ruhte ich in der köstlichen frischen Luft aus. Das rote Gewand eines Hindumädchens leuchtete in der grünen Umgebung des Parkes. Eng umhüllte das rotseidene, feingeblumte Kleid den schlanken Körper. Die Gesichtszüge waren zart und edel, die Augen groß, tiefbraun. Graziös ging sie vorüber mit einem kurzen stillen Blick auf den Fremdling.

Am Rande des Gartens war ein großes Viereck aus Coniferen angelegt. Sein Zweck war zum mindesten zweifelhaft. Ein Fußpfad führt hinein durch die lehmige Wiese; ein Irrgarten ist es. In dem weichen Boden sind Fußspuren zu lesen, kleine feine Damenstiefelchen und ungeschlachte Sportschuhe. Man kann sich in dem Garten tatsächlich verirren und ist nicht mehr zu finden. Sollte er nicht als Verlobungszwinger gedacht sein?

Am Nachmittag regnete es Platz. Die Wolken hingen fast bis vor unsere Fenster tief an den Bergen herab und von den Dächern rann das Wasser in ununterbrochenem Strome — ein richtiger deutscher Herbsttag im Regen.

Freund Pfeil hatte sich am 6. April soweit erholt, daß wir die Besteigung des Pedrotallagalla unternehmen konnten. Der steinige Pfad führte durch hochstämmigen Rhododendronwald bergauf. Wilde Rosen und Farren bildeten dichtes Gestrüpp. Außer dem Zwitschern der Vögel und dem Gluckston der Dschungelhühner schwieg der Wald. Tief ausgetretene Elefantenpfade kreuzten den Weg. Ein wildes Huhn, braun wie die Erde, huschte vorüber; unser Kuli warf in mörderischer Absicht einen Stein hinterher. Ein Hindu wäre dazu nicht fähig gewesen, jedenfalls bekannte sich unser Singhalese zum Christentum. Die abgeholzte Bergkuppe bedeckte fußhohes Büschelgras, die Spitze trug eine Steinmauer mit Kreuz. Notdürftig fanden wir hinter der Mauer Schutz gegen den kalten Wind.

Die Aussicht war großartig. Der Pedrotallagalla erreicht 2538 Meter Höhe und ist der höchste Berg Ceylons. Im Westen drüben ragte der zuckerhutförmige Kegel des Adams-Pik. Dort auf dem Gipfel ist die heilige Fußstapfe Sripada, die Buddha auf dem Samanala eindrückte, bevor er zum Himmel fuhr.

Ähnliches glauben die Hindus von Shiwa und die Christen vom heiligen Thomas. — Nach mohammedanischer Sage soll Ceylon das Paradies gewesen sein, aus dem Adam vom Erzengel auf den Berg hinausgetrieben wurde. Dort stand Adam solange, bis sich sein Fuß in den Gneisfelsen eingebohrt hatte; seine Tränen flossen in einen kleinen See zusammen, der noch heute als wundertätig gilt; zwei Pilgerwege führen hinauf. Der beschwerliche „Adamsweg" ist „Baba", der bequeme „Evaspfad" „Mama"-Weg genannt. Ich weise darauf hin, daß man in Sachsen auch statt Papa „Baba" sagt und wohl mit Recht; in Indien, der Wiege der Germanen, spricht man noch heute das „weiche P".

In einem gegenüberliegendem Tale lagen die langen Wellblechbaracken, wo nach dem Burenkriege 5000 Gefangene wohnten. Jetzt sind sie verlassen, aber ihr Anblick weckt manch trübe Erinnerung.

Am folgenden Tage vor der Abfahrt ging ich noch einmal zum Rennplatz hinunter. Auf der weiten Rasenfläche trainierten eingeborene Jockeys ihre australischen Vollblüter. Auf der Straße sammelten sich schwarzbraune Teearbeiterinnen. Unter Geschrei, Kichern und Schimpfen wurden sie zur Arbeit auf den Feldern eingeteilt und abgeführt. Nach ihrem Gesichtsschnitt stammten sie teilweise von den Hängen des Himalaja, wo der tüchtigste Teebauer wohnt.

XXIX.

Kandy.

> „Seht ein paradiesisch Bild."
> Goethe, Faust II.

Die Kälte Nurelias sagte uns doch nicht zu. Gerne vertauschten wir seine unfreundlichen, regenreichen Gefilde mit dem gepriesenen Kandy. Am 7. April gegen 8 Uhr vormittags fuhren wir also dahin ab. Die Fahrt zwischen den eintönigen Teeplantagen verfloß zum Teil im Speisewagen ganz angenehm. Zwei Stationen vor Kandy änderte sich plötzlich das Landschaftsbild. Der ganze Reichtum der Tropen übergoß Berg und Tal. In Peradeniya zweigte die Bahn nach Kandy ab und nach wenigen Minuten hatten wir die alte Königsstadt erreicht, die vielumkämpfte Perle Ceylons.

Am Bahnhof empfing uns Herr Chalain, ein Pariser, Manager des Firs-Hotels. Sein offener Wagen führte uns am reizenden See mit der kleinen Insel vorüber, auf der zwischen Gebüsch unter hohem Palmendach ein einsames, altes Steintor vom ehemaligen Königspalast erzählt. Üppig bewaldete Berge umgürten das schmale, liebliche Tal mit seinen Kokos- und Phönixpalmen, rotblühenden Regenbäumen und Tamarinden, der Königs- und Sagopalme, leuchtenden Baughanvilleblüten, Bananen und Agaven. Das Herz jubelt in all dieser Schönheit.

Unsere Straße ging stets am See entlang; links lag der große Rasenplatz mit dem Burenkriegdenkmal, einem englischen Reiter auf prächtigem Roß, dahinter die alten, heiligen Tempelanlagen mit roten Ziegeldächern und weißen Stupas. Aus dem Zahntempel Dalaba Maligawa tönten die rhythmischen Klänge des Gongs und sinnverwirrendes Klingeln und Musizieren. Eigenartige Zinnen krönten die hohe Umfassungsmauer. In der uns zunächst gelegenen Ecksseite erhob sich weiß und plump ein Turm. Säulen trugen das rötliche Dach, auf seinen acht Kanten liefen breite, weiße Striche als Zierde. Der schmale Wandelgang dort oben umschließt das Allerheiligste. Bald habe ich darüber mehr zu berichten.

„Firs Hotel" ist noch hübscher gelegen, als alle bisher gesehenen Gasthöfe. Breite Freitreppen führen durch luxuriösen, tropischen Park und Garten hinauf. Trotz Größe und Komforts ist es intim und fein. Der Blick von der Veranda hinunter auf die Blumenbeete, die vielen Palmarten und Laubbäume in ihrer duftigen Blüte, auf den See mit seiner schattigen Umgebung und hinüber, wo aus dem Grünen des Berghanges reizende Villen hervorlugten war so bestrickend, daß es mich nicht zu Hause duldete. Freund Pfeil zog vor im Anblick der Lieblichkeit Zeitung zu lesen und zu ruhen; „Leben heißt träumen; weise sein heißt angenehm träumen;" er konnte hier sehr weise sein!

Ich zog einen großen, gesteppten Hut über die Ohren, den ich in Nurelia von einem Hindu gekauft hatte und begann um den See herumzuschlendern. Wie hübsch Kandy, seine Umgebung und Menschen sind, das vermag ich nicht zu beschreiben. Gehe selbst dorthin, lieber Leser, wenn dir das Glück es je gestattet.

Obgleich es gegen Abend etwas kühler geworden, empfand ich doch, daß ich mir zu viel zugemutet. Gewissermaßen sprungweise von Bank zu Bank setzte ich die Exkursion um den See fort. Blühende Regenbäume, die nachts die Blüten schließen und schlafen, spendeten Schatten. Der Blick über den See blieb sich immer gleich entzückend, ob er über den Berghang oder über die reizenden Gärten oder die weißen Gebäude schweifte, deren Umrisse im Rahmen hoher Palmen an Schönheit gewannen. Voll Verwunderung beobachtete ich viele treibende Holzklötzchen, die auftauchten und nach einiger Zeit wieder verschwanden. Bei näherem Hinsehen erkannte ich, daß es Schildkröten waren, die in Massen den See bevölkerten.

Als ich endlich mich dem Hotel wieder näherte und kaum noch imstande war, vor ermüdender Wärme mich weiterzuschleppen, trat ein Rikscha-Kuli heran, ein schmächtiger, brauner Singhalese, dessen spärliches Haar schon ergraute. Anfangs blieb ich allen Verlockungen abgeneigt, fand aber an dem Manne Interesse, weil er ein intelligentes Auge hatte, in dem der Schalk saß. Der Abend war so prächtig, daß ich mich von dem Kuli noch durch das Eingeborenenteil fahren ließ. Er erzählte, daß er mit Hagenbeck in Paris gewesen und prahlte mit dem Rest seiner französischen Kenntnisse. Im übrigen war er bettelarm und erwarb in seinen alten Tagen durch die anstrengende Arbeit als Rikscha-Kuli für die zahlreiche Familie noch kärglichen Verdienst. Der Mann erwies sich später als ungeheuer zäh und ausdauernd, auch in den größten Anstrengungen lächelten seine Augen in fröhlichem, spitzbübischem Humor. Als ich in der Dunkelheit zum Firs zurückkehrte, bestellte ich ihn für den nächsten Tag und gab ihm auf, einen Freund mitzubringen, der aber recht stark sein müsse, um meinen „big friend" in der Rikscha zu den Elefanten zu fahren.

Im Zuge von Penadeniya nach Kandy hatten wir uns zur Nachbarschaft zweier hübscher junger Damen zu beglückwünschen gehabt. Sie waren im Wagen vor uns zum Firs gefahren. Die Niedlichere trat beim Aussteigen neben den Tritt und sank der Länge nach ins weiche Gras am Wege.

Himmel welch ein Fingerzeig! ich stürzte hinzu um zu helfen, kam aber zu spät. Die Lady enteilte leichtgeflügelten Schrittes in ihre Gemächer, den unsern benachbart. Erst bei Tisch erschienen die Holden wieder in Begleitung eines griesgrämigen Onkels und einer Tante mit Argusaugen. Wenn nicht große Spiegel an den Wänden des Saales gestattet hätten, auf Umwegen sich in die Augen zu sehen, was nebenbei Freund Pfeil gewandt entdeckt hatte, so würden wir die jungen Nixen für ganz kalte, gleichgültige Wesen gehalten haben, sehr zu Unrecht. Australien war ihre Heimat, und damit ihre Lebenslust außer aller Frage. Am folgenden Morgen verließen sie Kandy; es hätte noch so nett werden können!

Am 8. April stand mein Kuli zur rechten Zeit bereit. Sein Genosse war recht sympathisch und hat täglich im Schweiß des Angesichts meinen „big friend Mr. Piel", wie man den Namen Pfeils in Indien in der Regel aussprach, redlich bergauf und ab gezogen.

Heute ging es also zu den Elefanten, zunächst am Zahntempel vorüber, durch die Eingeborenenstadt und dann in sausender Fahrt hinunter ins Tal des Mahavelli Ganga. Die Kuli ließen die Rikscha frei laufen, hingen sich selbst in die Deichseln, auf die sie sich mit ausgestreckten Armen auflehnten, und berührten bei den langen Sprüngen kaum noch den Boden. Unser Schutz lag nur darin, daß die Straße frei war und unsere Spinnwebwägelchen nicht gegen einen Baum oder Wagen sausten. Mit angespannten Muskeln überstanden wir glücklich diese leichtsinnige Fahrerei; im Tale erhielten die Kuli allmählich die Herrschaft über unsere Rikschas wieder.

Die Elefanten hatten die Morgenarbeit an einer neuen Brücke schon beendet und waren nach ihrem Kraal zurückgeführt worden. Aber unsere Kuli ließen nicht locker; wir sollten die Dickhäuter auf alle Fälle sehen. Zu Fuß gingen wir zurück. Unsere Braunen kannten alle Bäume und Pflanzen, wodurch dieser Weg sich zu einem interessanten botanischen Spaziergang gestaltete. Die großen Yamfrüchte hingen wie Kürbisse an den Stämmen ihrer Riesenbäume, und aus den dichtbelaubten Ästen des Brotbaumes blickten die Früchte hervor wie gelbgrün gefärbte Ostereier. Kleine Kinder sprangen uns entgegen mit großen, prächtigen roten Blüten, der weißen Tempelblume, die wie aus Porzellan gegossen. — Sie lachten uns alle freundlich an und winkten mit den kleinen braunen Händchen. Schlanker Wuchs und elastische Bewegungen zeichnet hier Männer und Frauen aus. Die Singhalesen sind schöne Menschen, die Frauen oft überraschend hübsch. Gesichtszüge und Körperformen zeigen gleich gute Proportion. Die runden Formen der Mädchen geben ihnen einen milden, weichen Reiz. Ihre Haut ist gleich Sammet.

Unentwegt trabten unsere Kuli wieder durch Kandy und dann die Hauptstraße hinunter in eine prächtige, alte Allee. Beiderseits weite Reisfelder. Ein Singhalese pflügte; er stand auf dem Pflug, der wie auch die Wasserbüffel tief in den Sumpf einsank. So schwamm der Braune peitschenschwingend auf der sonnenbestrahlten Wasserfläche dahin. — Lohengrin! — Inmitten anderer Reisfelder waren Kälber an langen Seilen angebunden und krempelten nahrungssuchend den Grund um und um. Enten wühlten in dem Morast und taten das Ihre zur gründlichen Neugestaltung des Reisbeetes.

Nach einer halben Stunde hielten unsere Kuli vor einigen Hütten am Fluß, der breit, braun und langsam in seinem palmbegrenzten Bett dahinrollte. Unter Führung eines jungen Singhalesen betraten wir den Elefantenkraal, einen umzäunten Teil des Palmwaldes am Flußufer. In wiegendem Tritt kam uns ein riesiger Elefant entgegen, einen zirka 8 Meter langen Baumstamm schleppend; den Stamm umschlang eine Kette, an die sich oben ein dickes Bastteil anschloß, das der Elefant zwischen den Mahlzähnen hielt. Mit dem Rüssel lenkte er geschickt den langen Palmenstamm durch den Wald. Auf seinem Nacken saß der Treiber mit dem kurzen Spieß. Unserer ansichtig, legte der Elefant seine Last behutsam nieder und ließ sich dann langsam zur Reverenz auf die Kniee sinken. Viele Kinder sprangen uns nach, wer weiß, woher sie kamen, und verkauften Bananen. Freund Pfeil und ich legten dem Elefanten seine Lieblingsfrucht ins Maul hinein, aber wie es schien, nicht sachgemäß; er holte sie mit dem Rüssel wieder hervor und schob sie sich dann richtig zwischen die Kiefer, langsam und bedächtig.

Einige Schritte weiter im Wald stand ein noch wildes Elefantenweibchen, das vor vier Wochen gefangen worden war; starke Bastseile und Ketten umschlangen einen Vorder- und Hinterfuß und gaben ihm, an nahen Palmen befestigt, nur ganz geringe Bewegungsmöglichkeit. Das arme Tier hatte sich die Füße wund gerissen, offene eiternde Wunden bedeckten beide Seiten des Körpers die, wie ein Wärter sagte, noch von Speerstichen und Schüssen von der Jagd herrührten.

Ein anderer, über zwei Meter hoher Herr bummelte unter den Palmen. Sein Wärter ließ ihn vor uns seinen Knicks machen, dann hob der Elefant den Vorderfuß, der Treiber stieg auf das kolossale Knie und ließ sich von da mit dem Rüssel auf den Hals heben. Besonders malerisch erwies sich der Sitz auf dem erhobenen Rüssel, weniger hingegen die Haltung des Braunen, als ihn der Elefant am Boden des Hüfttuches packte und hoch hob. Von der Klugheit der großen, guten Tiere ist schon vieles bekannt. Bei Rangoon werden Elefanten in Sägemühlen als Holzträger verwendet. Die Tiere schieben die Stämme peinlich genau vor die Säge und legen nachher die Bretter und Balken tadellos gerichtet auf Stapel. Dabei treten sie einige Schritte zurück, blinzeln mit einem Auge in die Richtung, ob auch alles stimmt und rücken und schieben so lange, bis völlige Genauigkeit erzielt ist. Ja, ein alter, geriebener Geselle soll mit dem Rüssel den Zeiger der Hofuhr vorgestellt haben, damit früher Feierabend geboten werde. Nach Redemanns Ansicht gibt es auf Ceylon noch annähernd 4000 wilde Elefanten. Der Jäger hat als Schußgeld für eines der wertvollen Tiere 1400 Mk. zu zahlen. Das wilde Weibchen hatte 1000 Mk. gekostet.

Am Nachmittag besuchten wir den botanischen Garten von Peradeniya. Den Eingang beschattet ein Dom uralter Gummibäume aus Assam; ihre auffallenden hochkantigen Wurzeln krümmen und schlingen sich über den Boden wie ungeheure Reptilien. Als junge Schößlinge sind sie uns auch zu Hause bekannt im Blumentopf, hier in Ceylon erreichen sie eine Höhe von 140 Fuß. Auf dem dreieckigen Rasenplatz vor dem Tor stehen außerdem Mahagonibäume und südamerikanische und indische Fruchtbäume. Vor dem Pförtnerhäuschen bewillkommnete uns ein alter, freundlicher Singhalese mit dem Fremdenbuch. Das war das letzte Mal, daß wir uns in Indien einzeichnen mußten. Kaum ein Tag war vergangen, an dem Freund Pfeil oder ich nicht mit leichtem Seufzer in viele Bücher Namen und Heimat eingetragen hatten. Zum mindesten hat es aber den Vorteil, daß du, lieber Leser, kontrollieren kannst, ob meine Angaben stimmen und für uns ist es ein Beleg, daß auch wir „dort gewesen"! — Die Engländer benützen die Listen zur Statistik.

Für den Laien bietet der botanische Garten Paradenijas unstreitig mehr Augenweide als der Garten in Buitenzorg. Man wandelt in Alleen und Fußpfaden mit stets wechselnden Ansichten und Ausblicken. Das ist alles mit größter Sorgfalt wissenschaftlich zusammengestellt und doch mit dem Auge des Malens geordnet. Statt den Versuch einer Schilderung zu wagen, will ich dich, geehrter Leser, lieber bitten, deine ganze Phantasie zusammenzunehmen und dir das Schönste und Lieblichste der Natur auszumalen; und doch glaube ich, wird unser Nordländerauge sich niemals jene Eigenart, Größe und Schönheit auszudenken vermögen, ohne die Tropen und im besonderen Java und Ceylon gesehen zu haben.

Das Schöne beschreibt sich nicht.

Als Seltenheit will ich des Riesen-Bambus gedenken, welcher in Peradenija die ungeheure Höhe von 120 Fuß erreicht, und jener fliegenden Hunde, die am hellen Tage schlafend an einem kahlen, hohen Baum hängen wie große Schotenfrüchte. Unser Begleiter, ein junger Gärtner, schüttelte an dem Baum, dann flogen die Vampire zu hunderten aufgeschreckt um die Baumgipfel, groß wie Bussarde, scheußliche, riesige Fledermäuse mit spitzen Ohren. Nach kurzer Zeit kehrten sie wieder auf ihre alten Plätze zurück, kletterten schwerfällig am Ast entlang, hakten sich mit den Krallen der Hinterfüße an die Zweige und ließen den Körper herabsinken, den Kopf nach unten. Die Flughäute zwischen den Beinen klappten eng um den Leib und hüllten ihn ein wie eine Schale. Und dann hingen sie wieder regungslos an dem Baum wie große Früchte.

Wir haben später den botanischen Garten noch einmal besucht und seine lieblichen Bilder südländischer Schönheit fest in uns aufgenommen. Ich stehe nicht an, von meinem Standpunkt aus Peradenija gegenüber Buitenzorg den Vorzug zu geben.

Die Heimfahrt nach Kandy erfolgte schon im Dunkeln. Unsere braven Riksha-Kulis hatten heute glänzendes geleistet. Die zurückgelegte Strecke belief sich auf mindestens 30 Kilometer. Dafür hatten sie auch morgen Ruhetag.

Im April beginnt in Kandy die heißeste Zeit; der Fremdenstrom floß daher nach dem kühlen Nurelia ab, sodaß wir uns im Firs Hotel fast allein sahen. Außer der Familie Diagono, d. h. der noch immer schönen Frau — im gefährlichen Alter — und ihrer Tochter — in noch viel gefährlicherem Alter — nebst zwei jungen Herren, die diesen Damen ihre Aufmerksamkeit bezeugten, nahm nur noch eine ältere Dame am Essen teil. Da an kleinen Tischen bedient wurde, dauerte es einige Zeit, bis wir diese Dame kennen lernten. Ihre Gesichtszüge zeigten unverkennbar die Eigenart des Singhalesen, indes trug sie einfache, aber kostbare europäische Kleidung. Beim Kaffee auf der Veranda lernten wir in ihr Frau von Poßner kennen, eine Dame aus altsinghalesischer, vornehmer Familie, die Gattin eines Deutschen, der vor etwa 30 Jahren in Colombo die erste Eisfabrik gegründet hatte. Eine ihrer Töchter war wieder mit einem deutschen Herrn Wagner aus Colombo vermählt. In Baden-Baden hatten wir später die Freude, ihn noch näher kennen zu lernen. Die Unterhaltung mit Frau von Poßner gewährte uns viel Anregung. Sie besaß feine Bildung, einen lebhaften Geist und tiefreligiöses Empfinden. In den Korbstühlen auf der Terrasse und auf der gedeckten Veranda vor unseren Wohnräumen haben wir nach dem Abendessen oder beim Tee, zu dem sie uns liebenswürdig gebeten, manche Stunde angenehm mit ihr verplaudert. Als wir schieden, lud sie uns ein, sie vor der Heimreise in ihrem Landhause in Colombo aufzusuchen; wir kamen später der Aufforderung gern nach.

Am 9. April Besuch des Zahntempels „Dalaba Maligawa", eines der großen buddhistischen Heiligtümer, wo jetzt zur Zeit des Neumondes große Feier war. Zu hunderten pilgerte Jung und Alt zum Tempel in der hübschen, sauberen Tracht der Singhalesen. Die Mädchen und Frauen trugen meist rotgestreifte Lendentücher und weißes, knappes Mieder, das den Hals tief frei läßt und die Büste eng umspannt. Hals- und Armschmuck und Zierat aus kostbaren Steinen an den Ohrmuscheln und Nasenflügeln wird fast allgemein getragen.

Ein ergrauter Führer empfing uns am äußeren Tempeltor. Im blendenden Sonnenlicht gebadet lag die lange Straße, an deren Bord Lahme, Blinde und Krüppel saßen und ihr

Unglück zu den Vorüberziehenden hinaufjammerten. Vor jedem war ein Tuch ausgebreitet; die Pilgrime schütten im Vorbeigehen eine handvoll Reis als Almosen darauf. Stolz wandeln kurzhaarige Priester unter Sonnenschirmen durch die Menge; ihre gelben, langen Gewänder stechen grell ab gegen die übrigen roten und blauen Tücher der Laien.

Die Seitenmauern des Eingangstores tragen große Basreliefs heiliger Elefanten. Ein Wassergraben umgibt den Tempel. Wir überschreiten ihn auf einem Damm. Frauen werfen Reis in Menge den Fischen und Schildkröten zu, die scharenweise am Damm entlang schwimmen. Das Gedränge wird dichter, unser Führer ruft einige Worte und höflich tritt das Volk vor uns zurück. Aus dem Innern des Tempels tönen Paukenschläge, die metallenen Klänge der Gongs und aufgeregte Musik. Wir ersteigen die Stufen zur schmalen Vorhalle; ihre Wände sind mit entsetzlichen Fresken bemalt; sie zeigen die Höllenstrafen für untreue Gattinnen, Beamte, Mörder, Lügner und solche, die falsche Angaben über ihre Zugehörigkeit zur Kaste machen. — Züngelnde Flammen, Vampire und Teufel mit glühenden Zangen martern die Sünder.

Ein schmales Tor geleitet in den Tempelhof, wo auf niederem Unterbau der eigentliche Tempel, die „Vihara" steht; Fromme treten hinter uns ein. Ihre Gedanken weilen nur im Gebet. Mit hocherhobenen Händen bringen sie weiße Blumen; ihr Trachten geht allein dahin, sie dem Gotte zu opfern und vor den Statuen Buddhas zu beten. Würdig und gemessen ist jede Bewegung, still und in sich gekehrt der Blick jedes Auges. Mädchen und junge Frauen, ihr kleines Kind auf der Hüfte tragend, alte Mütterchen im weißen Haar mit trippelnden Schritten, kräftige Männer und zitternde Greise, alle beseelt der Glaube an Buddha und seine Lehre, die schön und gut ist und einen Wiederschein von Güte und Sanftmut in jedem Auge weckt.

An den Wänden des Hofes, auf den Treppenabsätzen und in den oberen Räumen der Viharara sind Altäre errichtet. In goldenen und silbernen Schreinen sitzt hinter Glas das Steinbild Buddhas, überhäuft mit Blumen. Dicht gedrängt kniet das Volk davor, weltentrückt. Bittende Hände heben sich empor zu Buddhas Bild, ein Mädchen verneigt sich tief zur Erde in ernster

Andacht, erhebt sich dann und bittet mit sprechenden Augen noch einmal vor dem Gehen hinauf zu Gott.

Wir steigen langsam in den ersten Stock. Der Tempelraum ist dunkel, Weihrauchdunst und der Duft sterbender Blumen schlägt uns entgegen. Opferkerzen erleuchten spärlich den Raum, daß seine Ausdehnung nicht zu erkennen ist. Das Volk steht Kopf an Kopf gedrängt geräuschlos und scheu in Ehrfurcht vor der Heiligkeit der Stätte. In einem großen Glasschrank glänzen goldene Schreine, ein Priester hält bei ihnen Wache. Unser Führer bahnt rücksichtslos den Weg und erklärt laut die Bedeutung der Einzelheiten. Es war mir, als zerrisse er die Weihe, die über den Betenden lag. Männer und Frauen erheben sich; wie aus einem Traum erwacht, betrachten sie uns mit großen Augen. Der Priester hat uns erwartet; er öffnet einen Schrein, darin ein Buddha, etwa zwei Handspannen hoch, dann hält er eine Kerze hinter die Statue; sie ist klar durchsichtig und aus einem einzigen Kristall gefertigt. Unzählige Blumen türmen sich um den Glasschrein. Aus der Menge werden immer neue Schalen emporgehoben, überfüllt mit den weißen Blüten. Der Priester nimmt sie in Empfang und schüttet sie geschäftsmäßig zu den andern; auch Geld klirrt auf den Opfertellern. Weiter!

Wir stehen am Fuße zur schmalen steilen Treppe zum Allerheiligsten. Sie ist nur für schlanke Menschen angelegt. Ich steige hinauf, die Kommenden pressen sich an die Wand, daß ich Platz finde. Oben zwei finstere Räume, nie wird sie ein Strahl der Sonne erhellen. Nur die hohen Kerzen auf silbernem Tisch beleuchten einen goldenen, glockenförmigen Behälter, auf dem Perlen und Diamanten funkeln. Auf goldener Lotosblume ruht darin der Zahn Buddhas. Die Augen der Pilger heften sich groß auf jene Stelle, unausgesetzt wandern Blumen und Geld hinüber in die Hände der Priester; kaum können sie es erwarten, die frommen, treuen Männer, bis die Reihe zur Darreichung der Opfergabe an sie gelangt. Und doch machten sie mir von selbst Platz, als ich den Raum betrat. Der Priester öffnete den allerheiligsten Schrein. Auf den Treppen drängen Gläubige herzu und die leichtgläubige Menge reckt die Hälse nach jener Reliquie, die nur durch den Glauben Wert erhält. Ich empfinde stets stillen Ärger, wenn man sanktionierten Betrügern auch noch Geld zum Lohne geben muß.

Dieser Buddha-Zahn hat seine Geschichte. 1550 fiel der alte Zahn, der so groß wie ein Krokodils-, Ochsen- oder Elefantenzahn gewesen sein soll, den Portugiesen in die Hände und ihr Bischof ließ ihn feierlich verbrennen. Der König von Kandy saß gemäß glaubwürdiger Überlieferung beim Mittagsmahl, als die Trauerbotschaft kam. Erst blieb ihm vor jähem Schrecken ein Stück Pfau im Halse stecken, dann geriet er außer sich und schrie: „Ich zahle 20 Millionen Francs Lösegeld!" den Portugiesen kam es aber nicht auf Geld an, oder ihr Fanatismmus überstieg noch ihre Geldgier. Da kam der König von Kandy auf eine neue Idee. Er ließ durch Priester verkünden: „Gottlob, wir haben das Original, der echte Zahn ist gerettet, der verbrannte war falsch." Gern glaubt das Volk, was es wünscht! —

Ich schiebe mich wieder zurück durch die Menge. Die Luft ist trotz der vielen Menschen in dem engen Gange frisch und gut. Das Volk ist sehr sauber. Unten an dem steilen Weg warten geduldig die Drängenden bis ich vorüber. Das Bild des Volks im Tempel ist mir unvergeßlich. Keine Miene, kein Blick ändert sich in den hübschen Gesichtern der Mädchen, die sonst so lebensfroh und in ihrer Jugend so anmutig sind. Eigenartiger Zauber umgibt sie in ihrer weltfernen Frömmigkeit.

Der Führer geleitet uns hinaus ins Freie und über den Weg hinüber in den Tempelgarten. Auf dem großen Rasenplatz stehen unter Palmen und Bananen blendendweiße Stupas, einige offene Hallen und ein kleiner Buddhatempel. Arme warten in der Halle auf Almosen, die ihnen reichlich werden. Im Tempel nehmen Priester edle Früchte als Opfergabe entgegen. Ein Tempeldiener sammelt die Geschenke auf großer, hölzerner Schale, überdeckt sie mit gelbem Seidentuch und trägt sie hinüber zu den Wohnräumen der Geistlichen, für welche die Speise bestimmt ist. Die Bettler bilden Reihen und erheben die Hände zum Himmel. Frauen berühren das Tuch und führen dann die Hand zu den Lippen. Wo der hochgetragene Gabenteller vorüber kommt rufen die Weiber, „aah, aah!"

Der Tempeldiener lüftet das Tuch, uns die Früchte zu zeigen. Ein altes Mütterchen nimmt die Gelegenheit wahr und legt noch ihr Tellerchen voll Früchte dazu.

Abseits stehen lachende, kaum zehnjährige Priesterzöglinge in Reih und Glied, die orangegelbe Tunika lässig über die Schulter geschwungen. Der Wunsch nach Bakshish leuchtete unverkennbar aus den braunen Spitzbubenaugen, weil sie annehmen, ich werde sie typen. Ich schenkte den Schlingeln eine Enttäuschung. Die Priester sind die größten Bettler. Was hatten wir nicht alles im Tempel bezahlen müssen! Auf Schritt und Tritt stößt der Fremde auf die Gelben mit der Silberschale; man ist gezwungen sich fast jede Stufe zu erkaufen.

Im Rundgang oben am Tempeltürmchen hatte ein Priester ein Blatt aus der kostbaren heiligen Schrift uns angeboten, die auf präparierten Palmblättern geschrieben ist. Ich gab ihm eine Rupie dafür. Ein anderer Priester hatte den Handel bemerkt und machte auffallend seinem Kollegen Vorwürfe, da der Verkauf dieser Blätter verboten. Ich bin aber überzeugt, daß beide unter einer Decke steckten.

Auf der Straße sprach uns ein Tamile an, ein großer Mann mit tiefdunkelbrauner Hautfarbe. Er war Schmetterlingshändler und trug einige Holzkästchen mit prächtigen, farbenreichen Exemplaren bei sich. Freund Pfeil hatte einem seiner Bekannten eine Sammlung indischer Schmetterlinge versprochen und trat nun in Verhandlungen ein. Wir folgten dem Händler in seine Wohnung, um auch die anderen Reichtümer zu sehen. Er bewohnte in einem Hinterhaus zwei kleine, dunkle Kammern zu ebener Erde. Sein alter Vater unterstützte ihn und pries in beredten Worten die Güte und Seltenheit der einzelnen Stücke. Im Hof kniete ein junges Weib vor einem Wassertrog und badete ihr Kind. Sie seifte es tüchtig ab und goß ihm dann das Wasser kübelweise über den Kopf und Leib. Das Kleine hielt äußerst vernünftig still und man sah, wie ihm der kühle, reinigende Wasserguß wohltat. Aus niederen Türen blickten freundliche, lachende Kindergesichtchen, ein Mädchen rieb fleißig auf einem Stein Reismehl. In aller Armut welche Sauberkeit!

Nach bewährter Regel ging Freund Pfeil nicht sofort auf den geforderten Preis ein. Wir verließen also den schwarzen Naturfreund mit dem Anheimgeben, mit billigerem Angebot uns im Hotel noch einmal aufzusuchen.

Am Nachmittag kam er tatsächlich bei strömendem Regen mit neu zusammengestellter Sammlung. Ein kleines Kästchen enthielt ein grünes Blatt, ein anderes ein verdorrtes Holzstäbchen; es waren Blatt- und Stabinsekten, Tiere, die die Anpassung an ihre Umgebung bis zur äußersten Formenähnlichkeit erreicht hatten. Das Blattinsekt hatte zudem den Raupenfraß täuschend nachgeahmt und wäre auf seiner Nährpflanze absolut nicht zu entdecken gewesen. Diese Schutzfärbung macht sich auch der Tiger zu Nutzen, der mit seinen Querstreifen in den Schilfdickichten seines Dschungels kaum zu erkennen ist, wo der Boden mit rotbraunen, verdorrten Stengeln und Blättern kreuz und quer bedeckt ist und nicht minder entgeht der Panther selbst dem schärfsten Auge im Dickicht des Urwaldes, wo sein „Rosenfell" das Spiel der Sonnenstrahlen unter dem Laubdach vollendet vertäuscht. Die fortschreitende Anpassung ist durch den Kampf ums Dasein und natürliche Zuchtwahl bis zu diesem erstaunlichen Grad der Vollkommenheit gelangt. Pfeil erstand eine reiche, interessante Sammlung für 12 Rupie. Der Tamile versicherte zwar, er könne jetzt betteln gehn, nachdem er seine Seltenheiten so spottbillig verschenkt habe, strich aber doch das Geld schmunzelnd ein und entfernte sich mit vielen Dankverbeugungen.

Der nächste Vormittag war für einen Ausflug nach Mahagama vorbehalten, wo die „Rodiya" wohnen, ein Volksstamm außerhalb aller indischen Kasten. Eine Sage berichtet, daß sie einst ihrem König Menschenfleisch zur Speise gereicht hatten. Zur Strafe wurde der Stamm aus allen Kasten gestoßen und den Weibern verboten ein Brusttuch zu tragen. Noch heute leben sie abseits der Straße im Palmenwald, in zerstreuten sauberen Gehöften. — Wir fuhren frühzeitig in unseren Rikshas über den Magiavelli-Ganga am Elefantenbadeplatz vorüber. Jenseits des Flusses passierten wir eine Dorfstraße, die eigentlich nur aus Verkaufsbuden bestand. Alte und junge Männer kamen entgegen und bestürmten unsere Kulis, daß wir ihnen die Ehre unseres Besuches schenken möchten. In einem idyllischen Tal stiegen wir aus und folgten einem jungen Rodiya auf schmalem Damm durch ein Reisfeld ins Dschungel. Mitten im prächtigen Wald stand eine Hütte; ihre Wände waren so sauber und glatt, als seien sie soeben aus Beton errichtet, das Palm-

blätterdach zeigte kein Tädelchen, der freie Sandplatz vor der
Hütte war blitzsauber gefegt. Die Familie bestand aus Vater,
Mutter, zwei Söhnen und zwei bildschönen Töchtern. Wir
unterhielten uns kurz mit ihnen, wobei die Kulis den Dolmetsch
machten.

In einem Seitental lagen am Waldrande zerstreut andere
gleichsaubere Häuschen. Als wir darauf zuschritten, strömte
das Volk herbei, d. h. ein altes Weib, ein alter und ein junger
Mann und vier nackte Kinderchen. Dann erschienen die vier
Töchter oben im Walde zwischen den schlanken Palmen, graziöse,
hübsche Mädchen; sie trugen weiße Brusttücher. Das Innere
der Hütte bestand aus drei Wohnräumen, Licht fiel nur durch die
Türritzen herein, eine Bank und saubere Bastmatten als Lager-
stätten sind die einzige Einrichtung. Auch die Rodiya sind
sauber, die Badewanne hat ihren Platz neben jeder Hütte.
Wir verweilten dort unter den zutraulichen und doch äußerst
bescheidenen Naturmenschen geraume Zeit und nützten die
Gelegenheit, ihre Art, Sitten und Gebräuche zu beobachten

Der Blick des Forschers fand
Nicht selten mehr, als er zu finden wünschte.

Die Menschen machten einen gutmütigen, weitherzigen,
lebensfrohen Eindruck. Die Ehe soll bei ihnen nicht üblich sein;
oft kommt der Vater, wer weiß woher, und zieht wieder fort,
wer weiß wohin. Der Lebensunterhalt wächst dem Volk in
den Mund, es braucht nicht mit dem Boden um Nahrung zu
ringen und für teuere Zeiten in den Scheunen zu sammeln.
Der Mann muß dort nicht wirken und streben und pflanzen
und schaffen, erlisten, erraffen, braucht nicht wetten und wagen,
das Glück zu erjagen. Zuweilen erhalten junge Rodyamädchen
auf Europäer-Farmen bevorzugte Stellung.

Gegen Mittag war es fürchterlich heiß geworden. Obgleich ich die blaue Schutzbrille aufgesetzt, vermochte ich kaum
die Augen zu öffnen, so schmerzte die blendende Helle der
Sonne.

Auf dem Rückweg kauften wir von einem Mann drei
Kokosnüsse für 12 Pfennig; er schlug geschickt mit einem Messer
den oberen Teil der Schale ab und kredenzte frische Kokosmilch.

Wenige Züge löschten unseren Durst, aber unsere Kulis tranken wie Verdurstende die Nüsse leer.

Reichgeschmückte Mädchen promenierten am Wege. Mit 12 bis 13 Jahren dürfen sie heiraten; sie sind dann völlig entwickelt. Ihre glutvollen, braunen Augen erinnerten wieder lebhaft an Italiens heißblütige Töchter.

Männer und Mädchen grüßten mit freundlichem Lächeln. Über allem Lebenden lag Friede und Freude. Hier ist noch das Paradies im Herzen der Menschen und auf Berg und Tal. Darf ich dich je im Leben wiedersehen, du gottgesegnetes Land? Deine ungetrübte, glückliche Lieblichkeit ist Balsam für unsere Seele!

Den Nachmittag verbrachten wir im Botanischen Garten von Peradeniya. Ein junger Singhalese mit Kamm und schwarzem Vollbart führte uns. Seine botanischen Kenntnisse und seine Liebe zu jedem Baum und Strauch waren ebenso überraschend und anziehend wie der intelligente, gütige Ausdruck der Augen. Er, wie sein alter Vater, der uns beim ersten Besuch begleitet, kannte die bedeutendsten deutschen Gelehrten persönlich, die in Peradeniya längere Zeit botanische Studien getrieben.

Am Nachmittag des folgenden Tages führten uns unsere Kuli nach dem unvermeidlichen japanischen Viertel, einem kleinen Poshiwara. Die Japanerinnen konnten nur wenig englisch, da sie erst vor Kurzem von der Heimat hierher gekommen, waren aber recht zutraulich.

Am nächsten Tage wollten wir von Kandy scheiden. Der Waschmann ließ jedoch lange auf sich warten. Spät am Abend brachte er den Berg Wäsche. Nun erklärte sich sein Zögern; er hatte ein Hemde völlig in Fetzen gehauen und erfuhr natürlich außer gehöriger Standpredigt einen Abzug an seiner Forderung. Das wird aber nichts geholfen haben. Die Kerle kennen keine andere Art, die Leinenwäsche zu behandeln, sie schmettern auch ihre eigenen Tücher am Fluß auf breite Steine, als gälte es, die Blöcke in die Erde zu rammen.

Am 12. April, 7 Uhr morgens, fuhren wir von Kandy ab. Unsere beiden Riksha-Kuli warteten am Parktor und verabschiedeten sich dankbar; sie hatten ihre Schuldigkeit getan und reichen Lohn

geerntet; ich bezweifle, daß sie in den nächsten vier Wochen ihren
Wagen aus der Hütte gezogen haben.
Sie liegen wie Diogenes vor Kandy in der Sonne
Und schmauchen ein Bananenblatt in philosophscher Wonne.
Heil euch, brave Karrenschieber!

Die Hitze hatte Freund Pfeils Unternehmungslust gemindert, auch zogen ihn seine Gummiaktien zu den Freunden nach Colombo, wo er eine Transaktion vorzunehmen beabsichtigte. Sein Einsatz hatte sich im Laufe des letzten Vierteljahrs verdoppelt.

XXX.
Anuradhapura.

> O leite meinen Gang, Natur!
> Den Fremdlingsreisetritt,
> Den über Gräber
> Heiliger Vergangenheit
> Ich wandle. —
>
> Goethe.

Wir fuhren bis Polgahawella zusammen. Die Gebirgsfahrt an den tiefen Steilabfällen entlang mit wechselndem Blick auf Reisterrassen, Gummi- und Kokosplantagen und Bananengärten war reich an malerischen Bildern. Ich stieg dann in die Nordbahn um. In meinem Abteil reiste Herr Dr. Hallock mit Frau und Söhnchen. Er hatte in Edinbourg studiert und mehrere Male Europa besucht. Die braune Gattin trug singhalesische Tracht, das lange Seidentuch in gelb, rot und schwarz gemustert, goldene Ringe mit Edelsteinen an den Händen und Rubinschmuck am Nasenflügel und Ohr. Der Kleine war europäisch gekleidet. Dr. Hallock erwies mir alle Aufmerksamkeit. Als ich nach dem Speisewagen fragte, bedauerte er dessen Fehlen und sprach mit seiner Frau; sofort nestelte sie ein Köfferchen auf und reichte mir Apfelsinen und Limonade. Die Apfelsinen der Tropen sind grün, als seien sie unreif, auch besitzen sie nicht den Saftreichtum unserer Orangen. In angeregter Unterhaltung mit dem gebildeten singhalesischen Arzt verlief die 200 km lange Fahrt bis Anuradhapura im Fluge. Am Bahnhof empfingen mich zwei Europäer; Herr Baumann, der vor einigen Tagen die alte Stätte besuchte, hatte mich angemeldet.

Das neue Hotel Anuradhapura lag in einem ehemaligen botanischen Garten. Nach kurzer Erfrischung fuhr ich in Begleitung eines Führers in die Ruinenstadt. Der Singhalese war Christ; er prahlte von seiner Berühmtheit und wiederholte, daß sein Vater und Großvater bereits katholisch gewesen seien. Unter mitleidigem Gelächter bespöttelte er angesichts der 3000-jährigen Riesenbauten den Glauben der Buddhisten an die Reliquien, die in den „Dagobas" vergraben sein sollten. Seine Wissenschaft beschränkte sich zumeist darauf, die Ruinen als Erfrischungsräume für Priester zu erklären. Ich hatte zu allem geschwiegen. Unter seinen ziemlich törichten Reden begann es aber allmählich in mir zu kochen und endlich schrie ich ihn an: „Ich bin gar nicht katholisch, bei Euch gibt es gerade so wie hier Reliquien und ich habe keine Lust mehr, mir nur Erfrischungsräume für Priester zeigen zu lassen!" Da kroch die elende Seele in hündischer Furcht hinter mir her. Nun betrachtete ich in Ruhe die Ruine des Palastes Lowamahapaya, der vor 2000 Jahren erbaut worden ist und 1000 Klausen besaß. Heute stehen noch etwa 1000 vierkantige Pfeiler, auf denen er einst ruhte.

Die riesige Dagoba Abhayagiriya gibt wie die anderen sechs großen Dagobas in ihrer Nähe Zeugnis von untergegangener Pracht und Größe einer gewaltigen Kultur und Machtfülle. Man kann diese Bauwerke den Pyramiden zur Seite stellen. Die höchste Dagoba ist noch über 100 m hoch, einst erreichte ihre Spitze 125 m Höhe. — In der Ebene erheben sich diese Hügel, von Gras und Gesträuch überwuchert. Oben ragte auf mächtigem viereckigen Sockel eine riesige Säule; sie ist nur noch zum Teil erhalten. Die Hügel sind massiv aus gebrannten Ziegeln aufgebaut, mit denen man die ganze Stadt neu errichten könnte. Am Fuße jeder Dagoba sind Altäre erhalten, die noch dem Gottesdienst geweiht und mit Lotosblumen, Reis und Palmblüten bestreut sind.

Man wandelt in der alten Ruinenstadt wie in einem schönen Park. Im Schatten wurzelreicher Fikusbäume liegt das Bad der Königinnen, ein großer gemauerter Wasserbehälter; eine Seite ist von den Engländern wieder hergestellt worden. Angesichts der edelgeformten Badestätte findet die Phantasie reiche Nahrung. Ein tempelartiges Gebäude am Wege mit Säulen und flachem Steindach diente einst dem König als Rednertribüne, von seinem Dache aus stieg der Fürst dann wieder hinüber in den Prunksessel auf dem Rücken seines Elefanten. In der Nähe thront eine Buddhastatue aus einem einzigen Granitblock gemeißelt. Sie ist fast 3 m hoch. Ein kleiner Junge trippelt herbei und legt ein Reisigbüschel auf den alten Altar.

Das meiste Interesse verdient der kleine Tempel mit dem Mondstein. Von dem Gebäude stehen nur noch die Eckpfeiler und vier Säulen in der Mitte des Hintergrundes, wo jedenfalls eine Buddhastatue ihren Platz hatte. Eine zerfallene, kunstvoll behauene Steintreppe führt zur Plattform hinauf. Der Mondstein liegt an ihrem Fuße wie ein halbrunder, steinerner Teppich. Seine künstlerische Bearbeitung überraschte mich aufs höchste.

Die Singhalesen teilten das Jahr in dreizehn Mondzeiten. Demgemäß waren in doppeltem Frieß je 13 Tiere in den Granit gemeißelt, außen Elefanten, Pferde, Löwen und Rinder, innen 13 Gänse, die im Schnabel eine Lotosblüte tragen. In Form und Bewegung waren die Tiere vollkommen naturwahr wiedergegeben, eine Leistung, die umso bedeutungsvoller ist, da der Stein vor mindestens 2000 Jahren seinen Künstler gefunden hatte. Ich gedachte der Griechen und ihrer Kunst. Die geöffneten Augen ihrer Statuen zeigen noch keine Iris und Pupille. Aber hier in der alten singhalesischen Skulptur haben die Tiere richtig dargestellte Augen; die Pupillen sind sachgemäß eingemeißelt und geben den Augen den sehenden Ausdruck. Wie weit entwickelt war also damals schon die Kunst der Hindus, als noch kein Volk der Erde, nicht einmal das Genie eines Phydias, das sehende Auge darzustellen vermocht hatte.

Nur der weiche Schritt unbekleideter Füße hat den harten Stein berührt, die Ausführung hat nie gelitten, klar und fein sind alle Linien erhalten und langer Betrachtung wert.

Die Seitenmauern der Treppe tragen gleichfalls reichen Figurenschmuck, die oberen Gestalten der Tempelwächter sind kurz, dick und plump, die unteren schlank und edel. Die Bewegung ist so fein geschaut, die schreitenden Glieder, wiegenden Hüften, die flach den Opferteller tragenden Hände so künstlerisch wiedergegeben, daß ich fast glauben möchte, hier haben doch griechisch geschulte Augen und Hände den Meißel geleitet.

Ich ging in den Wald, der sich wie ein Dom über den Ruinen wölbt, und stieg treppauf und ab in Häusern und Tempeln wie in einem Märchen. In meiner Phantasie erstand wieder die alte, verzauberte Stadt mit der Pracht ihrer Bauwerke, dem Reichtum der edelsteinbesetzten Statuen, den gewaltigen Dagobas, von denen schon im Jahre 412 vor Christus der chinesische Pilger Fa Hiam voll Staunen berichtete. „Die Entfernung vom Haupttor zum Südtor beträgt vier Stundenmärsche, ebenso vom Nord- zum Osttor. Die Hauptstraße enthält 11 000 Häuser, andere Straßen gibt es unzählige", so schreibt ein Sinhalese 200 Jahre später. Viele Jahrhunderte lang stand hier die prächtigste Kultusstätte des Buddhismus, eine Riesenstadt mit mehreren Millionen Bewohnern. Mit dem Jahre 769 n. Chr. verschwand Anuradhapura unter den Einfällen der Tamilen und Malabaren aus der Geschichte. Der Urwald umspann seine Mauern, auf schmalen Pfaden nur pilgerten Einzelne durch die Dschungeln zu den alten heiligen Stätten. Seit 1872 lichten die Engländer das Dickicht und Dunkel, das die Riesenstadt über 1000 Jahre umwob, aber nur ein kleiner Teil ist bis heute freigelegt.

Als Deutschlands Urwald noch wenig Menschen barg auf tiefster Stufe der Kultur, lebte hier schon ein Volk in Kunst und Pracht, Ordnung und Sitte im geordneten Staate, dessen Hauptstadt größer war als das heutige London — ein überwältigender Gedanke! — Wie wird es in wieder 2000 Jahren auf Erden stehen? Wo wohnen heute die Erben der Zukunft?

Ein junger Mann mit einfachem Lendenschurz ging auf einem nahen Fußpfad vorüber; er bemerkte mich nicht. Zuweilen blickte er hinüber zur untergehenden Sonne und sprach laut ein Gebet. Seine Stimme verhallte allmählich hinter den Bäumen. Der alte Glaube lebt noch im Volk, aber wo ist die große Kraft geblieben, die einst die Vorfahren zur hoher Blüte gebracht?

Die Sonne ging zur Rüste, als ich aus dem Park trat. Vor mir lag die Ruanweli Dagoba. Dreiviertel der Berghöhe ist wieder mit Mauerwerk umgeben, aus frommen Stiftungen wird sie in alter Größe neuerbaut. Schnell klomm ich auf schmalen, schwanken Bambuswegen hinauf zur Höhe. Golden sank die Sonne hinab in die weite, strahlende Ebene der Dschungeln. Am Fuße der Dagoba stehen alte, verwitterte und neue, weiß mit Farbe übertünchte Buddhastatuen. Die große Granitsäule eines Königs hat die Jahrtausende überdauert. Zu Ehren der untergehenden Sonne bearbeitete ein Priester vor dem westlichen Altar sein Tamtam, festlich gekleidetes Volk opferte Blumen und Früchte, morgen ist Neujahr der Buddhisten. Lange Seile zogen sich wie Wäscheleinen von den Büschen und Säulen der Dagoba über die Plattform nach Palmen und Steinmauern. Wie flatternde Wäsche schaukelten unzählige Gebetsfähnchen an den Leinen; mein Führer machte vieles wieder gut, indem er mir eine der Fahnen überreichte. Er konnte stehlen, wie ein Taschendieb. Das weiße Tuch hat die Form einer zweizipfligen Standarte und trägt mit rotem Zwirn gestickt eine Inschrift, die auf deutsch lautet: „Herr hilf mir allerwege. Erhöre was ich erbitte. Tag für Tag mache mich schön. Gib mir ein langes Leben und nehme mich endlich zu dir." Das klingt gar nicht so heidnisch, nicht wahr?

Auf der Rückfahrt sah ich einen blinden Knaben am Wege stehen. Der Kutscher überhörte zuerst meinen Befehl zu halten und stoppte erst, als wir uns schon 50 m von dem Jungen entfernt hatten. Mein Führer rief einige singhalesische Worte. Unsicher dem Schall folgend lief der Blinde herbei, hielt einen Schritt vom Wagen, dankte mit tiefer Verbeugung, nahm sicher wieder die alte Richtung und ging schwankend aber richtig an seinen alten Platz zurück. Ortssinn des Blinden! Mußte an Bulwers „letzte Tage von Pompeji" denken.

Nach dem Abendessen blieb ich in Gesellschaft zweier junger Australier auf der Terrasse. Stundenlang streiften die täglich im Wald und genossen Vergangenheit.

Am andern Morgen trat ich um 6 Uhr die Wanderung wieder an, zuerst zum alten, heiligen Baum „Siri-maha Bodhin Wahanse", ein Abkömmling des Baumes, unter dem Gautama erleuchtet, d. h. Buddha geworden. Der Baum stammt aus Buddh Gaya bei Patna am Ganges und soll der Sage nach als Zweig von einer Prinzessin im Jahre 245 v. Chr. im Haar verborgen nach Ceylon gebracht worden sein. Erwiesenermaßen ist er im gleichen Jahre vom König Dewananpinsa-Tissa gepflanzt worden und somit der älteste historische Baum der Erde.

Seine Stätte ist würdig und schön. Vor dem Eingang zum ummauerten Tempelhof werden weiße Tempel- und Lotosblumen verkauft. Mit geschickten Fingern biegen die Kaufleute die Blätter der großen Knospen in zwei offenen Reihen nach außen zu formenschönem Kelche.

Die Ausdehnung des Hofes beträgt etwa 100 m im Geviert. Die Erde ist fest und sauber gefegt. Mächtige Bobäume breiten ihre Äste fast bis zur Mitte, wo auf hoher Plattform der alte Baum grünt. Breite Treppen führen hinauf, ihre Steingeländer tragen denselben Schmuck wie die Treppe beim Mondstein und den Bädern der Königinnen. In halber Höhe steht in einer Nische eine Buddhafigur. Drei Männer aus dem Volk verrichten davor ihre Gebete. Nun klimmt der eine zur Nische und legt etwas hinein. Sofort prasseln Frösche darin los und hüpfen heraus und knallen uns um die Ohren, dann klettern alle drei wieder hinauf und betrachten ihren Buddha in dem Schrein, aufmerksam wie ein Arzt seinen Patienten. Im festen Glauben, Buddha zeige für die Ovation seine Befriedigung, gehen sie glücklich heim.

Jede Stufe der Treppe war künstlich bearbeitet mit Linien und Rosetten. Auf der Plattform war in der Mitte wieder eine viereckige Terrasse errichtet und mit Gittern eingefaßt. Hier stand der alte Baum, der heiligen Ficus religiosa. Die Mauer war zu hoch, um den Fuß des Stammes erkennen zu können, einige alte, knorrige Äste wanden sich schrägliegend über das Gitter, Luftwurzeln strebten zur Erde und setzen das Leben des alten Stammes fort. Die Priester haben seit 2000 Jahren über das ununterbrochene Fortbestehen des Baumes durch diese Wurzeln Buch geführt. Ein schmaler Gang, den ein Ziegeldach schützt, umgibt die heilige Stelle. An den vier Seiten knieen und liegen Betende vor einfachen Altären. Blumenopfer überall.

In einer Ecke der Umfassungsmauer ist ein Steinteller angebracht. Frauen füllen ihn mit süßem Reis und rufen zu den Zweigen des Bobaumes hinauf: „Hoa, Hoa! Kiria warella!" freundlich strahlen ihre Augen.

Nun turnt ein heiliger Tempelaffe über Äste, Gitter und Dach herunter und nascht von den feinen, köstlichen Speisen. Unsäglichen Glückes voll schauen die braunen Frauen ihm zu, dann beten sie an jedem Altar und bitten zu Gott in lauten, bewegten Worten und legen ihre Blumen zu Seiten Buddhas und rufen laut: „Jadee, Jadee" hinauf zum blauen Himmel, zum unsichtbaren Gott im Nirwana, dem Gefilde der Seligen.

Ich ging weiter zum kleinen Felsentempel Isuruminiya. Vor seinen Mauern badeten Frauen und Männer in kleinen Seen, ein Tank links am Eingang beherbergte heilige Krokodile. Eines der Tiere lag träge am Ufer, blinzelte zu mir herauf und schob sich dann schnaubend und Luftblasen werfend in die braune Flut.

Auf alten Stufen erstieg ich die hohen Granitblöcke. In jeder Nische stand eine Buddhastatue, auf dem Gipfel die kleine Stupa, eingesäumt von wehenden Gebetsfähnchen. Im Osten zeigten sich die Umrisse der heiligen Felsenhügel von Mihintale, bedeckt von Tempel- und Klosterruinen und überhöht von zwei alten Dagobas.

Hinter dem Tempel führen Spazierwege unter schattigen Bobäumen hinauf zum See Tissawawa. Gleich dem See Möris wurde er und noch andere Tanks in der Umgebung der alten Riesenstadt zur Wasserversorgung der Gemeinde künstlich angelegt. Die Ufer sind hoch gemauert, eine frische Brise kräuselte die weite Wasserfläche und verursachte am Ufer eine kleine, hübsche Brandung.

Über Felsgeröll kletterte ich weiter in ein zerfallenes kleines Bad. Lang verweilte ich dort auf seinen zerbrochenen Stufen. Endlich wurde es unter den Bäumen lebendig. Eine Hindufamilie kam vorüber auf dem Opfergange zum heiligen Baume. Die schlanke Tochter schritt voraus im weißen Brustjäckchen und rosa Lendentuch; sie trug eine Schale mit Früchten, von rotseidenem Tuche bedeckt. Vater und Mutter führten die Söhnchen an der Hand; das Haupt des Alten zierte Haarknoten und Kamm. Ich folgte ihnen langsam auf dem schmalen Pfade unter Palmen und blühenden Bäumen und freute mich des hübschen Anblicks.

Nach dem Essen kam die Bezahlung in Sicht. Unvorsichtigerweise hatte ich nicht genügend englisches Geld bei mir und geriet nun in zweifelnde Not, ob deutsches Papiergeld angenommen würde. Aber tatsächlich wechselte der braune Manager einen deutschen blauen Lappen, ohne mit einer Wimper zu zucken.

Zu Fuß marschierte ich in einer halben Stunde zum Bahnhof. Die Glut des Mittags machte den Weg zum Martergang. Vor der Stadt begegneten mir zwei Hindus, der eine führte seinen Freund im Henkel, welcher etwas schwach im Schenkel gutmütig seinen Penaten zu taumelte. Das war der zweite unnüchterne braune Mann, den ich auf der ganzen Reise zu Gesicht bekommen.

Die Einsamkeit im Zugabteil gestattete alles überflüssige abzulegen, aber trotzdem klebte die Zunge am Gaumen und schmählicher Durst peinigte das Gebein. Dem Verschmachten nahe erwartete ich die nächste größere Station Ganewalla, aus allen Fenstern, tönte dort der Ruf nach Wasser, aber es gab keins. Dann kam der kühle Abend und ich hob den schönen Durst für Colombo auf.

Je mehr wir uns Polgahawella näherten, desto schöner wurde das Land. Prächtige Tropenwälder auf den Hügeln und Bergen, glitzernde Wasserflächen in den Tälern, wo Reisbau. Der Ort Kurunegalla lag fast verborgen unter Palmen und blühenden Flammen- und Tamarindenbäumen wie in einem Meer von feurigem Rot.

Auf der Wiese am Bahnhof Polgahawella spielten kleine Singhalesen. Im Abstand von etwa 20 m waren hintereinander 10 m lange Linien gezogen, die je ein Junge gegen seinen Gegner verteidigte, welcher danach strebte, ohne vom Verteidiger abgeschlagen zu werden, die Linie zu überspringen. Das war ein lustiges, listiges Hin und Her an jedem Strich, dem ich mit Spannung zusah. Die Kerlchen bewiesen große körperliche Gewandheit, Schläue und schnellen Entschluß. Wie immer brach innerhalb weniger Minuten die Nacht herein, wodurch die leidenschaftlichen Spieler sich aber nicht stören ließen; der Mond leuchtete hell am Firmament und beschien die braunen, flinken Gestalten auf der Wiese wie huschende Elfen.

In dieser herrlichen Mondnacht fuhr ich durch den tropischen Wald hinunter nach Colombo. Die Silhouetten der Palmen hoben sich regungslos über den Laubbäumen ab, das Gebüsch war besät mit Glühwürmchen und strahlte in feenhaftem Lichte, als habe die paradiesische Natur mir zum Abschied noch einmal illuminiert. Wie wunderschön war diese Nachtfahrt durch Ceylons Wälder!

Freund Pfeil fand ich im Grand Oriental Hotel in Gesellschaft von Herrn Hahn und Gemahlin in bester Verfassung. Für den folgenden Tag wurde eine Autofahrt nach Chilaw verabredet, wo Herr Hahn in einer Gerichtsverhandlung als Zeuge zu erscheinen hatte.

XXXI.
Die letzten Tage in Colombo.

"Noch einmal schwebt auf unsern Kreis herab,
Entfloh'ne Geister mancher frohen Stunde,
Vergangenheit entsteig dem dunklen Grab,
Gib uns noch einmal deine frohe Kunde. —"

Früh morgens um 6 Uhr fuhren Herr und Frau Hahn, Pfeil und ich im Auto nach Chilaw ab. Die Chaussee war in ausgezeichnetem Zustande. In ununterbrochenem Zuge strömte Landvolk zur Stadt, vielfach in schweren, zweirädrigen Zebuwagen, daß Herr Hahn seine ganze Geschicklichkeit in der Führung des Autos zeigen konnte. Zuweilen öffnete sich links der Palmenwald mit Durchblicken aufs weite, wogende Meer, der alte holländische Kanal begleitete streckenweise die Chaussee, dann flogen wir wieder durch kleine Ortschaften und an musterhaften Kokosplantagen vorüber, deren eine in Marawila Herrn Hahn gehörte.

Chilaw liegt am Meer, das Rasthaus dicht am sandigen Strande. Frau Hahn hatte vorsorglich Proviant im Auto mitgeführt, dem wir alsbald alle Ehre antaten.

Die Gerichtsverhandlung sollte in einer großen Halle vor sich gehen; sie drehte sich um Besitzstreitigkeiten zweier Singhalesen. In großer Zahl waren Zeugen und Zuschauer erschienen, die braunen Rechtsanwälte in tadelloser europäischer Kleidung berieten mit ihren Klienten und untereinander, verschwanden dann im Raume des Staatsanwalts und brachten schließlich einen Vergleich zu stande.

Ein junger brauner Rechtsgelehrter mit den Allüren eines Gent fuhr dann im Auto mit nach Colombo zurück. Unterwegs besuchten wir die Estate Marawila. Im hübschen geräumigen Landhause inmitten Kokospalmen wohnte ein junger Verwalter, ein Mischling. Mit berechtigter Freude und Genugtuung führte Herr Hahn uns durch sein wertvolles Besitztum, das 7000 alte und ebensoviel junge Palmen trägt. Vor Kurzem war geerntet worden, die Nüsse lagen noch hoch aufgehäuft hinter dem Hause. Zwei Tamilen befreiten sie gerade von der Basthülle. Kolossale Kerle, diese Südindier, schwarz, groß und muskulös von sehr schönem Körperbau; sie waren fast nackt.

Jeder schlug die Frucht auf einen spitzen Eisenstab, der fest in der Erde steckte, öffnete geschickt die Basthülle und warf dann die Nuß zu den anderen auf einen Haufen. Das ging wie der Wind. Die Kerle arbeiten im Akkord wie Maschinen.

Wir hatten auf Ceylon eine Unmenge von Termitenhügeln gesehen. Auch hier türmten sich diese spitzen Ameisenwohnungen zwischen den Palmen. Herr Hahn ließ einen Hügel öffnen; mit aller Kraft hieben die Tamilen ihre Kreuzhacken in den steinharten Erdturm und legten endlich unter der Erde die Wohnung der Königin frei. Die Innenwände waren so glatt wie feines Papier. Hier haust unbeweglich die Termiten-Königin. Kopf und Brust verschwinden fast neben dem langen weißen Leib, der einer großen Raupe ähnelt. Die Tiere sind schädlich, ihre Kolonien werden mit Beil und Hacke vernichtet, aber es nützt nicht viel, bald wachsen wieder von Neuem ihre Türme aus der Erde.

Die Plantage liegt unmittelbar an der See. Ein hübscher Weg führt am Strand entlang, wo die Wogen heranrollen und eine frische Brise die Wangen kühlt; es ist herrlich dort!

Gegen Abend erreichten wir Negombo, eine alte holländische Hafenstadt, die immer mehr zurückging, je mehr der Dampferverkehr seinen Weg über Colombo nahm. Das Fort blickt noch herrisch hinaus auf die See als letzter Zeuge holländischer Kraft. Auf der Rückfahrt nach Colombo begegneten uns die Zebukarren vom Morgen, die jetzt in der Nacht wieder heimwärts zogen. Natürlich trugen sie keine Laternen, manch Fuhrmann schnarchte tief im Wagen und so gerieten wir in kritische Situationen, von denen eine Telegraphenstange erzählen könnte, die unser Auto mit der Randnabe streifte. — Es bleibt aber eine prächtige Tour, für die wir Herrn Hahn unsern ganzen Dank zollen.

Die nächsten Tage bis zur Abfahrt verbrachten wir in Colombo, die Vormittage mit Packen, Einkäufen und Spazierfahrten. Zum Fünfuhrtee besuchten wir Frau von Poßner in ihrem reizenden Hause, das im blühenden Park wie ein Schmuckkästchen gebettet liegt. Abends weilten wir dann im deutschen Klub und später zum Abendessen im Kreise unseres treuen Landsmannes Redemann und seiner fröhlichen Hausgenossen.

Herr Hinz beklagte den Tod seines kleinen Krokodils. Nun war es ausgestopft worden und stand auf dem Tisch in jener gehässigen Haltung, die es von jeher ausgezeichnet hatte.

Die letzten Abende währten lang in der gastlichen „Villa Cäcilie" und wenn die Rickshas uns alle abgeholt hatten zu interessanten Entdeckungsfahrten, war des Frohsinns kein Ende!

Am letzten Abend vor Sonnenuntergang ging Herr Hahn mit uns hinaus auf die große Mole, wo sich die Meereswogen in gewaltigem Ansturm brachen. Schäumend flog der Gischt, zuweilen auch eine Sturzsee über das Riesengemäuer und warf langbeinige Krabben vor unsere Füße. Dann flohen die Tiere wie auf Stelzen zur Mauerkante und ließen sich wieder hinunterplumpsen ins Meer. Ein englisches Geschwader lag im Hafen, ein Kreuzer fuhr gerade ab und wechselte mit dem Flaggschiff Hyacinth Funkentelegramme. Die Mannschaften im Hafen brachten den scheidenden Kameraden drei hipp, hipp, hurra. Als die Sonne unterging ertönten von den Schlachtschiffen Trompetensignale.

Drüben im Hafen leuchteten wie Sterne die Lichter an den Masten und darunter liefen die langen Reihen erleuchteter Kabinen und Schiffsdecks der dreistöckigen schwimmenden Paläste wie Laternen in den Straßen einer Stadt.

Die Nacht überfiel uns noch auf der Mole; unter Führung eines eingeborenen Hafenarbeiters kletterten wir im Dunkeln über Bohlen, Betonklötze und Schienen zum Land zurück.

Die „Königin Luise" war aus Australien angekommen und erwartete ihre Passagiere aus Colombo, zu denen auch mehrere unserer Bekannten zählten. Nach dem Abendessen fuhren wir mit Redemann hinüber zum Schiff, um von ihnen Abschied zu nehmen. Im Rauchzimmer herrschte fideler Betrieb. Fünf Herren vom Bureau Freudenberg standen vor der Heimreise, darunter der immer fröhliche Herr Maaßen. Die glückselige Stimmung bedurfte kaum noch der Steigerung durch köstliche Drinks und unvergleichliches deutsches Bier. Da die Kleist morgen mit uns die Heimreise antreten und am gleichen Tage mit der Königin Luise Genua erreichen sollte, so schieden wir mit dem frohen Zuruf: „Auf Wiedersehen" von Herrn Maaßen und seinen Freunden.

Dann sagten wir im Hause Redemann Lebewohl. Aus den Augen der jungen Herren Zoller, Hugli und Hinz sprach leise der Kummer, daß sie nicht auch zur lieben Heimat fahren konnten;

ihr Händedruck zum Abschied und die Hoffnung, uns im Leben wiederzusehen, war offen und herzlich.

In männlicher Vollkraft und Hoffnung blickte noch Herr Hinz in die Zukunft, aber schon drei Wochen später schloß er für immer die Augen, vom Fieber bezwungen.

Kein Tadel tritt zum Grab heran,
Du warst gerecht und treu und bieder,
Ein ehrenfester, deutscher Mann! — —

XXXII.
Heimfahrt.

Deutsche Worte hör ich wieder;
Sei gegrüßt mit Herz und Hand,
Land der Freude, Land der Lieder,
Schönes, deutsches Vaterland!

Die Kleist war in der Nacht zum 17. April eingetroffen und gezwungen, erlittenen Aufenthalt im Sturm durch abgekürztes Verweilen in Colombo einzuholen. Die Zeit drängte also. Aber wo waren denn meine Schlüssel schon wieder? Ich suchte in frühester Morgenstunde halb Colombo ab ohne allen Erfolg. Im Kampfe mit dem Objekt bin ich ziemlich hinter seine Schliche gekommen und vermutete, daß mein Schlüsselbund sich gestern Abend auf der „Königin Luise" aus der Tasche gestohlen hatte und jetzt auf dem Meer heimwärts dampfte. Wir besaßen von allen Koffern doppelte Schlüssel, so half Pfeil mir aus, und das Unglück war nicht groß. Aber was sagst du, lieber Leser, zu dieser Heimtücke?!

Mit schwerem Herzen nahmen wir Abschied von Redemann, dem treuen hilfreichen Freund. Seine Gastfreundschaft ist über alles Lob erhaben, ihm danken wir in erster Linie, daß für uns Colombo rasch den Begriff der Fremde verlor und in unseren Erinnerungen den ersten Platz einnimmt. An dieser Stelle sei ihm noch einmal unser herzlichster Dank gesagt!

Von Herrn Hahn und Gattin hatten wir uns gestern Abend verabschiedet, ebenso im deutschen Klub, dieser prächtigen Heimstätte deutschen Wesens. Noch einen Blick zurück in die helle Straße mit ihren braunen Menschen und zierlichen Rickshas und dann mit Redemanns Dampfboot hinüber zur Kleist auf deutsche Schiffsplanken.

Wie viel Schönes lag hinter uns seit jenem 30. Januar, als wir unseren Abschiedsgruß hinauf gesandt hatten zur schwarzweißroten Flagge der Lützow. Während der langen Seefahrt tauchten die Bilder wieder vor dem Auge auf und gruben sich tief ein in die Erinnerung.

Als einen der Ersten begrüßten wir auf der Kleist Herrn Reinecke aus Rangoon, lernten Herrn Geheimrat Heidt nun endlich kennen und hatten auch die Freude, Herrn und Frau Arworth wiederzusehen, die wegen vorübergehender Fiebererkrankung der Herrn Acworths erst spät an Bord gekommen waren. Im Verein mit einem englischen Ehepaar nahmen wir die Mahlzeiten an einem gemeinsamen Tisch und hielten auch sonst zusammen.

Um 11 Uhr vormittags glitt die Kleist in stolzer Ruhe hinaus in die offene See. Die Schraube begann ihr rastlos Werk und nun drehte das Schiff nach Westen, der Heimat zu. Mit hohem Glücksgefühl blickten wir hinüber nach dem tropischen Eiland im Bewußtsein eines reichen Gewinnes an Eindrücken und Erfahrungen, die uns jenes wunderbare Land erschlossen.

Sei gegrüßt, du Land der Märchen
Zum letzten Male, sei gegrüßt!

Die „Cleveland" von der Hapag strebte gerade Colombos Hafen zu, als wir ihn verlassen hatten. Das Riesenschiff beherbergte 700 Passagiere I. Klasse, lauter Amerikaner, die wie ein Heuschreckenschwarm die Stätten ihrer Wahl überfielen und sich durch die Masse um die schönsten Genüsse brachten, da es vielfach gerade an den sehenswertesten Punkten Javas, Indiens und Ceylons an genügender Unterkunft gebrach.

Am folgenden Vormittag schon kam vorwärts die Königin Luise in Sicht. Unser Kapitän mag sich in den Kopf gesetzt haben, sie zu überholen. Gegen Mittag dampften beide Schiffe bereits auf einer Höhe. „Dort reist mein Schlüsselbund", dachte ich in stillem Grimme. Wir winkten hinüber und suchten mit dem Glase nach unseren Bekannten. Da dreht plötzlich die Königin Luise gelassen nach links und setzt sich in großem Bogen hinter die Kleist, freiwillig trat der Kapitän drüben zurück vor der schnelleren Kleist. Ein Seemannsscherz!

Kurz vor Aden sahen wir eine Reihe von Delphinen in langen Sätzen aus dem Meere springen. Die Herde floh anscheinend vor dem dampfenden Schiffskoloß; es mögen 150 bis 200 Tiere gewesen sein, die da ein Schauspiel vollführten gleich dem Hindernisreiten einiger Schwadronen.

In Aden bestürmten wieder arabische Händler mit Straußenfedern das Hauptdeck und fanden jetzt mehr Abnehmer, als bei der Ausfahrt. Ein brauner Jüngling bot mir sehr schöne Exemplare an und verlangte 60 Mk. dafür. Ich ging abseits und tat die Absicht kund, nicht mehr als 20 Mk. zu zahlen, wobei ich die Federn nicht aus der Hand ließ. Der Kampf in der Seele des Arabers währte bis kurz vor der Abfahrt. Dann gab er nach. Auch Freund Pfeil erstand noch weit preiswerter als ich einige Erinnerungen. Man muß es eben verstehen.

Im roten Meer begannen wieder die Sports in ähnlicher Weise wie bei der Ausfahrt.

An Bord reiste der japanische Prinz Fudjimi mit einem Gefolge von acht Herren, Ministern und Offizieren, um an der Eröffnung der japanischen Ausstellung in London teilzunehmen. Die Gesandtschaft kam dort gerade noch zurecht, um dem so rasch verstorbenen englischen König das letzte Geleit zu geben.

Der Prinz bewohnte an Bord die Kapitänsräume und blieb fast immer unsichtbar, das Gefolge nahm an unseren Mahlzeiten teil. Im indischen Ozean hatten wir durch Schmuck des Speisesaals und festliche Reden den Geburtstag des Mikado gefeiert, dessen Bild neben dem unseres Kaisers die Wand zierte, beide umrahmt von der deutschen und japanischen Flagge.

Zu den Sports hatten die Japaner über 500 Mk. gestiftet. Freund Pfeil war ins Vergnügungskomitee gewählt worden und pflog seines Amtes mit aller Hingabe an das schöne Geschlecht. Unsere Japaner beteiligten sich zunächst nicht, bis ein kleiner Herr mit goldener Brille überredet wurde, sich bei der Kissenschlacht auf dem Mastbaum zu betätigen. Auf dem vorderen Hauptdeck war ein Segel gespannt und etwa 4 m im Geviert und 2 m hoch mit Seewasser angefüllt. Darüber schwebte wagerecht ein dünner Mastbaum. Die Herren turnten in seidenen Unterbeinkleidern hinauf und purzelten früher oder später zum allgemeinen Vergnügen ins hochaufspritzende Naß. Ein junger Deutscher hatte mit dem Japaner zu fechten. Nach den ersten kräftigen Kissenschlägen verlor der Asiate das Gleichgewicht und sank zur Seite, hielt sich aber wie ein Megatherium mit allen Vieren an der Stange fest und rutschte eilends zur Tuchwand zurück, verfolgt von seinem siegreichen Feinde. Des Hagels dicht fallender Kissenschläge ungeachtet, klomm der Japaner wieder in Reitsitz, warf sein Kissen in hohem Bogen unter die Zuschauer und stürzte sich wie ein Tiger auf seinen Gegner, umklammerte ihn mit beiden Armen und riß ihn mit sich hinunter ins nasse Bad. „Muß ich untergehen, dann gehst du mit!" Dieser Ausbruch japanischen Charakters ist wohl bezeichnend. Man ließ ihn aber nicht gelten. Die Kämpfer bestiegen wieder triefend ihren Hochsitz und schwangen die klatschnassen Kissen sich gegenseitig ums Haupt, daß es knallte. Schließlich kippte der gelbe Herr wieder hinab und nahm sein unfreiwilliges Bad in herkömmlicher Weise.

Fast stündlich begegneten uns ostwärtsfahrende Dampfer. Dann standen Passagiere und Matrosen hüben und drüben an den Reelings und winkten sich zu. Manch Neuling mag mit ebenso großen Augen uns angesehen haben, die wir aus dem Lande der Wunder kamen, wie wir vor vier Monaten die weißgekleideten Menschen auf heimwärtsfahrenden Schiffen betrachtet hatten.

Am zweiten Tag im Roten Meer begannen wir zu frösteln, obgleich 25° Reaumur im Schatten. In Höhe von Mokka, wo wir bei der Ausfahrt schon seit zwei Tagen Tropengewandung getragen hatten, hüllten wir uns jetzt in warme europäische Kleider. Der andauernde Aufenthalt in den Tropen hatte den Körper sehr an Hitze gewöhnt.

Langsam, mit vielen Unterbrechungen, passierten wir den Suez-Kanal. Die ausfahrenden Schiffe hatten vor uns den Vorrang, so daß wir nach kurzen Strecken am Ufer anlegen und die anderen vorüberlassen mußten. Die Begegnungen verliefen vielfach recht amüsant. Namentlich taten sich englische Australiendampfer hervor, auf denen ein ausgelassenes Leben herrschte. Da Bordwand von Bordwand höchstens 10 m getrennt, so konnte man sich fast die Hände reichen. Die Auswanderer sangen und johlten bis tief in die Nacht und riefen Scherzworte herüber, beides, Männlein und Weiblein. Dazu leuchteten die Scheinwerfer am Bug und auf den Masten taghell über die Schiffe und über den weißen, nahen Wüstensand, und beschienen dort die alte, sagenbekleidete Wüste, hier das pulsierende Leben der neuen Kultur, zwei Kontraste, wie man sie sich kaum greller auszudenken vermag.

Am 20. April früh morgens warf die Kleist vor Port Said Anker. Pfeil, Heidt, Baumann und ich machten eine Rundfahrt durchs Araber- und Griechenviertel und nahmen damit Abschied von den braunen Menschen und ins besondere vom orientalischen Schmutz, der gerade diese Hafenstadt in mancher Hinsicht kennzeichnete. Indien und Java sind dagegen blitzsauber zu nennen.

Inzwischen war die Königin Luise eingetroffen; in der Hauptstraße trafen wir Herrn Maaßen unter fröhlicher Begrüßung. Dann gondelten wir hinüber zum Schwesterschiff und ich erkundigte mich nach dem Schlüsselbunde. O deutsche Ehrlichkeit und Pünktlichkeit, du nimmst dich auch eines Schlüsselbundes an, der keinem Passagier angehört, du bewahrst ihn gewissenhaft auf und stellst ihn seinem Besitzer zu in aller Selbstverständlichkeit. Im sicheren Gewahrsam des Oberstewards hatten die rackerigen Schlüssel die Reise gemacht, auf dem Sopha im Rauchzimmer waren sie gefunden worden.

An der Treppe der Kleist hatte ein Boot mit italienischen Musikanten festgemacht. Bis Afrika erklingen heute schon die Lieder von der Bella Napoli und Solle mio.

Ein Somali tauchte nach Münzen, und schwamm wie ein Fisch unermüdlich um das Schiff. Wegen der Haifische, die sich schon durch den Suez-Kanal bis hier heraufgezogen, ist das Schwimmen verboten. Der Taucher ward dann auch bald von der Hafenpolizei entdeckt. Als die Beamten auf ihn zusteuerten, tauchte er unter und schwamm wohl 100 m unter Wasser, die Polizei hinter ihm her, bis sie ihn endlich in neckischer Jagd ans Ufer getrieben hatte.

Eine deutsche Witwe von mittlerem Alter verließ in Port Said unser Schiff. Als dann die Kleist abfuhr, begleitete die feurige Dame im Wagen auf der Strandpromenade entlang jagend die Kleist bis zum Lesseps-Denkmal und ließ ihr Seidentüchlein zu ihren Verehrern herüberwehen, deren sie mehrere an Bord erobert hatte.

Die Durchquerung des Mittelmeers ging diesmal glatt von statten. Um die Mittagszeit des 1. Mai liefen wir in Neapels herrlichen Hafen ein und begaben uns sofort zum Besuch des Aquariums an Land mit anschließender Rundfahrt am Strand entlang, über die Höhen des Castell St. Elmo mit ihren wunderbaren Ausblicken über Neapel und die große Meeresbucht und hinüber zum Vesuv und zum Vorgebirge von Sorrent. In einer Straße kam ein seltsam bekleideter Zug vorüber. Etwa 30 Männer trugen, — ich kann es nicht besser bezeichnen, — weiße Zipfelmützen, die bis zum Knöchel herabreichten, vor den Augen befanden sich schwarze, unheimliche Sehschlitze. Die Gesellschaft sah aus wie wandelnde Zuckerhüte mit Ärmeln. Dem Zuge wurde ein Kruzifix vorangetragen. Die Leute trugen noch jene mittelalterliche Gewandung, die wohl zur Zeit der Pest bei Begräbnissen üblich war.

In einem deutschen Bierhause überdauerten wir einen plötzlich losbrechenden, kurzen Regenguß und brachen dann mit mehreren Familien vom Schiff auf zur Suche nach edlem Chianti. Die Gesellschaft geriet in ein ganz modernes Lokal mit weißgedeckten Tischen und elektrischem Licht. Bist du verschwunden, du ursprüngliche, weinumsponnene Osteria, wo statt des schwarzbefrackten „Ober" eine ländliche Schöne den Feuerwein kredenzt? Inzwischen schlenderten Geheimrat Heidt, Herr Reinicke und ich in der hohen, prächtigen Galleria Vittorio Emanuele umher, dem interessantesten Brennpunkt Neapels, wo Volk und Fremde bunt durcheinander wogen.

Im kleinen Dampfboot am Hafen erwarteten wir unsere Ausreißer. Endlich, als es schon höchste Zeit war und das Dampfhorn der Kleist seine Mahnrufe herübersandte, erschienen sie in weinbeseligter Stimmung.

In Neapel hatten außer den Japanern auch Herr und Frau Acworth das Schiff verlassen, dafür brachte unser Dampfboot neue Gäste an Bord, ein Wechsel im gewohnten Bild, der für uns das Ende der Indienfahrt bedeutete.

Die 24 Stunden bis zur Ankunft in Genua verflogen rasch. Mit geteilten Empfindungen nahm ich hier Abschied von der Kleist und vom Meere, da mich ein Unfall der Mutter in die Heimat rief. Freund Pfeil hat die Fahrt über Algier, Gibraltar, Southampton, Amsterdam bis Bremen fortgesetzt, die später durch Feuer zerstörte große Ausstellung in Brüssel besucht und ist 14 Tage nach mir glücklich in Baden-Baden eingetroffen.

Bis zur Abfahrt des Zuges, der die meisten Passagiere der Kleist von Genua aus nach Deutschland bringen sollte, fanden wir noch zu einem Besuche des Campo Santo Zeit. Um 1 Uhr nachmittags nahm ich dann Abschied von Freund Pfeil. Was sind Dankworte allein gegen das Empfinden, welches das Herz bewegt! Unschätzbares danke ich Freund Pfeil, das meinem Leben einen neuen Inhalt gab.

Mit Herren Geheimrat Dr. Heidt und Herrn Baumann übernachtete ich in Lugano im Hotel Beauregard. Den Abend verbrachten wir am See. Am nächsten Morgen in aller Frühe streifte ich allein hinaus auf einen Hügel mit einem alten Lusthäuschen. Dort sah ich die Sonne aufgehen und das Erwachen des Tages auf den Höhen und im Tale, auf Berg und See.

Die Weiterfahrt bis zum Gotthard war von Sonnenschein begünstigt, jenseits des Tunnels verbarg sich die Sonne in Wolken und Nebel und als wir in Basel ankamen, regnete es. Aber nur kurz, dann ging's über den Rhein, die deutschen Grenzpfähle flogen vorüber. Zu Hause, auf deutschem Boden! Die Sonne ward noch einmal Siegerin, ihre Strahlen brachen sich in tausend zitternden Wassertropfen auf Halm und Blatt wie in Diamanten. Der Mai lachte auf Berg und Flur und in unserem Herzen jubelte es: „O Schwarzwald, o Heimat, wie bist du so schön!"

Nun meinen Abschiedsgruß dir, schöne Leserin und dir, werter Leser. — Hast du dich bis hierher durchgerungen, so zolle ich dir meine gesamte Hochachtung, denn ich bin mir wohl bewußt, daß meine Feder nicht imstande ist, all' die Schönheit zu malen, die uns auf langer Reise begegnete.

  Was wir in Welt und Menschen lesen
  Ist nur der eigne Wiederschein. —

Noch richtigzustellende Korrekturen
in den
Ludwig Pfeil und Max Zimmer „Reiseerinnerungen".

Seite	Absatz	Zeile	falsch	richtig
8	1	2	ahmen	ahnen
35	1	4	Casuro	Caruso
36	letzter	2	fragenden, Augen	fragenden Augen
47	4	letzte	den	die
57	2	zweitletzte	nein Geld,	nein, Geld
59	1	4	Palm-Hills	Palm-Hills
139	2	11	lange, Kähne	lange Kähne
145	2	7 von unten	dreistöckigem	dreistöckigen
145	3	letzte	1 war zur	1 zur
148	letzter	4	Dorjenling	Darjeeling
150	1	13/14	wilden brutalem	wilden, brutalen
162	1	12	qualmt	qualmte
163	1	13	unsern, bekannten	unsern bekannten
165	5	1	Hadenfels	Hadenfeld
169	3	letzte	fendale	feudale
174	2	7	schottischen	schattigen
183	1	6	Wesen; der	Wesen, der
183	letzter	6	Kimano	Kimono
198	2	10	, Kali	, den Kali
198	letzter	11	Goenoengosari	Goenoengsari
200	"	4	in der ebenen	in den ebenen
201	"	3	Overbeck der	Overbeck, der
201	"	4	für Alice	für, Prinzeß-Alice
202	3	6	malayer	malayische
205	letzter	6	Richtung,	Richtung
208	5	zweitletzte von unten	ab; einer	ab, einer
223	3	3	Haidt	Haid
223	Motto	1	ans	an's
232	2	6	Malens	Malers
238	1	15	Vertäuscht	vortäuscht
245	3	2	die	sie
253	2	2	Haidt	Haid
253	2	4	Arworth	Acworth
257	2	8	Heidt	Haid
256	4	3	Solle	Sole
258	2	1	Heidt	Haid

❖ ❖ ❖